广视角 · 全方位 · 多品种

U0819209

权威 · 前沿 · 原创

皮书系列为
“十二五”国家重点图书出版规划项目

资本市场蓝皮书
BLUE BOOK OF CAPITAL MARKET

中国场外交易市场发展报告（2013~2014）

ANNUAL REPORT ON CHINA'S OTC MARKET DEVELOPMENT (2013-2014)

主　编／高　峦
副主编／韩家清

社会科学文献出版社
SOCIAL SCIENCES ACADEMIC PRESS (CHINA)

图书在版编目（CIP）数据

中国场外交易市场发展报告. 2013～2014/高峦主编. —北京：社会科学文献出版社，2014.8
（资本市场蓝皮书）
ISBN 978-7-5097-6369-8

Ⅰ.①中… Ⅱ.①高… Ⅲ.①证券交易-资本市场-研究报告-中国-2013～2014 Ⅳ.①F832.51

中国版本图书馆 CIP 数据核字（2014）第 186904 号

资本市场蓝皮书
中国场外交易市场发展报告（2013～2014）

主　　编／高　峦
副 主 编／韩家清

出 版 人／谢寿光
出 版 者／社会科学文献出版社
地　　址／北京市西城区北三环中路甲 29 号院 3 号楼华龙大厦
邮政编码／100029

责任部门／经济与管理出版中心（010）59367226　　责任编辑／王玉山　冯咏梅
电子信箱／caijingbu@ssap.cn　　责任校对／王海荣
项目统筹／周　丽　王玉山　　责任印制／岳　阳
经　　销／社会科学文献出版社市场营销中心（010）59367081　59367089
读者服务／读者服务中心（010）59367028

印　　装／北京季蜂印刷有限公司
开　　本／787mm×1092mm　1/16　　印　　张／20.5
版　　次／2014 年 8 月第 1 版　　字　　数／329 千字
印　　次／2014 年 8 月第 1 次印刷
书　　号／ISBN 978-7-5097-6369-8
定　　价／79.00 元

资本市场蓝皮书编委会

主要编撰者简介

高　峦　男，毕业于天津财经大学国际经济贸易系，经济专业研究生学历，高级经济师，高级产权经济师。1990 年至 1991 年在英国伦敦大学伦敦政治经济学院做访问学者，学习西方经济学。历任天津市经济体制改革研究所所长，北方产权交易共同市场理事长等职。现任天津产权交易中心党委书记、主任，中国企业国有产权交易机构协会副会长，中国产权交易行业专业期刊《产权导刊》主编，天津股权交易所董事长。编著《资产证券化研究》、《中国场外交易市场发展报告》，并在多种期刊发表关于产权、金融、资本市场等方面的论文 30 余篇。

韩家清　男，毕业于华东师范大学研究生院，曾任万通实业集团有限公司副总裁、总经理、董事长等职。2008 年至今，任天津股权交易所副总裁，参与《中国场外交易市场发展报告》的编撰工作。

摘　要

目前，我国正在建设多层次资本市场，场外交易市场作为多层次资本市场的基础板块受到格外的重视，无论是政府还是市场都将场外交易市场作为中国资本市场体系完善的重要方面。党的十八届三中全会明确提出建立多层次的资本市场体系，鼓励金融创新，丰富金融市场产品，为行业发展指明了方向。加快建设和发展我国场外交易市场，是拓宽中小微型企业、农业产业化龙头企业融资渠道，促进县域经济发展，推进新型城镇化建设的重要举措，也是我国今后一段时期金融改革与发展的一项重要任务。为此，继《中国场外交易市场发展报告（2009～2010）》、《中国场外交易市场发展报告（2010～2011）》、《中国场外交易市场发展报告（2011～2012）》和《中国场外交易市场发展报告（2012～2013）》出版之后，我们今年又以多层次资本市场建设与县域经济发展为主题，以场外交易市场发展过程中的热点、焦点、难点问题为重点内容，编撰了《中国场外交易市场发展报告（2013～2014）》，以期为更好发挥场外交易市场作用，促进县域经济发展提供有益的理论指导。

本书的主要内容由总报告、综合篇、理论创新篇、专题研究篇和大事记五部分构成。

总报告对中国场外交易市场2013年的发展进行了系统回顾和分析，讨论了目前中国场外交易市场的层次架构、功能定位，通过对市场发展脉络的梳理，分析了中国场外交易市场发展的动态、面临的机遇与挑战。

第二部分综合篇由四篇文章组成。第一篇文章《多层次资本市场对县域经济发展的作用机理研究》认为多层次资本市场和县域经济二者是互动的关系：资本市场为县域经济发展提供资金，促进资源有效配置；县域经济发展为资本市场提供优质上市企业和投资项目。特别是，场外交易市场将在我国县域经济发展、新型城镇化建设中发挥不可替代的作用。第二篇文章《我国资本市场对城镇化发展的支持路径探索》介绍了我国城镇化的发展阶段、主要成就和三种典型模式。从城市基础设施建设、中小企业、“三农”、产业结构调整等城镇化发展几个方面，具体分析了资本市场对城镇化的推动作用，从基础环境、资本市场自身因素等角度分析了资本市场在支持城镇化发展中的问题并提出了可行性建议。第三篇文章《资本市场对产业结构升级的影响效应研究》在理论分析资本市场促进产业结构升级的作用机制基础上，以1991~2011年我国资本市场融资率与产业结构升级率的数据为样本，通过回归分析和误差修正分析，研究了我国资本市场对产业结构升级的推动作用。通过总量和结构分析发现，我国资本市场发展对产业结构升级具有长期的推动作用，而且各个子市场中债券市场的推动作用是最强的，股票市场次之，中长期贷款市场的作用最小。文章结合理论分析和实证检验结果，提出了制定符合本国禀赋的产业调整与发展政策，大力发展多层次、多元化资本市场，完善资本市场体系等具体政策建议。第四篇文章《场外交易市场中交易所竞争力研究》从对国外主要场外市场交易所梳理介绍以及中国场外交易市场自20世纪90年代起的起落回顾切入，总结和提炼了决定场外市场交易所竞争力的或然性和必然性两方面要素，文章同时指出，或然性要素对场外交易市场的竞争力有重要影响，而真正决定场外交易市场竞争力的，则在于包括市场化、共性与个性相结合、目标客户、特色风控体系和中小企业孵化培育功能五方面因素在内的一系列必然性要素。文章最后分析了当前我国场外交易市场交易所竞争发展现状与突出问题，并提出了相应政策建议。

第三部分理论创新篇由两篇文章组成，分别是《场外交易市场信息结构与监管模式研究》和《场外交易市场流动性管理制度绩效评估》。《场外交易市场信息结构与监管模式研究》认为，在未来我国场外交易市场的监管中，应建立多主体共同参与的监管模式，并根据不同监管主体所占有的信息资源进行职能分工，即：监管机构以间接监管、事后监管为主，自律机构以直接监管、事中监管为主，而市场核心参与主体则以事前督导为主。《场外交易市场流动性管理制度绩效评估》对国内两个典型场外交易市场和台湾兴柜市场流动性做对比分析，表明做市商制度下市场流动性更好；评估兴柜流动性管理制度改革的有效性，发现对做市商行为的规范改革对流动性有更大影响；文章还基于 GARCH 模型对台湾兴柜市场的流动性风险进行了动态特征研究。

第四部分，专题研究篇由围绕本书主题进行深入研究的系列专题文章组成。它们分别是：《完善新型城镇化建设的融资模式探析》、《有效推进非上市公司股权质押融资业务——基于场外交易市场建设的思考》、《中小企业私募债券的融资特点、风险与监管措施——基于两类债券市场的比较》、《关于私募股权投资基金推动我国中小企业发展的若干问题思考》、《完善多层次资本市场 化解中小企业融资难题》、《微型金融对小微企业的支持力度比较研究》、《资本市场对科技型中小企业发展的贡献度分析——来自中国资本市场的经验数据》、《场外交易市场中小企业公司治理现状及改进措施探究》和《场外市场企业股改中净资产折股涉税问题研究——基于上市企业及天交所挂牌企业案例的思考》。以上专题文章主要从城镇化的融资模式、场外交易市场的融资创新、资本市场对小微企业和科技型中小企业的影响效应等方面进行了深入分析，并提出了具体政策建议。

目录

𝔹Ⅰ 总报告

𝔹Ⅱ 综合篇

𝔹Ⅲ 理论创新篇

ⅣB Ⅳ 专题研究篇

B Ⅴ 大事记

皮书数据库阅读使用指南

总 报 告

General Report

B.1

2013年中国场外交易市场发展综述

高 峦 董瑞华 杨东峰*

摘 要：

本文对中国场外交易市场2013年的发展进行了系统回顾和分析。文章认为，目前中国的场外交易市场主要包括：定位于非上市公众公司股票交易市场的全国中小企业股份转让系统、在天津滨海新区综合配套改革金融创新先行先试背景下继续跨区域发展的天津股权交易所，为区域企业提供私募融资服务与股权转让的区域性股权市场、证券公司柜台市场和机构间私募产品报价与服务系统。文章讨论了各类市场的层次架构、功能定位，通过对各类市场发展脉络的梳理，分析了中国场外交易市场发展的动态、面临的机遇与挑战。

* 高峦，天津产权交易中心党委书记、主任，高级经济师，高级产权经济师，天津股权交易所董事长；董瑞华，经济学博士，渤海证券股份有限公司场外市场部；杨东峰，天津股权交易所研究发展部。

关键词：

场外交易市场　天交所　证券公司柜台市场　私募报价系统

引　言

2012 年 11 月，中共第十八次全国代表大会报告提出“深化金融体制改革，健全促进宏观经济稳定、支持实体经济发展的现代金融体系，发展多层次资本市场”。中国证监会原主席郭树清指出，加快发展多层次资本市场，就是要继续拓展资本市场服务实体经济的广度和深度，通过加快建设创业板和场外交易市场，真正形成“金字塔”形市场体系结构，做好资本市场与科技创新、现代农业、社会保障等的对接和服务，推动我国经济发展由要素投入型向创新驱动型发展转变。2013 年 11 月，中共十八届三中全会在阐述完善金融市场体系时，提出鼓励金融创新，丰富金融市场层次和产品。这是深化金融改革、完善社会主义市场经济体系的战略部署，对今后场外交易市场的发展具有重要指导意义。

2013 年是中国经济转型之年，加快转变经济发展方式和调整经济结构的迫切需求催生了大量全新的、多元化的投融资需求，客观上要求资本市场改变过于单一的市场架构和产品结构。发行市场上要求公募与私募并重，交易市场上要求场内与场外兼顾，产品市场上要求基础产品的丰富和差异化、个性化产品的创新。2013 年也是中国场外交易市场取得波澜壮阔大发展的一年——新三板正式实现扩容，试点范围扩大至全国；基于 2008 年天津滨海新区金融改革创新先行先试的国家战略背景，经国务院批复设立的天津股权交易所继续改革创新，取得了长足发展，截至 2013 年底，成立发展五年多的天交所市场累计挂牌企业数量达到 412 家，市场总市值超过 332 亿元，继续保持了场外股权市场发展的领先地位，市场实践数据更彰显出各市场主体，尤其是中小微企业对天交所市场的认可与信赖；全国各地的区域性股权市场先后起步设立和运营；券商柜台交易业务试点启动；机构间私募产品报价与服务系统正式推出。

当前，我国场外交易市场体系建设进一步明朗，以新三板和天交所为代表的具有全国影响力的场外交易市场加快发展，各地区域性股权交易市场发展如火如荼，柜台市场在探索中推进。但是，应该引起我们注意的是我国场外交易市场发展还存在市场定位不清晰、监管机制不健全、创新意识淡薄等诸多问题。因此，全面系统厘清我国场外交易市场发展的困境、挖掘场外交易市场的潜力以及明晰场外交易市场的顶层设计有助于推进我国场外交易市场的可持续发展。

一　我国场外交易市场 2013 年发展回顾

（一）国家支持场外交易市场发展的政策导向进一步明晰

目前，我国正在建设多层次资本市场，场外交易市场作为多层次资本市场的基础板块受到格外的重视，无论是政府还是市场都将场外交易市场作为中国资本市场体系完善的重要方面，中国资本市场迎来重要发展机遇。

中国证监会原主席郭树清上任后，于 2012 年初赴天津等地调研天津股权交易所等场外交易市场，证监会对场外交易市场的发展高度重视，并对取得的成绩给予肯定。此一系列调研，使游离于体制之外没有名分的股权交易市场看到了融入现有资本市场体系的希望，从而提振了各地发展股权交易市场的信心。

2012 年 9 月以来，中国证监会印发《关于规范证券公司参与区域性股权交易市场的指导意见（试行）》，提出："区域性股权交易市场（以下简称区域性市场）是多层次资本市场的重要组成部分，对于促进企业特别是中小微企业股权交易和融资，鼓励科技创新和激活民间资本，加强对实体经济薄弱环节的支持，具有不可替代的作用"，为区域性市场建设提供了明确的政策依据；该《指导意见》明确提出鼓励证券公司以多种方式参与区域性股权交易市场的业务与市场建设，开启了证券公司参股甚至筹建股权交易市场的风潮；自此始，全国各省、市都把建设区域性股权交易市场作为促进地方经济发展、抢占区域金融中心竞争先机的重要举措。

2013 年 2 月 7 日，中国证券业协会发布《证券公司参与区域性股权交易市场业务规范》（中证协发〔2013〕17 号），明确证券公司可以"投资入股区域性市场，或在区域性市场提供推荐公司挂牌、股权或私募债券转让、定向股权融资、私募债券融资、投资咨询、登记结算及其他有关服务”。

2013 年 8 月，《国务院办公厅关于金融支持小微企业发展的实施意见》中明确提出，将区域性股权市场纳入多层次资本市场体系，促进小微企业改制、挂牌、定向转让股份和融资，支持证券公司通过区域性股权市场为小微企业提供挂牌公司推荐、股权代理买卖等服务。政策导向为场外股权交易市场的发展提供了契机。

2013 年 11 月，党的十八届三中全会明确提出：建立多层次资本市场体系，鼓励金融创新，丰富金融市场产品。多层次的资本市场既包括交易所市场，也包括场外交易市场；既包括公募市场，也包括各种私募市场。这就为行业发展指明了方向。可以预见，未来政策将更多着力于场外交易市场机制、产品和服务模式的适度创新，以更好地为社会提供优质金融服务。

（二）通过交易场所清理整顿规范净化市场竞争环境，场外市场迎来发展新机遇

2011 年 11 月 24 日，国务院正式下发《关于清理整顿各类交易场所，切实防范金融风险的决定》（国发〔2011〕38 号），对各类“交易所”进行清理整顿，指出各类“交易所”存在的乱象与潜在风险，提出了清理整顿的工作机制与基本规范，明确了一系列禁止性的行为（见表 1）。

表 1　国发〔2011〕38 号文主要内容＊

名称	• 使用“交易所”字样，须经国务院或金融管理部门批准，或由省级人民政府在征求联席会意见前提下批准
权益交易	• 不得将任何权益拆分为均等份额公开发行； • 不得采取集中竞价、做市商等集中交易方式进行交易； • 不得将权益按照标准化交易单位持续挂牌交易； • 投资者买卖时间间隔不得少于 5 个交易日； • 权益持有人累计不得超过 200 人
商品交易	• 不得以集中竞价、电子撮合、匿名交易、做市商等集中交易方式进行标准化合约交易
其他市场	• 保险、信贷、黄金等金融产品交易，必须经国务院相关金融管理部门批准设立

＊《国务院关于清理整顿各类交易场所，切实防范金融风险的决定》（国发〔2011〕38 号），www.gov.cn，2011 年 11 月 24 日。

此次清理整顿不同于20世纪90年代末对产权市场与报价系统的清理整顿。90年代末的清理整顿采取了一刀切的方式，国务院办公厅转发《证监会关于〈清理整顿场外非法股票交易方案〉的通知》明确提出，“擅自设立的证券交易场所要立即关闭”，① 凡属涉嫌通过将股权或产权拆细进行证券交易的市场都先后在清理过程中关闭。与此不同，“38号文”指出，“各类交易场所要建立健全规章制度，严格遵守信息披露、公平交易和风险管理等各项规定，提高投资者风险意识和辨别能力，切实保护投资者合法权益”，“建立对各类交易场所和交易产品的规范管理制度”。由此可见，此次清理整顿是规范与清理并重，规范具有代表性的典型市场，规范对金融改革创新具有探索意义与价值，清理在设立程序与业务模式上不合规的交易场所。虽然许多交易场所将在清理整顿中关闭，但设立政策依据较为充分、运作相对规范的股权交易市场将在完善监管、规范模式的前提下继续试点探索。

不同于其他类型的交易场所，股权交易市场数量相对较少，对政策的依托更为充分（尤其是天津、重庆等市），出现的问题也较少。由于之前有“不得拆细、不得连续、不得标准化”的限制性规定，多数股权交易市场采取了相应的规避措施，未进行公开发行与交易，权益持有人基本未突破200人，在交易制度上也以做市商制度与协议交易制度为主。因此，股权交易市场整顿重点在于完善监管模式，以及根据控制风险的需求对交易方式做出适当调整。

由于此次清理整顿没有采取一刀切的方式，而是以规范为主，因此，各地在经历了短暂的紧张之后，清理整顿不但没有给股权交易市场的发展带来冲击，反而出现了各地建设场外股权交易市场的高潮。出现这种特殊现象其背后有两个原因：一是清理整顿为股权交易市场的建设划定了合法性标准，只要“照方抓药”，不但不会被关闭，反而可以获得合法地位；二是前述证监会发布的《关于规范证券公司参与区域性股权交易市场的指导意见（试行）》明确提出了证券公司可以全面参与验收合格的场外股权交易市场，包

① 《证监会关于〈清理整顿场外非法股票交易方案〉的通知》，www. stockstar. com，1998 年 3 月 25 日。

括出资建设和参与业务。此项政策一出，各证券公司一改之前对场外股权交易市场的冷淡态度，立即对参与场外股权交易市场充满了热情。证券公司的参与为各地建设股权交易市场提供了便利，使各地股权交易市场的建设速度有了实质性的提升。

（三）基于天津滨海新区综合配套金融改革先行先试政策背景的天交所继续向前创新发展

2006 年国务院在《关于推进天津滨海新区开发开放有关问题的意见》（国发〔2006〕20 号）中提出："鼓励天津滨海新区进行金融改革和创新；在金融企业、金融服务、金融市场和金融开放等方面的重大改革，原则上可安排在天津滨海新区先行先试。"2008 年 3 月，国务院在《关于天津滨海新区综合配套改革试验总体方案的批复》（国函〔2008〕26 号）中，进一步明确提出："天津要以金融体制改革为重点、办好全国金融改革创新基地，加快健全资本市场体系和金融服务功能，要为在天津滨海新区设立全国性非上市公众公司股权交易市场创造条件"。基于以上政策背景，天津股权交易所经天津市政府批准，于2008 年 9 月成立运营。2009 年 10 月，经国务院同意批复的《天津滨海新区综合配套改革试验金融创新专项方案》（发改经体〔2009〕2680 号）中指出："支持天津股权交易所不断完善运作机制，规范交易程序，健全服务网络，拓展业务范围，扩大市场规模。充分发挥市场功能，为中小企业和成长性企业提供高效便捷的股权投融资服务。"

成立发展五年多来，天津股权交易所已建立起多层次的市场板块架构，业务范围覆盖全国 28 个省、自治区和直辖市，跨区域和服务汇聚各行业优秀中小企业的市场特点日益突出。2013 年，天交所市场继续探索创新，市场建设在以下多个方面都取得了长足发展。

1. 市场功能不断提升

在服务企业融资方面，截至 2013 年底，天交所市场累计为企业实现直接融资 63.3 亿元，带动实现间接融资 153.75 亿元（其中，93 家企业完成股权质押融资 32.23 亿元），融资总额 217.05 亿元。2013 年全年实现企业挂牌后增发和股权质押融资分别为7.49 亿元和19.39 亿元，较上年分别增长 6.1% 和

94.48%。截至 2013 年底，天交所共实现与 28 家银行的 58 家总分行签约和建立战略合作关系，其中实现签约的银行总行 13 家；与国内 24 家券商建立合作联系，其中实现签约券商 4 家。

在市场交易定价方面，2013 年挂牌企业首次股权私募融资平均价格为 2.43 元/股；全年有 323 家挂牌企业价格上涨，占挂牌企业总数的 87.3%；47 家挂牌企业价格下跌，占挂牌企业总数的 12.7%；年度价格指数波动最大振幅为 13.82%，市场继续维持平稳发展态势。挂牌企业平均市盈率为 10.25 倍，挂牌交易股权价格整体保持在合理的估值区间。

在规范培育企业方面，2013 年，天交所在全国多地组织挂牌企业投资价值展示和路演会议十余次，参会展示和推介企业达 43 家次，完成投资人和企业意向对接 145 家次。截至 2013 年底，天交所面向挂牌企业累计举办各类研讨班 4 期 514 人次，挂牌企业董秘培训 37 期 654 人次、企业上市培训 3 次、企业其他类型服务培训 12 次；累计组织 10 家次优秀挂牌企业出国考察和促进对接海外资本市场；督导保荐机构进行企业现场检查并披露检查报告 1112 份，指导企业披露定期报告 5581 份，临时报告 5865 份。

2. 市场风险控制进一步加强

天交所在市场发展中始终将风险控制放在首位。2013 年，天交所起草完成新增《挂牌企业风险处置管理暂行办法》、《挂牌企业风险预警与控制工作管理暂行办法》、《挂牌企业董事会秘书管理考核暂行办法》、《挂牌企业信息披露考核管理暂行办法》等多个监管制度文件，先后完成包括三个风险点排查、现代企业制度验收等十余个工作指引、标准化工作流程和流程记录表，进一步巩固了防范市场风险的监管制度基础；通过及时总结整理市场风险案例及相应处置预案，每月进行更新汇总，及时进行风险事项跟踪处置，建立了顺畅的风险信息传递机制；为每家挂牌企业建立了挂牌企业风险控制信息表，定期排查和详细记录企业基本信息及日常监管情况；定期召开市场风险分析与控制会议共 35 次，发布风险预警与控制简报 35 期，完成专项市场风险分析报告 8 篇；与地方政府完善建立联合监管机制，2013 年在晋江、无锡等地共同召开大型监管服务工作会议 2 次；继续加强对中介机构的检查监管，2013 全年共警告违规机构 170 家次、约谈违规机构 24 家次、暂停业务资格 29 家、取消业务资格30家，有效控制和化解了市场风险。

3. 内部管理日益完善

2013年，天交所继续加强各项基础管理工作。一方面，对市场运营管理过程中的各类文件档案、统计数据、监管报告、业务底稿、工作日志及相关研究分析报告等文档记录进行规范整理；另一方面，继续修订完善各类制度文件，包括：全年业务部门绩效考核办法，各业务部门岗位说明书、工作手册、例会及工作总结计划制度、工作日志及周例会总结计划考核办法；保荐及报价协议、内审委试行办法、项目审核考核办法，服务机构申报文件内容与格式指引文件，公司治理文件指引，股权挂牌交易申报文件内容与格式指引，天交所板块设计方案等相关文件的编制修订。

（四）新三板实现扩容，股份转让系统设立运营

三板最早指承接中国资本市场历史上的STAQ系统和NET系统以及A股退市公司的股份转让交易系统，又被称为“旧三板”。2006年，中关村科技园区非上市股份公司进入“旧三板”交易，这一股份转让系统称为“新三板”。在当时，新三板是由中国证券业协会自律管理的一个电子化平台，没有一个法人实体的存在，仅依托深圳证券交易所的技术系统实现一些功能。而直到2013年1月16日，全国中小企业股份转让系统（简称“股转系统”）才正式揭牌，并于2月8日发布了首批规则及相关配套文件。2013年12月14日，新三板正式将试点扩容至全国。

（五）区域性场外交易市场遍地开花

自2008年12月天津股权交易所正式开业以来，股权交易市场建设的速度不断加快，如今已呈现遍地开花的局面。许多地方都在“占位”思维驱使下买票上车，先上路再寻路。目前除黑龙江、河南、内蒙古、云南、海南、宁夏等少数几个省份外，其余省份均建立了股权交易市场，有些地区甚至不止1家。截至2014年1月，国内已成立的主要股权交易市场已超过30家（见表2）。

表 2　各地股权交易市场建设情况

省份	名称	成立时间	开业时间
天津	天津股权交易所	2008 年 9 月	2008 年 12 月
上海	上海股权托管交易中心	2010 年 7 月 19 日	2012 年 2 月 15 日
江苏	江苏股权交易中心	2013 年 7 月	2013 年 9 月 24 日
浙江	浙江股权交易中心	2012 年 10 月 18 日	2012 年 10 月 18 日
安徽	安徽股权交易所	2009 年 7 月 16 日	2009 年 7 月 16 日
北京	北京股权交易中心	2013 年 1 月	2013 年 12 月 28 日
广东	广州股权交易中心	—	2012 年 8 月 9 日
	深圳前海股权交易中心	2012 年 5 月 15 日	2013 年 5 月 30 日
	广东金融高新区股权交易中心	2013 年 7 月 11 日	2013 年 10 月 29 日
河北	石家庄股权交易所	—	2013 年 10 月 29 日
山东	齐鲁股权交易中心	2012 年 12 月	—
湖北	武汉股权托管交易中心	2011 年 9 月	2011 年 9 月
湖南	湖南股权交易所	2010 年 12 月 6 日	2013 年 7 月
江西	江西省股权交易所	2011 年 6 月	—
福建	海峡股权交易中心	2011 年 10 月 26 日	2013 年 7 月 18 日
	厦门两岸股权交易中心	2013 年 12 月 30 日	—
四川	成都(川藏)股权交易中心	—	2013 年 12 月 30 日
重庆	重庆股份转让中心	2009 年 7 月	2009 年 12 月 27 日
广西	广西北部湾股权托管交易所	2011 年 1 月 14 日	—
山西	山西股权交易中心	—	2013 年 8 月 29 日
辽宁	辽宁股权交易中心	2013 年 2 月 7 日	2013 年 4 月 22 日
吉林	吉林股权交易所	2011 年 5 月	2013 年 6 月 28 日
贵州	贵州股权托管交易中心	2011 年 2 月 24 日	—
陕西	陕西股权托管交易中心	在筹	—
甘肃	甘肃股权交易中心	—	2013 年 12 月 16 日
青海	青海股权交易中心	2013 年 6 月 16 日	2013 年 7 月 6 日
新疆	新疆股权交易中心	—	2013 年 10 月 21 日

资料来源：作者编制。

（六）场外交易市场参与主体多元化

交易所、证券公司直接入股甚至发起设立场外股权交易市场，是自 2013 年以来场外股权交易市场建设的新特点。在业已成立的场外交易市场中，交易所和券商的参与度达 50% 以上，多达 10 家的场外交易市场兼有交易所和券商的股东背景（见图 1）。国信证券和中信证券都参股了 3 家股权市场；深交所参股范围最广，包括新三板在内共计参股了 10 家场外交易市场（见表 3）。交易所与证券公司的参与给场外股权交易市场带来的不仅是资金，还有新的发展思维、发展模式以及新的业务。

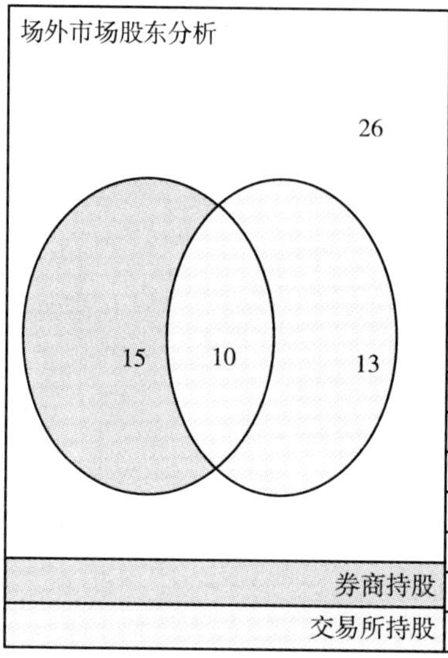

券商参股场外市场一览
北京股权交易中心
成都（川藏）股权交易中心
大连股权交易中心
甘肃股权交易中心
江苏股权交易中心
辽宁股权交易中心
齐鲁股权交易中心
深圳前海股权交易中心
厦门两岸股权交易中心
山西股权交易中心
陕西股权托管交易中心
武汉股权托管交易中心
新疆股权交易中心
浙江股权交易中心
重庆股权转让中心

图 1　证券公司参股区域性股权交易市场情况

资料来源：Chinascope Financial 数库财务。

表 3　交易所参股场外股权交易市场情况

交易所参股场外市场一览		
场外市场	深交所	上交所
北京股权交易中心	√	
大连股权交易中心	√	
陕西股权托管交易中心	√	
新三板	√	√
齐鲁股权交易中心	√	
深圳前海股权交易中心	√	
青海股权交易中心	√	
厦门两岸股权交易中心	√	
武汉股权托管交易中心	√	
重庆股份转让中心	√	
辽宁股权交易中心		√
浙江股权交易中心		√
上海股权托管交易中心		√

资料来源：Chinascope Financial 数库财务。

（七）场外交易市场组织形态多样化

2013年以来，我国场外交易市场的组织形态不断推陈出新。除新三板、天津股权交易所等场外股权交易市场之外，自2012年下半年以来，在中国证监会与中国证券业协会的指导推动下，又出现了两种新的场外交易市场形态，即证券公司柜台市场与机构间私募产品报价与服务系统，目前已有15家证券公司通过了中国证券业协会的专业评审，获准建立证券公司柜台市场，机构间私募产品报价与服务系统也已正式上线，并在不断拓展新的功能。2012年12月21日，中国证券业协会下发《证券公司柜台交易业务规范》（中证协发〔2012〕244号），公布了首批参与试点的券商，包括海通证券、国泰君安、国信证券、申银万国、中信建投、广发证券、兴业证券等7家证券公司[①]，正式开启了证券公司的柜台交易业务或者说柜台市场建设。2013年2月5日，中国证券业协会公布了第二批通过证券公司柜台交易业务实施方案专业评价的券商名单，这8家券商为招商证券、中信证券、银河证券、中金公司、山西证券、中银国际、长江证券和齐鲁证券[②]。截至2013年底，已推出挂牌产品的券商有7家，分别是海通证券、齐鲁证券、国泰君安、广发证券、国信证券、山西证券、中银国际。

二　不同场外交易市场的比较分析

（一）市场定位比较分析

全国中小企业股份转让系统定位于建立全国性的、公开的场外交易市场，以非上市公众公司股份挂牌转让为主；天津股权交易所现阶段主要定位于建立跨区域、非上市非公众的场外交易市场，现已为挂牌企业提供股权、债券等融资服务产品；其他区域性股权市场主要为区域内中小微企业提供相关服务；证

① 《首批7家券商启动柜台交易业务试点》，《中国证券报》2012年12月22日。

② 《8券商获准开展柜台交易业务　4只券商股迎升机》，《山东商报》2013年2月7日。

券公司自办的证券公司柜台市场定位于开展证券公司创设私募产品的柜台交易业务；机构间私募产品报价与服务系统则定位于联通和监测私募类场外交易市场与产品，进而在证券公司柜台市场和场外股权交易市场之上搭建跨市场的报价系统。各市场具体定位与特点如表 4 所示。

表 4　多层次场外交易市场的定位与特点

市场类型	市场定位	市场特点
全国中小企业股份转让系统	非上市公众公司股票交易市场	全国性、公开性； 采取交易所的组织架构模式； 经证监会核准，挂牌公司股东可以突破 200 人的限制，成为公众公司
天津股权交易所	非上市非公众公司股权交易市场	跨区域、非公开性； 采取交易所的组织架构模式； 现阶段挂牌公司股东人数不可以突破 200 人的限制 坚持按照市场化发展方向，为各类中小微企业发展提供孵化培育服务
其他区域性场外股权市场	主要为区域内非上市非公众公司提供股权、债权融资与转让	具有典型的区域锁定特点，由区域地方政府负责管理
证券公司柜台市场	证券公司创设的私募产品柜台交易业务	以私募产品创设与转让交易为主，不具有交易所的制度与组织架构； 在产品创设方面，包括私募债券、资管产品、金融衍生品、资产证券化产品等场外私募产品； 在转让交易方面以协议转让、与对手方直接交易等方式为主
机构间私募产品报价与服务系统	私募类场外交易市场与产品的综合服务平台	联通、监测私募类场外交易市场； 搭建跨市场报价系统； 搭建为场外交易市场提供统一集中、多样化灵活的信息发布、报价转让、登记托管、清算交收等功能平台； 各类私募产品的创新试验平台

资料来源：根据相关资料整理。

1. 天津股权交易所的定位

天津股权交易所是天津市人民政府依据国务院关于“要为在天津滨海新区设立全国性非上市公众公司股权交易市场创造条件”的要求批准设立的公司制交易所，2008 年 9 月在天津滨海新区注册成立。天交所作为“在天津滨海新区设立全国性非上市公众公司股权交易市场创造条件”的重要平台，借助成熟资本市场成长经验，通过组织开展非上市公司股权融资，挂牌交易，探索建立中小企业、科技成长型企业直接融资渠道，促进非上市公司熟悉资本市场规则，完善公司治理结构，提升核心竞争能力，实现健康快速成长；通过建立和完善市场化孵化和筛选机制，源源不断地为主板市场、中小板市场、创业板市场和境外资本市场培育和输送优质成熟上市后备资源；努力建设一个具有投资价值、充满活力并高度自我稳定的集中统一的非上市公司股权市场，成为中国主板、中小板、创业板市场的必要补充和重要基础支撑。

总之，天交所在现阶段的基础定位是跨区域非上市非公众公司股权交易市场。就定位而言，新三板和天交所都是场外交易市场，都服务于非上市中小企业的规范发展和股权融资，两者只存在公众与非公众、公开转让与非公开转让方面的定位差异，并无层次上的高低上下之分。新三板和天交所都是我国场外市场的重要组成部分，共同构筑起我国多层次资本市场中的基础层次，都是创业板、中小板和主板市场的有效补充。天交所挂牌企业按照企业自身发展阶段和自主自愿选择，可以顺畅转板到新三板，符合条件的也可以适时直接启动向创业板、中小板或海外市场上市的程序。

2. 股转系统的定位

全国中小企业股份转让系统（即“新三板”）是经国务院批准设立的全国性证券交易场所，于2012年9月20日注册成立，其经营范围包括：组织安排非上市股份公司股份的公开转让；为非上市股份公司融资、并购等相关业务提供服务；为市场参与人提供信息、技术和培训服务。

3. 其他区域性股权交易市场的定位

区域性场外股权交易市场大多由地方政府负责管理，并限定在本区域范围内开展业务，这主要是源于相关部门政策文件的要求。《国务院关于清理整顿各类交易场所　切实防范金融风险的决定》（国发〔2011〕38号文，以下简称国发38号文）明确提出，“对经国务院或国务院金融管理部门批准设立从事金融产品交易的交易场所，由国务院金融管理部门负责日常监管。其他交易场所均由省级人民政府按照属地管理原则负责监管，并切实做好统计监测、违规处理和风险处置工作”；《国务院办公厅关于清理整顿各类交易场所的实施意见》（国办发〔2012〕37 号文，以下简称国办 37 号文）要求各类交易场所不得跨区域设立经营性分支机构，“从事权益类交易、大宗商品中远期交易以及其他标准化合约交易的交易场所，原则上不得设立分支机构开展经营活动。确有必要设立的，应当分别经该交易场所所在地省级人民政府及拟设分支机构所在地省级人民政府批准，并按照属地监管原则，由相应省级人民政府负责监管”；《关于规范证券公司参与区域性股权交易市场的指导意见（试行）》（证监发〔2012〕20 号文，以下简称证监会 20 号文）提出：“区域性市场是为市场所在地省级行政区域内的企业特别是中小微企业提供股权、债券的转让和融资服务的私募市场，接受省级人民政府监管”。

因此，遵照国发 38 号文、国办 37 号文精神，依照证监会 20 号文的规定，区域性场外股权交易市场是为区域内中小微企业提供股权、债权转让和融资服务的私募市场，其定位具有以下特点。

一是机构区域锁定，即场外股权交易市场原则上不得跨区域设立营业性分支机构。确有必要跨区域设立营业性分支机构的，应当分别经该市场所在地省级政府及拟跨区域的省级政府批准，并由市场所在地省级政府监管。

二是功能锁定，即在场外股权交易市场挂牌交易的公司可以采取非公开方式进行股权融资，或通过私募债方式融资，或进行股权协议转让，但不得采取广告、公开劝诱及其他变相公开方式进行。

三是权益人锁定，即场外股权交易市场上挂牌公司的权益持有人累计不得超过 200 人，法律、行政法规另有规定的除外。

4. 证券公司柜台市场的定位

2012 年 12 月 21 日，中国证券业协会下发《证券公司柜台交易业务规范》（中证协发〔2012〕244 号），正式开启了证券公司的柜台交易业务。其定位是：依托证券公司平台，为客户从事未在集中交易场所上市金融产品的转让以及相关投资、融资等活动提供服务的场外交易市场。如果说交易所是一个完备的组织，集成了多种相关功能，则柜台市场只是一个核心模块，并同柜台市场外其他组织的相关模块进行联结、对接。

证券公司柜台市场仅为非上市私募金融产品的报价转让平台，不同于交易所市场，它具有以下特点：一是以私募金融产品转让为核心功能，市场高度开放，转让方式灵活。二是以一对一协议转让为主要转让方式，不进行竞价交易。三是不采取会员制度。直接面向投资者提供转让服务，不设置经纪商，不建立会员制度。四是在产品管理上只进行风险评估与控制，不设置其他准入条件。进入市场转让的产品由行业主管部门或其授权部门、单位进行审核批准，柜台市场只从风险上进行控制，凡适合柜台市场合格投资者认购的私募类金融产品均可进行柜台转让。五是对转让进行实时监控和管理，产品和发行主体、中介机构由监管部门及监管部门授权或要求的部门、单位进行监管，柜台市场根据监管部门要求进行配合和支持。柜台市场以提供转让服务为主，根据行业主管部门要求对转让行为进行监控，并定期向主管部门递交业务报告。

5. 私募报价系统的定位

机构间私募产品报价与服务系统，是对证券公司柜台市场进行监测，并为证券公司开展私募业务提供辅助服务的开放性专业化电子平台，具体来讲，其辅助功能包括为证券公司柜台市场提供报价信息集中展示服务，为证券公司发行、销售和转让私募产品提供平台支持，为证券公司柜台业务创设、开发、管理的金融产品以及衍生产品、私募股权、私募债等提供流动性服务。①

报价系统拥有备案产品、柜台市场、私募汇、市场联盟、在线协商、信息管理、编码中心等多个各具特色的信息平台。通过报价系统，可以实现柜台市场监测统计、私募产品展示、备案信息查询、私募投融资项目信息分享及在线协商等多项功能。

从长远角度看，报价系统并不仅限于产品流通，其定位设想是解决证券公司柜台市场的互联互通以及与其他市场的联通，可视为市场中的市场。在未来，场外股权交易中心将按照自愿原则，在和证监会签署联合监管的框架协议后，也可以纳入报价系统进行信息展示和转让等。②

---

① 王晓宇：《证券公司柜台市场即将互联互通，券商私募产品报价与转让系统最快6月面世》，《上海证券报》2013年6月4日。

② 《机构间私募产品报价与服务系统正式上线》，《上海证券报》2013年9月24日，http://www.ccstock.cn/simu/chicang/2013-09-24/A1334658.html。

（二）市场发展现状比较分析

1. 发展规模

据China Scope数库统计，截至2014年3月底，全国场外股权交易市场共有挂牌企业8583家。仅从挂牌企业数量来看（见表5），挂牌企业数量最多的为前海股权交易中心与山西股权交易中心，分别为3079家与917家，但这两个市场对挂牌企业并未进行筛选，一次挂牌上千家企业只能是形式上的挂牌，企业不需要进行股份制改造，也无须进行信息披露，企业挂牌没有任何门槛，其运作模式有待市场检验。类似的，广州、浙江、甘肃、山东、上海等地的区域性股权交易市场挂牌数量统计中包含了没有任何企业准入门槛要求的展示板，如果扣除展示板大批企业的形式挂牌，以上市场的挂牌企业统计数量会大幅减少。截至2013年底，新三板市场挂牌企业356家，天交所市场挂牌企业

表5　各地股权交易市场规模与信息披露情况

交易所	2014年2月挂牌数	2014年3月挂牌数	新增	数库覆盖	信息披露
新三板	649	663		663	★★★★★
天津股权交易所	422	433		394	★★★★★
齐鲁股权交易中心	300	300		246	★★★★
上海股权托管交易中心	160	164		166	★★★★
重庆股份转让中心	108	110		108	★★★★
湖南股权交易所	140	136		15	★★★
广州股权交易中心	570	595		22	★★★
辽宁股权交易中心	55	52		5	★★★
武汉股权托管交易中心	181	188			★★
浙江股权交易中心	737	838			★★
深圳前海股权交易中心	3004	3079			★
新疆股权交易中心	383	405			★
青海股权交易中心	97	105			★
石家庄股权交易所	45	44			★
北京股权交易中心	57	57			★
大连股权交易中心	32	32			★
甘肃股权交易中心	226	241			★
吉林股权交易所	7	7			★
江苏股权交易中心	24	32			★
山西股权交易中心	882	917			★
成都（川藏）股权交易中心	179	179			
厦门两岸股权交易中心	6	6			
广西北部湾股权托管交易所					
安徽股权交易所					
江西省股权交易所					
陕西股权托管交易中心					
贵州股权托管交易中心					

资料来源：Chinascope Financial数库财务　　截止日期：2014年3月31日

412 家，新三板 2014 年 1 月 266 家企业集中挂牌才出现了市场挂牌企业数量的迅速增加。

相比较而言，起步较早的天津股权交易所市场规模保持了有序、稳健的增长态势。从挂牌企业数量看，天交所挂牌企业由 2012 年底的 247 家，发展到 2013 年底的 412 家，新增挂牌企业 165 家，较上年增长 66. 80%；从投资人和保荐机构规模来看，市场注册合格投资人 1. 84 万余户，分布在全国 31 个省、区、市，注册报价商和保荐机构 101 家；从企业规模看（见图 2），天交所挂牌企业规模结构呈正态分布，有一半的企业规模在 1000 万到 3000 万元之间，体现了天交所着力为中小企业服务的宗旨；从企业地区分布看（见图 3），2013 年天交所市场覆盖由年初的 26 个省 83 个地市扩展到 28 个省 115 个地市，跨区域市场的发展布局已经成型。

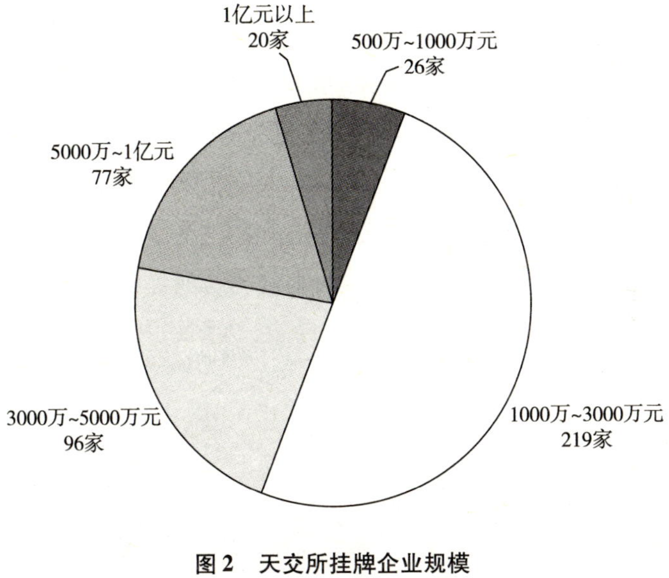

图 2　天交所挂牌企业规模

资料来源：天津股权交易所官网，http：//www. tjsoc. com/web/data2. aspx#rzjbsj。

2. 交易情况

Chinascope Financial 数库财务关于场外市场成交数据显示（见图 4），交易活跃的市场主要集中在新三板、天津股权交易所、上海股权托管交易中心和

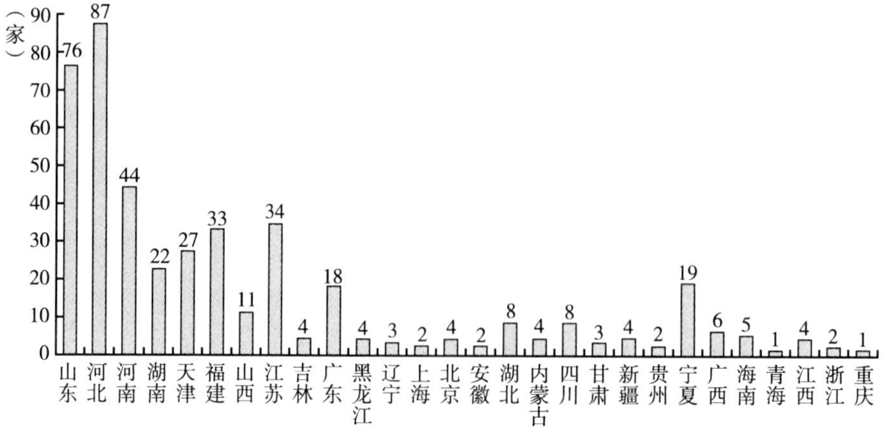

图3　天交所挂牌企业地区分布

资料来源：天津股权交易所官网，http：//www. tjsoc. com/web/data2. aspx#rzjbsj。

齐鲁股权交易中心四个市场，其中天交所成交情况呈现稳步上升趋势。截至2013年底，天交所挂牌企业累计成交20.13亿股，成交金额46亿元，平均市盈率为10.25倍，2013年全年成交6.01亿股，较上一年增加8.29%，实现交易金额11.76亿元。2013年最后一个交易日天交所市场价格指数达1870点，比上一年增加227点，上涨了13.82%。截至2014年3月底，天交所累计股权直接融资额达61.8亿元（见图5），累计股权直接融资次数达530次，成交时

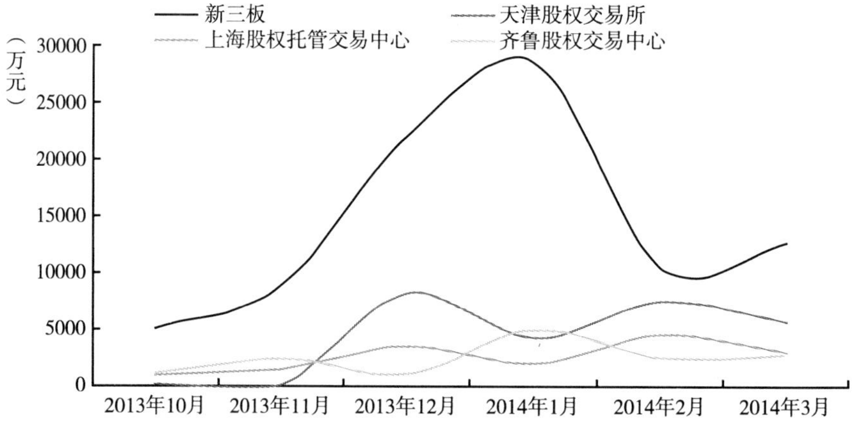

图4　主要场外股权交易市场成交情况

资料来源：Chinascope Financial 数库财务。

效方面，累计有 201 家企业首次融资用时在 1 个月以下，可见天交所在成交规模和效率上成绩显著。

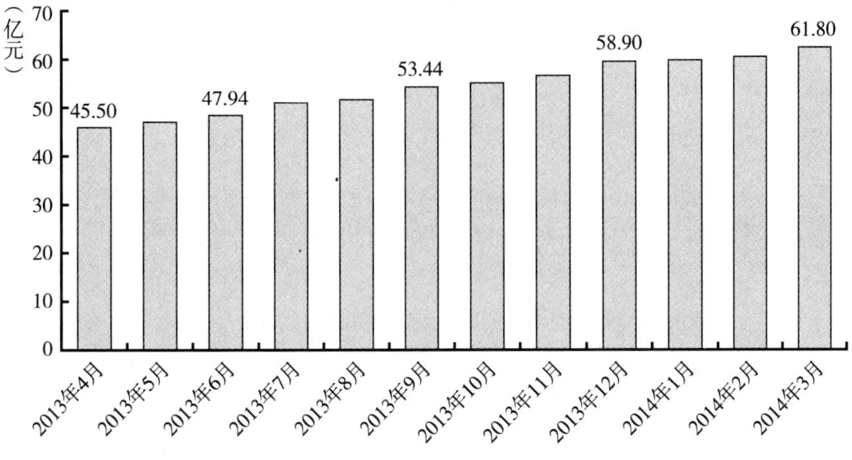

图 5　天交所累计股权直接融资额

资料来源：天津股权交易所官网，http：//www. tjsoc. com/web/data2. aspx#rzjbsj。

（三）代表性市场运营模式比较分析

本部分将选取三家具有代表性和典型意义的场外交易市场，对其运营模式进行比较分析（见表 6）。

1. 天交所与新三板的运营模式比较

天交所与新三板（即全国中小企业股份转让系统有限责任公司）都是场外交易市场，都可以进行非上市公司的股权融资和交易；两者的差异主要表现在以下方面：

（1）服务对象的差异——公众公司 v. s 非公众公司

新三板为非上市公众公司提供服务，挂牌企业股东人数可以突破 200 人限制；而天交所目前主要服务对象为非上市非公众公司。挂牌公司公众与非公众的区别，在很大程度上决定了两个市场服务对象的差异。

公众公司与非公众公司代表了企业在股权结构上的两种典型组织形式，且需要与企业所处的特定发展阶段相匹配。公众公司规模一般较大，股东人数众

表 6　主要场外交易市场对比

	新三板	天交所	前海股权交易中心
挂牌条件	1. 依法设立且存续期满两年； 2. 业务明确，具有持续经营能力； 3. 公司治理机制健全，合法规范经营； 4. 股权明晰，股票发行和转让行为合法合规； 5. 主办券商推荐并持续督导； 6. 全国股份转让系统公司要求的其他条件	天交所主板企业准入条件： 1. 经营两年以上股份有限公司；最近 1 个会计年度净利润不少于 500 万元人民币，净利润以扣除非经常性损益前后较低者为计算依据；最近一期期末净资产不少于 2000 万元人民币，且不存在未弥补亏损；申请人资产质量良好，资产负债结构合理，盈利能力较强，现金流量正常，具有持续的经营业绩； 2. 注册资本已足额缴纳，主要资产不存在重大权属纠纷； 3. 主营业务完整、突出； 4. 最近一年内高层领导无重大变化； 5. 股权清晰，无重大权属纠纷； 6. 生产经营符合法律法规和国家产业政策	采用“十无”运作模式。除了企业挂牌无审批、无改制、无强制性信息披露、无行业和企业组织形态限制等要求，深圳前海股权交易中心在挂牌准入门槛方面相对也比较低，仅要求非上市企业存续期满一年，并满足“3211 标准”中任意一项即可免费挂牌*
挂牌主体	全国范围符合条件的中小企业，企业挂牌须为股份有限公司	包括“两高两非”企业和私募股权基金，范围涉及全国符合条件的中小企业，企业挂牌须为股份有限公司	对企业性质无限制，股份有限公司、有限责任公司、合伙企业和个人独资企业等均可申请挂牌
投资者主体	实行投资者适当性制度，投资者本人名下前一交易日日终证券类资产市值须达 500 万元人民币以上	实行投资者适当性制度和合格投资人注册准入，自然人合格投资者个人金融资产证明须在 10 万元人民币以上	期初主要面向机构投资者，后期会逐步放开对自然人投资限制

* “3211 标准”包括：最近 12 个月的净利润累计不少于 300 万元；或最近 12 个月的营业收入累计不少于 2000 万元，或最近 24 个月营业收入累计不少于 2000 万元，且增长率不少于 30%；或净资产不少于 1000 万元，且最近 12 个月的营业收入不少于 500 万元；或最近 12 个月银行贷款达 100 万元以上，或投资机构股权投资达 100 万元以上。

多，对公司的业务经营信息、财务状况透明公开提出了更高、更严格的要求，一般适合于成长达到一定规模，发展已进入成长稳定期或成熟期的企业，大规模的组织社会资本和实现融资。而对于现今中国大量的中小微企业而言，非公众公司股东不超过 200 人的股权结构和公司治理可能是最高效和最适合企业现阶段发展的组织形式。新三板尽管对外宣称其定位是服务“创新、创业、成长型”中小企业发展，但其非上市公众公司的服务对象定位，就决定了新三板更适合较大规模和处于发展成熟期的大中型企业；而天交所多样化的市场准入门槛和一系列制度安排，更适合科技创新型和处于快速成长发展期的中小企业，也就是非上市非公众公司。

（2）交易规则的差异——标准化连续交易 VS 非标准非连续交易

新三板实行公开转让制度，其挂牌公司股票可以实行标准化连续交易，实行 T+1 规则；而按照现行制度安排，天交所不能将任何权益拆分成均等份额及按照标准化交易单位交易，且买卖同一交易品种间隔不得少于 5 个交易日，实行“非标准非连续”的“T+5”交易规则。“非标准、非连续”的交易制度设计杜绝了市场投机性买卖和炒作，有利于鼓励和引导市场长期理性价值投资，同时也符合场外交易市场“重孵化培育”、“轻交易功能”的普遍特点。

（3）项目审核效率的差异

新三板市场挂牌审核包括内核和备案两个阶段，没有实质性准入门槛，不进行财务审核，只对合规性进行审查。按现行规定，证监会在受理新三板非上市公众公司公开转让或定向发行申请之后，将在 20 个工作日内做出准予或不予行政许可的决定。与之对比，天交所对拟挂牌企业提出的挂牌申请，项目管理部和业务管控中心分阶段审核项目申报材料，从项目筛选、启动到完成私募和挂牌申报合计审核时间约为 7 天。在专家审核阶段，审核工作一般在 5 个工作日内完成。因此，天交所作为一个非公众公司市场，具有私募市场的优势，挂牌企业在融资/挂牌交易方面无须经历烦琐的核准程序，大幅降低了企业等待的时间成本。

（4）监管效率的差异

天交所市场实行政府部门双备案管理，拟挂牌企业在挂牌前需完成企业所在地金融管理部门和天津市金融管理部门的双重备案，一般会在五个工作日完成。在挂牌后，监管服务部负责督促检查挂牌企业信息披露管理工作，充分发挥保荐机构的持续督导职责，合理简化信息披露工作，严格控制企业年度信息披露成本。从监管组织上，天交所和挂牌企业所在地政府金融办联合成立监管服务工作领导小组，共同领导所在区域挂牌企业和保荐机构的监管工作；从制度层面上，天交所制定发布了信息披露考核、企业董秘管理、风险处置等一系列监管制度文件；从工作机制层面，天交所坚持每年一次进行挂牌企业、保荐机构监管考核公示，每半年一次分地区召开监管服务工作会议，每季度一次组织保荐机构对企业现场检查。

在全国中小企业股份转让系统推出之前，新三板市场的监管模式为行业协会主导下的自律监管——由北京市政府对企业进行挂牌试点资格的确认和挂牌后的持续督导工作；由中国证券业协会制定运行规则，监督证券公司代办股份转让业务活动和信息披露等事项，并通过审查文件、备案登记等制度，对企业在该系统挂牌和股份的报价转让进行直接监管；由深圳证券交易所对技术层面进行监管。在全国中小企业股份转让系统设立运营之后，市场自律管理主体由中国证券业协会转换为全国股份转让系统公司，市场运行适用的规则从中国证券业协会发布的规定转换为全国股份转让系统公司发布的《业务规则》及相关细则、指引。与新三板市场综合比较来看，天交所以较小的监管成本，取得了较好的市场监管效果。

2. 天交所与前海股权交易中心的运营模式比较

（1）前海股权交易中心运营模式的特点

2013 年 5 月 30 日，前海股权交易中心正式开业，首批挂牌展示企业达 1200 家。其市场定位是为处于初创和发展阶段的中小微企业服务，主要业务包括：企业挂牌展示、私募产品登记托管、债权和产品融资、自助式股权融资和培训咨询五项内容。“前海模式”的主要特点如表 7 所示。

表 7　前海股权交易中心运营模式的特点

特点	优势	弊端
以券商合作为主导	证券公司的专业化能力和规范性水平比较高，有利于推动市场规范发展和吸引投资人参与	证券公司一般收费较高，容易超出中小企业的资金承受能力
降低挂牌准入门槛	可在短期内吸引大量企业挂牌和迅速做大市场规模	1. 市场持续服务能力面临挑战，企业挂牌后的服务质量得不到保障； 2. 挂牌企业整体质量良莠不齐，大幅提高了投资人的甄别成本； 3. 不利于市场后期深化企业服务和有效实施市场监管与风险控制

续表

特点	优势	弊端
以增信私募债实现企业融资	融资速度快，通过减少审计、评级、承销、法律等环节有效控制融资成本	易导致融资方式单一，倚重债券融资而无法发挥股权融资优势，这也是受其企业在挂牌阶段均未经过股份制改制，导致企业引入战略投资人和开展股权融资的渠道不畅
依托互联网技术	实行"7×24小时"运作，形成企业在线展示平台，推动投融资双方实现直接对接交流，有助于提升投融资对接成功率	1. 过度自由、随意的交流对接难以实现很好的监管和控制，容易导致市场虚假、欺诈信息泛滥； 2. 市场现阶段对互联网金融模式的认知度、认同度不高，真正为主流投资机构接受和认可尚需一个过程

（2）"天交所模式"与"前海模式"的对比分析

天交所在建立之初便设立了严格的制度规则，包括市场准入标准、挂牌制度、融资制度、信息披露制度、交易制度、登记清算制度等。天交所的市场架构类似于现在的纳斯达克、英国的AIM市场，或者说在本质上还是交易所的架构，以证券交易所为模板进行了创新。在天交所挂牌主要流程包括，企业需要进行改制，需要由保荐机构进行保荐，需要由天交所认可的会计师事务所出具审计报告，需要由天交所认可的律师事务所出具法律意见，需要所在地金融管理部门进行挂牌备案，需要所在地税务机关出具合法合规证明。业务流程和操作手法与企业上市基本一致，只是流程更为简化。

而前海股权交易中心则声称要回归早期资本市场，采取了"十无模式"。具体包括：中小企业到前海股权交易中心挂牌无审批；无中介；无改变企业原有形态和方式；无登记托管挂牌费用；无发行方式、批次、数量限制；无强制性信息披露；无行业限制；无企业组织形态限制；对未来转交易所上市无阻隔和为挂牌企业提供无止境的培训。企业到前海股权交易中心挂牌只需满足挂牌标准并提供基本的资料即可。

如果说前海股权交易中心的模式是"十无模式"，那么天津股权交易所的模式则是"十全模式"，前者更像是国外近几年兴起的私募市场，如Second Market、Shares Post；而后者更像是交易所化后的纳斯达克；一个是最原始、松散的市场形式，另一个是最严格、标准的组织模式。

三　场外交易市场面临的新挑战和创新改革思考

（一）新三板扩容至全国给其他场外交易市场带来挑战

目前全国多地积极筹备新三板扩容，并配套制定了一系列鼓励政策，加大与券商的合作力度，开发、积累、培育了一大批拟挂牌企业，这在一定程度上对其他场外交易市场带来冲击和挑战。

（二）各区域股权交易市场地方保护和人为设置市场藩篱

目前，各地股权交易市场的纷纷设立，加剧了市场分割。各地政府纷纷采取地方保护措施，有的通过出台鼓励企业加入本地市场的政策保护本地市场，有的干脆就用行政命令限制企业到其他市场挂牌。具体做法包括：一是将企业到本地设立的市场挂牌纳入政府部门考核指标；二是明确指示不支持企业到其他市场，不出具监管备案文件，不给政策优惠、费用补贴和资金奖励；三是有的政府部门直接出台文件规定企业只能进入指定的本地市场登记托管和挂牌交易。

这种盲目的地方保护主义脱离了市场运行规律，不利于场外交易市场的健康发展。当前我国各地纷纷设立区域性股权市场背后，实际上是由各地地方政府意志主导。政府过度保护市场，会导致市场割裂和功能扭曲，失去优化配置资源的作用，放大市场风险。加快发展多层次资本市场、特别是场外交易市场，服务实体经济，应按照市场规律来办，否则，设立市场不仅没有做好服务，反而加重了企业负担，失去了股权交易市场应有的功能。

（三）证券公司柜台市场和私募报价系统对场外交易市场形成竞争冲击

目前已有 15 家证券公司建立了柜台市场，开展了柜台业务，上报方案的证券公司近 40 家，虽然目前尚不能开展股权挂牌业务，一旦券商柜台业务管制放松，债权类融资业务将得到极大发展，强大的经纪业务团队，多年来积累的企业和投资者客户将成为券商的优势，使场外股权交易市场在同类业务上面临直接竞争。此外，私募报价系统在形成一定规模后，也会对私募股权、私募债券业务形成冲击。

（四）场外股权交易市场面临转型与二次创新的迫切需求

基于私募市场的定位，场外股权交易市场必须从发展理念、业务模式与制度规则上进行调整。综观国外场外私募市场，其典型特点是灵活性非常强，注重建立低成本的经营模式，如 PORTAL、SECOND MARKET、SHARES POST 等。在市场管理方面，则注重基于法律法规要求的自律规范，并未建立像证券交易所一样的监管体系，其目的在于降低成本，包括交易所的运营成本和参与者的成本；在业务模式上，目前多数场外股权交易市场建立了类似于交易所市场的挂牌、登记、转让、监管、信息披露等制度、规则、流程，这种严格的模式架构使股权交易市场丧失了灵活性，私募融资的优势也不复存在。因此，在未来的发展中需要从业务模式、产品设计等方面进行调整，突出私募市场的特点与优势，在制度规则上同样需要根据业务模式进行调整，建立与私募融资和非公开转让相适应的制度规则体系。

而 2014 年，在天交所步入第二个发展五年之际，其市场的一系列板块体系、融资服务与机构组织管理模式等市场制度和业务体系变革创新已悄然启动。

一是板块体系的创新。为扩大天交所服务中小企业的市场覆盖范围，同时更好地防控市场风险和实现挂牌企业差异化分层管理，天交所将原来的双层递进式市场架构体系调整划分为三个相互衔接的立体板块——即主板、成长板和创业板（见图 6）。主板面向发展相对成熟和业绩较好的企业，成长板面向发展相对规范、处于成长期的企业，创业板面向发展处于创业期、有成长潜力的企业。此次板块的创新，横向看天交所对企业发展阶段定位、准入门槛标准等方面的要求有所降低，但在交易限制和市场监管等方面的要求则逐渐提高，体现了天交所防控市场风险和实现挂牌企业差异化分层管理的核心要求。纵向看，天交所在主板、成长板和创业板之间建立了相互可升可降的双向转板机制，当企业满足相应板块准入标准或不在持续符合当前板块条件时，可实现向上或向下的转板。

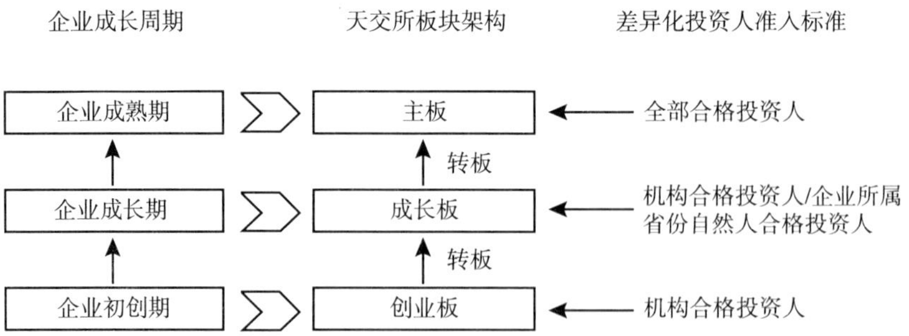

图6　天交所三大立体板块设计

二是融资服务模式的创新。2014 年天交所将全力打造企业融资服务配套功能体系，主要从三个方面展开：首先，通过重点挖掘、开发和培育挂牌企业当地的银行、担保公司、小贷公司以及基金，形成地区性相互配套的金融体系，着力做好沟通衔接，确保面向挂牌企业的融资支持落到实处；其次，加快产品创新步伐，适时推出私募债、可转债等新型融资服务工具，丰富融资方式；最后，通过构建类似银行总分行的天交所总部与各项目大区新型管理关系，把投融资、监管督导、并购重组等职能逐步下放到各项目大区，实现为企业上门服务。

三是业务服务机构的创新。按照市场化原则，天交所将允许挂牌企业有报价商和无报价商的情况并存，通过设置不同业务类别、不同业务层级的机构业务许可，推动更多机构开展企业挂牌后续服务。改革后的天交所市场服务机构类别主要包括：督导服务机构、保荐服务机构、综合服务机构、中介服务机构和私募债券承销商。

四　我国场外交易市场未来发展展望

场外交易市场作为多层次资本市场体系的重要基础组成部分，在完善资本市场功能方面起着关键性作用。加快发展场外交易市场对满足不同证券的流通要求和中小企业的融资需求，实现经济发展方式转变和国民经济结构优化调整具有十分重要的现实意义。场外交易市场能够满足广大中小企业和科技创新企业的创业融资需求，创业投资者及风险投资者的投资需求，以及普通投资者的股份流通需求，而完善的制度体系和健全的法律规范是保障场外交易市场快速发展的基础和前提。

2013 年是中国场外交易市场取得全面发展的一年，新三板实现向全国扩容，天津股权交易所继续跨区域稳健发展，各地区域性股权交易市场遍地开花，证券公司积极申请柜台交易业务并大力筹备券商柜台市场，私募报价系统也在证券业协会的推动下蓄势待发，忽如一夜春风来，中国的场外交易市场在一年之间便丰富起来。但又不得不承认，中国的各类场外交易市场仍然存在许多问题——新三板和天交所能否成为中国的纳斯达克仍未有定数，做市商制度、融资制度、转板机制等一系列问题仍有待研究和探索；各地区域性股权市场在激烈竞争中继续向前发展，部分市场的生存问题比发展问题更为迫切地需要解决；证券公司柜台市场在快速迈出第一步后忽然被悬停，受理申请何时重启仍不确定，产品创设的权限仍未下放到券商；私募报价系统虽然正式上线但并未受产品报备，未来仅仅作为跨市场服务机构还是建设一个更为博杂的开放市场也不可知。

总之，中国场外交易市场的建设仍处于起步阶段，任重而道远；如何发展场外交易市场仍然时时困惑着我们，在未来发展中会不断涌现出更多更复杂的问题，迫切需要我们在理论研究与实践探索中不断寻找新的方向和发展思路。

参考文献

[1]《中国证监会党委认真传达和学习贯彻党的十八大精神》，证监会网站，2013 年 12 月 21 日，http：//www. csrc. gov. cn/pub/newsite/bgt/xwdd/201211/t20121116_217006. htm。

[2]《新三板万亿市场可期　未来 5 年或将有 7000 家企业挂牌》，证券时报网，2013 年 12 月 21 日，http：//kuaixun. stcn. com。

[3] 王晓宇：《证券公司柜台市场即将互联互通，券商私募产品报价与转让系统最快 6 月面世》，《上海证券报》2013 年 6 月 4 日。

[4]《机构间私募产品报价与服务系统正式上线》，《上海证券报》2013 年 9 月 24 日。

[5] 数库 · 齐鲁股权交易中心：《中国场外交易市场分析报告》，http：//www.

zbotc. com。
[6]《国务院关于清理整顿各类交易场所　切实防范金融风险的决定》（国发〔2011〕38号）。
[7]《证监会关于〈清理整顿场外非法股票交易方案〉的通知》（国办发〔1998〕10号）。
[8] 胡继之：《前海股权交易中心的试验》，“2014：变革与共赢”清华金融EMBA金融家论坛，2013年12月23日。
[9]《首批7家券商启动柜台交易业务试点》，《中国证券报》2012年12月22日。
[10]《8券商获准开展柜台交易业务　4只券商股迎升机》，《山东商报》2013年2月7日。

综 合 篇

Comprehensive Papers

B.2

多层次资本市场对县域经济发展的作用机理研究

杨东峰　马 丽*

摘 要：

县域经济是国民经济的基础单元，县域经济的强弱直接影响着国民经济的兴衰。由于县域经济自身的特点和局限性，壮大县域经济迫切需要得到各方面的支持，特别是多层次资本市场的支持。多层次资本市场和县域经济二者是互动的关系：资本市场为县域经济发展提供资金，促进资源有效配置；县域经济发展为资本市场提供优质上市企业和投资项目。目前，我国正大力发展县域经济，积极推动新型城镇化建设。因此，厘清多层次资本市场对县域经济的作用机理，正确认识资本市场主板、创业板、场外交易市场在支持县域经济发展中的差异性，将有

* 杨东峰，天津股权交易所研究发展部；马丽，天津财经大学金融学硕士研究生。

利于二者协同发展。

关键词：

多层次资本市场　场外交易市场　县域经济　作用机理

一　引言

2002 年，党的十六大报告提出“积极推进农业产业化经营，提高农民进入市场的组织化程度和农业综合效益。发展农产品加工业，壮大县域经济”，这是官方第一次提出“县域”概念，十六届三中全会又进一步强调“要大力发展县域经济”，在此背景下，中国进入县域经济发展壮大的新时期。《中国县域经济十年发展报告》统计数据显示，2011 年底，全国县级行政区划单位（包括市辖区）2853 个，全国县域内人口总数达 8.85 亿人，占全国总人口的 65.72%；全国县域地区生产总值达 24.14 万亿元，占全国 GDP 的 51.04%，县域经济产量已占到全国经济总量的半壁江山，对我国经济的发展起着举足轻重的作用。2013 年 12 月 12 日至 13 日在北京举行的中央城镇化工作会议指出，城镇化与工业化一道，是实现我国现代化的两大引擎，我国新型城镇化道路要与工业化、信息化和农业现代化同步推进。中国社会科学院经济学部、中国社会科学院数量与技术经济研究所联合发布的《2014 年中国经济前景分析》同时指出，县域经济的发展是推动我国城镇化的根本支撑点。

2007 年，我国金融工作会议明确提出了建设多层次资本市场体系的目标，特别是随着创业板、场外交易市场的建立和发展，资本市场更加深入县域，支持县域经济的发展。2013 年 11 月，党的十八届三中全会提出“健全多层次资本市场体系，推进股票发行注册制改革，多渠道推动股权融资，发展并规范债券市场，提高直接融资比重……鼓励金融创新，丰富金融市场层次和产品”，报告对深化农村改革做出了全面部署，赋予农民更多权力和利益、大力推进城乡发展一体化，鼓励和引导工商资本到农村发展适合企业化经营的现代种养业，鼓励社会资本投向农村建设。可见，厘清多层次资本市场对县域经济的作用机理不仅有助于多层次资本市场的建立和完善，还可以极大提升县域经济的发展水平。因此，本文对多层次资本市场和县域经济的互动关系、作用机理进行研究分析。

二 文献综述

（一）国外研究综述

国外对资本市场结构体系的研究较少，它们多是对银行体系、股票市场、债券市场与经济增长关系的研究，并没有将“多层次资本市场”作为一个独立的对象来进行研究。

1. 关于资本市场与经济增长之间关系的研究

King 和 Levine（1993）通过构建数量模型，认为资本市场可以从四个方面（包括评估企业家价值、筹集资金、分散投资风险和估计期望收益）发挥功能为投资者分散和化解收益性风险，进而促进经济增长。Atje 和 Jovanovic（1993）采用 39 个国家 1980～1988 年的经济数据进行实证分析，得出股票市场通过提高投资回报率促进经济增长，并且股票市场越活跃越有利于提高人均实际 GDP。Levine 和 Louyza（2000）经过研究证实：经济长期增长并非是由于资本存量，而是企业通过在资本市场融入资金改进生产技术进而提高全要素生产率引起的。Beck 和 Levine（2004）通过对 40 个国家 1976～1998 年的经济数据建立面板数据模型，采用广义矩方法检验得出股票市场、银行部门均对经济增长有正相关关系。Zeng（2003）通过实证研究，发现资本积累和创新都是经济增长的决定性因素，二者不可或缺。关于债券市场对经济的作用，Herring 和 Chatusripitak（2000）通过使用资金流量法进行相关研究，发现有效的债券市场对储蓄、投资以及风险管理具有促进作用，而债券市场的缺失会降低经济运行效率，并且更容易发生金融危机。

2. 关于资本市场对新型产业经济发展作用的研究

Carlota Perez（2002）通过对人类历史上五次技术革命的研究分析，认为技术创新是经济发展的引擎，金融活动是推动社会经济进步的动力。同时，技术创新提升了相关市场的盈利空间，风险资本家迅速投资于新技术领域，推动技术产业化发展。Hogskolen（2008）通过对挪威国内资本和技术创新关系的研究，得出挪威的技术创新之路因为缺少风险资本的投入而逐渐下滑，也就不存在技术产业化，可见风险资本是促进高科技公司成长和产业成长的重要力量。Donia Trabelsi 和 Ghasem Shiri（2010）通过实证分析，指出创新技术活动具有投入成本高、面临风险大的特点，需要外部风险资本的介入。此外，由于大公司和小公司面临不同融资形势，大公司有更多的内部资金和知识支持创新，小公司和新兴企业更需要外部风险资本的支持。

（二）国内研究综述

1. 对多层次资本市场与县域经济关系的研究

谷栗等（2007）认为建设新农村需要长期稳定的资本支持，而当前我国农村资本市场不能满足农业发展对资本的需求，政府应发挥民营资本作用，适当引进外资从资金和政策方面大力支持农村资本市场的建立。关明艳（2011）通过对陕南中药材种植产业发展现状与融资瓶颈的分析，提出加快陕南中药种植业产业化进程需要有效发挥资本市场的特殊作用。尹筑嘉（2004）认为在目前农村融资渠道无法满足农村经济发展而导致农业发展严重滞后的情况下，应当通过发展大中型农业类企业，支持其进入资本市场发行债券和股票，形成集团化的大规模农业企业，同时引导已上市的工商企业进军农业，并允许地方政府发行农业建设专项债券，有效利用社会上的富余资金。然而，王军（2002）的研究提出了不同观点，他通过对股票市场和债券市场的相关数据进行分析，得出存在高度投机性的股票市场对实业投资呈负面影响；债券市场流动性较差，对经济的影响作用微弱。

2. 对多层次资本市场与中小企业关系的研究

吴娟（2004）认为中小企业不仅是支持中国经济增长方式转变的重要力量，还是支持中国经济可持续发展的重要力量，将它们排斥在资本市场之外是不符合中国经济整体发展利益的。因此，我国迫切需要建立有利于民营企业进入资本市场以实现资本集中的多层次的资本市场体系。赵亚明等（2012）认为金融业结构的失衡和多层次资本市场的发展滞后是导致我国中小微企业陷入融资困境的主要原因之一。完善的债券市场为中小微企业提供了重要的融资平台；健全的股票市场为中小微企业规范成长提供了良好的机制；发达的风险投资业有利于中小微企业有效融通资金进行管理和技术创新。

由上可知，多层次资本市场对县域经济发展的促进作用得到了众多学者的肯定。他们多是从多层次资本市场建立的必要性、破解中小企业融资难和加快县域产业优化升级等角度进行研究分析，对多层次资本市场对县域经济发展的作用机理研究较少。也有些学者提出了资本市场的过度投机行为会扰乱市场经济秩序，阻碍经济发展。其实这是由于资本市场的结构体系、监管机制还不完善，与我国多元化经济发展趋势还不协调，还有待进一步改进。

三 多层次资本市场对县域经济发展的作用机理

本文主要从以下六个方面分析多层次资本市场对县域经济发展的作用机理（见图1）。

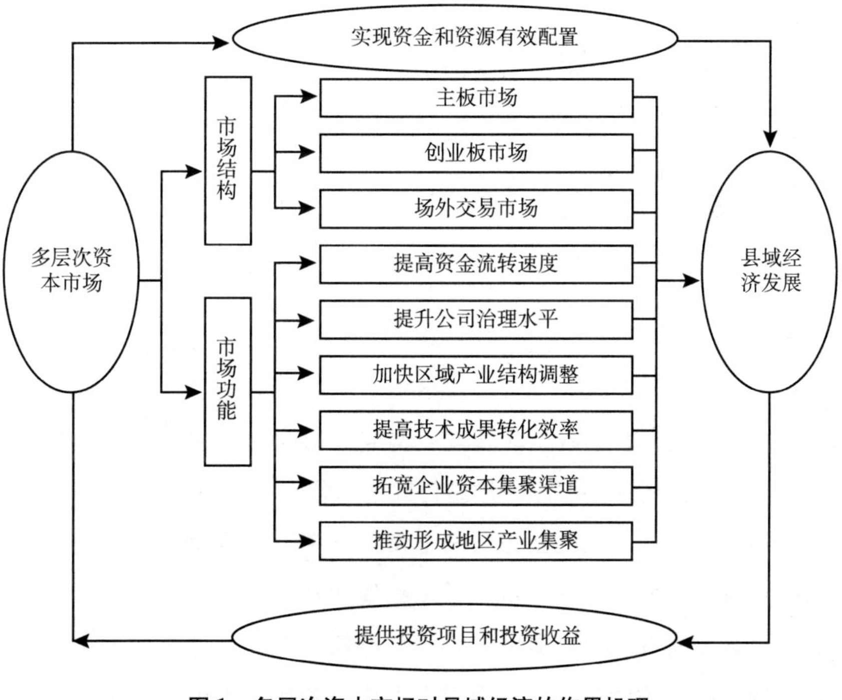

图1 多层次资本市场对县域经济的作用机理

资料来源：作者编制。

（一）提高资金流转速度，实现投资风险的转移与分散

银行保险等传统的金融机构的产生加快了社会闲散资金的流动性，但其在经营过程中为应对客户临时提取要保留一定的流动性，这也会迫使传统金融机构选择流动性较强的项目。资本市场的出现解决了必须依靠短期项目来提高资金流动性这个难题，资本市场主要通过以下两个途径提高资金流转速度：一是多层次资本市场通过多样而透明的交易制度和灵活而低廉的交易成本提高资金的流动性，加快资金转移和分散风险，进而拉动投资和经济增长；二是多层次资本市场通过金融工具的创新发展可以将长期投资项目有效地转化为短期内可流动变现的金融工具，使企业能够满足低成本的长期融资需求。在县域开展多层次资本市场建设，可以为那些经营风险大、抵押担保少的中小企业的投融资发展提供更广阔的平台。

（二）促进生产管理专业化经营，提升公司治理水平

资本市场的发展在提升公司治理水平上最大的贡献是解决了股东和经理人的代理矛盾，将所有权与经营权进行了有效分离，缓解了信息不对称和激励约束问题，促进生产管理专业化经营。资本市场主要通过以下机制作用提升公司治理水平：一是定价机制。在一个有效的资本市场中，有关企业的所有信息都反映在股价上，定价机制有利于企业股东通过公司股价变化评价公司经理人的管理水平。二是股东投票机制。它是指股东用投票的方式对长期经营不好的公司管理层发出警告，包括用“手”投票（指股权较为集中的股东在股东大会上行使投票权，对管理层构成直接约束）和用“脚”投票（主要是股权较为分散的中小股东通过抛售股票向管理层施压）。三是上市、退市机制。上市机制是从源头上严把公司上市审核关，要求企业具有良好的内部治理机制；退市机制是迫使上市公司不断优化经营管理水平，确保企业持续盈利，只有充分发挥上市、退市二者的整体联动作用，才能保证企业有效经营发展。四是股权激励机制。其中股票期权是最常见的股权激励形式，将经营者的收入报酬与其管理水平形成联动机制，实质是股东借助股票价格对管

理层进行长期激励。五是并购接管机制。它是指通过收购一定股权掌握对企业的控制权，进而直接介入公司经营和控制，改革公司经营战略，任免经理人直至改组公司。在存在外部接管机制的威胁下，管理者不得不为企业长远发展拼尽全力。

（三）加快区域产业结构调整，推动新兴高科技产业的发展

我国县域经济存在许多问题，主要包括：一是县域农业生产效益较低，农业基础设施的产业化、专业化和现代化程度低，导致农民收入增长缓慢；二是县域工业产业缺乏自主创新能力，企业规模小而分散，缺乏自主知识产权和关键性技术设备；三是县域经济第三产业发展滞后，不能吸收农村剩余劳动力。因此，加快推动县域产业结构优化升级，是保证县域经济持续健康发展的必要前提。而推动产业结构优化升级面临的关键问题是足够的资金支持，这是单靠政府财政投入远不能实现的，资本市场恰可以发挥其独特的作用。这就需要构建一套严谨的新兴行业价值评估体系，应该重点考虑代表产业升级方向的新能源、新材料、生物工程等新兴高科技产业，以便为资本市场发挥资源有效配置作用时提供决策依据。

（四）提高技术成果转化效率，鼓励技术创新和科技进步

高新技术产业的创新是一种资本密集型投资活动，从前期研究、中期开发，再到技术成果的转化，都离不开资金的大量投入，亟须资本市场的支持。在多层次资本市场中，各个层次市场的作用也有差异，一般来说，创业板和场外交易市场更有助于中小企业的技术改革创新。创业板主要为企业融资提供平台，而场外交易市场多是将资金以入股方式投入企业，通过促进企业上市或出售的方法变现，进而获得较高的资本收益。高新技术企业只有有效利用资本市场的融资渠道，才能快速突破企业自主创新面临的融资瓶颈，不断完善其风险分担与规范运作机制，加快科技成果商品化、产业化进程，推动科技企业实现跨越式发展。

（五）拓宽企业资本集聚渠道，实现资源有效配置和规模经济

企业由初创期发展到一定阶段后，开始追求规模经济发展和争取更大的市场份额，这时企业逐步进入到成长期和扩张期。这个时期要求企业具有足够的资金支持，通常企业会采取内源融资和外源融资两种方式（见图2）。

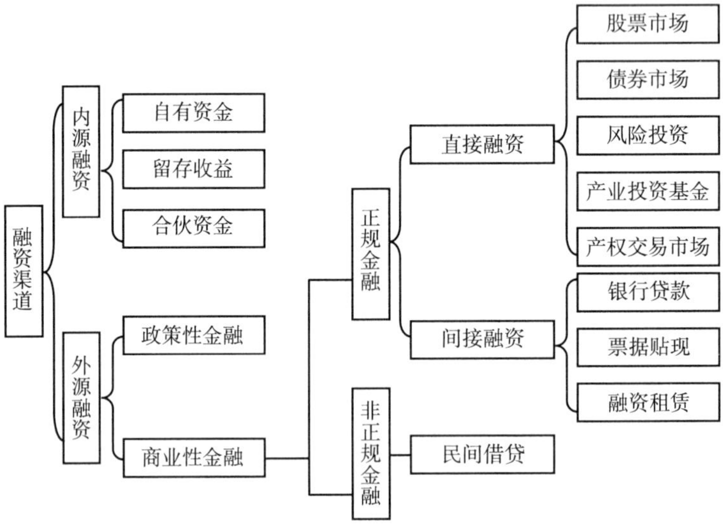

图2　企业融资渠道

资料来源：作者编制。

内源融资是由企业的创始资本以及运行过程中的资本积累形成，从企业财务的角度看，它是企业的权益性资本。外源融资是企业通过对外举债和发行股份获得资金，是一种负债和资本金的增加。虽然内源融资具有成本低、风险小的特点，但融资规模受到企业经营情况限制，不能满足企业快速扩张需要，这时借助资本市场获得外部资金是企业快速发展的重要手段。而中小企业受到自身限制面临融资难问题，2013年9月中国中小企业发展促进中心发布的《企业负担调查评价报告》统计数据显示，当前67.2%的企业存在融资难问题，53.9%的企业认为融资成本高，45.8%的企业认为市场增长乏力，同时有69.4%的企业希望降低融资成本，拓展融资渠道和信用担保。当前中小企业间

接融资难多是企业与金融机构商业化运作、风险控制要求之间的矛盾，导致商业银行对中小企业的“惜贷”。而直接融资困难是因为市场发育不健全和市场结构不完善，因此建立健全适合中小企业的多层次资本市场更有利于拓宽企业融资渠道，缓解企业资金需求。

（六）打造县域龙头企业，形成地区产业集群

通过资本市场进入县域经济，使得当地已有的过去为数不多的细分行业、细分产品、细分市场的优秀企业迅速发展壮大，出现一批龙头企业，兴起配套产业集群，从而迅速改变所在县域行政区划的经济社会面貌，实现跨越式发展。这方面已有不少例子，如广东的顺德、福建的晋江、河南的长葛……这些地方的上市公司都形成了庞大的产业链，对当地社会经济发展做出了重大贡献。

以上分别从提高资金流转速度、促进生产管理专业经营、加快区域产业结构调整、提高技术成果转化效率、拓宽企业资本集聚渠道和形成地区产业集群等六个方面分析了多层次资本市场对县域经济发展的作用机理，但我国资本市场对县域经济发展的支持实效还有待实践检验。

四　我国多层次资本市场服务县域经济发展的实践现状

（一）主板市场在支持县域经济发展中的实际作用较小

自上海证券交易所和深圳证券交易所成立以来，我国主板市场得到较快发展。但是，由于受到市场条件和相关政策的约束，主板市场主要服务于经营业绩较好的大中型企业，对实力规模弱小的小微企业特别是县域民营企业的促进作用更是微弱。以中小企业板为例，该市场农林牧渔类企业占比呈以下特点（见表1）：一是数量少，截止到2013年第三季度，我国农林牧渔类上市公司共40家，仅占全国上市企业2489家的1.6%；二是流通市值规模较小，2013年11月底，深圳证券交易所中小企业板上市公司数为701家，农林牧渔类上

市企业仅 13 家，仅占 1.85%，流通市值占中小板流通市值的 2.13%①；三是上市企业分布失衡，东中部地区的上市企业明显多于西部地区的企业，不利于区域经济均衡发展。

表 1　中小企业板农林牧渔类上市企业占比情况

	上市数目（家）	总发行股本（亿股）	总流通股本（亿股）	市价总值（亿元）	流通市值（亿元）
农林牧渔类上市企业	13	49.73	37.77	704.54	544.67
中小板所有上市企业	701	2807.96	2006.52	37875.29	25668.47
占比(%)	1.85	1.77	1.88	1.86	2.13

债券市场方面，我国债券市场兴起于 1981 年的国债发行，经过三十多年的发展，债券市场呈现出多元化发展趋势。但是长期以来我国的债券市场出现发债主体结构失衡，以国债和金融债为主，企业债较少，而且以具有垄断地位的国有企业居多，中小微企业几乎不可能通过发行企业债进行融资。随着债券市场发展，2012 年 5 月深交所、上交所相继推出面向中小企业的私募债，就发债主体资格来看，需要较高的企业信用评级和非常完善的增信措施，也很难普遍适应中小企业的资金需求。

（二）创业板市场支持县域经济企业发展作用有限

2009 年 10 月，我国的创业板市场正式启动。创业板市场是为解决中小企业尤其是高新技术企业融资难问题应运而生的，它从以下三个方面推动科技型企业的创新成长：一是为中小企业融资提供了一个公平竞争的平台；二是为风险投资提供了一个退出机制；三是为科技创新提供了一个社会评价机制和定价机制。但相对于我国为数众多的中小微民营企业来说，创业板的入市门槛还是较高，截至 2013 年 11 月底，创业板农林牧渔类上市公司数为 6 家，占创业板上市企业的 1.69%，流通市值仅占创业板的 1.03%（见表 2）。

① 深圳证券交易所网站，http://www.szse.cn/main/files/2013/12/03/554199292677.html。

表 2　创业板上市企业情况

	上市数目（家）	总发行股本（亿股）	总流通股本（亿股）	市价总值（亿元）	流通市值（亿元）
农林牧渔类上市企业	6	10.69	7.67	125.11	86.80
创业板所有上市企业	355	760.72	423.76	15734.48	8415.29
占比(%)	1.69	1.41	1.81	0.80	1.03

（三）场外交易市场在县域经济发展进程中大有作为

近年来，全国各地为适应市场需求纷纷建立各类交易所，为中小企业融资提供了较好的服务平台，其中又以天津股权交易所市场较为典型。

从挂牌企业数量看，截至 2013 年 12 月，天交所挂牌企业迅速增加到 382 家，其中的农业类挂牌企业共有 126 家，其中农林牧渔类挂牌企业 64 家，含农作物育种服务企业 2 家，另外 62 家与农业类相关联的挂牌企业均为制造业，包括农副食品加工业 34 家，酿酒与果汁饮料制造业 10 家，食品制造业 9 家，农机制造和农药生产企业等其他涉农产业 9 家（见图 3）。

从区域分布看，天交所市场 126 家农业类挂牌企业分布覆盖全国 23 个省、区、市，其中挂牌企业数量排名前四位的均为我国农业大省，分别是河南、河

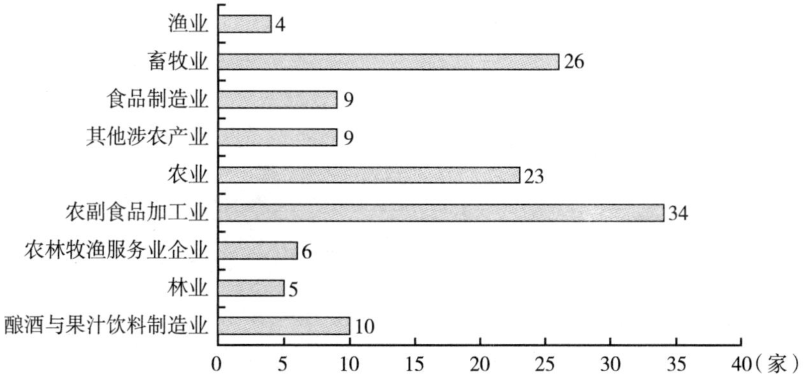

图 3　天交所农业类挂牌企业行业分布

资料来源：作者编制。

北、山东和湖南，这四个省份的农业类挂牌企业合计达78家，占天交所市场农业类挂牌企业总体的61.9%（见图4）。

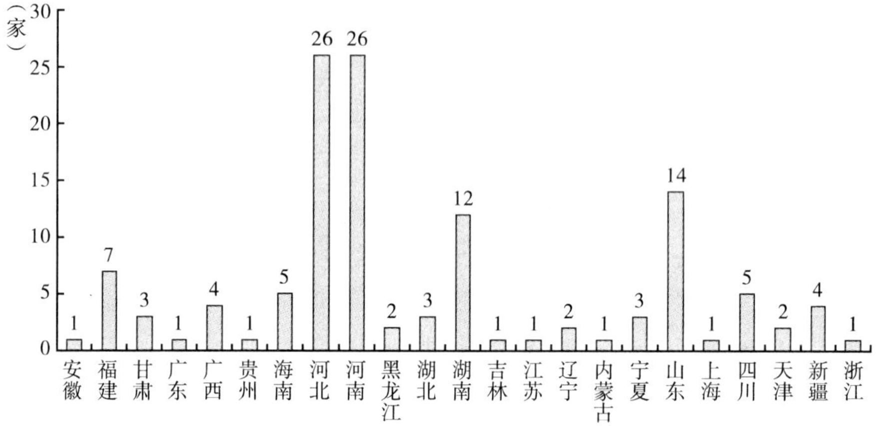

图4　天交所农业类挂牌企业区域分布

资料来源：根据天交所网站资料编制。

从企业股本规模分布看，天交所市场126家农业类挂牌企业平均股本约为2696万元，其中股本规模介于1000万～3000万元的挂牌企业共有76家，占比60.3%，整体反映出天交所市场以中小型农业类挂牌企业为主。天交所农业类挂牌企业股本规模分布如表3所示。

表3　天交所农业类挂牌企业股本规模分布

挂牌企业股本规模区间（万元）	企业数量（家）	挂牌企业股本规模区间（万元）	企业数量（家）
1000以下	4	6001～7000	4
1001～2000	52	7001～8000	1
2001～3000	24	8001～9000	1
3001～4000	21	9001～10000	—
4001～5000	13	10000以上	1
5001～6000	5	合计	126

资料来源：根据天交所网站资料编制。

从与主板、创业板和其他场外交易市场综合比较来看，天交所市场无论在农业类挂牌企业占比规模、数量增长速度，还是支持农业类挂牌企业取得发展成效方面都具有较为明显的优势。可见，在县域经济发展进程中，场外交易市场由于其特有的服务优势必将大有作为。

五　我国多层次资本市场在服务县域经济发展中面临的困境

（一）融资方式单一，间接融资占主导地位，直接融资匮乏

资本市场的首要功能就是筹资功能，债券市场和股票市场应当是目前推进县域经济产业化、规模化、信息化发展最重要的筹资渠道。然而我国中小企业的融资渠道还是以银行信贷为主，资本市场上农业类的上市公司数量却十分少，与农业在国民经济中所处的基础地位极不相称。2012 年以来，我国社会融资总规模中贷款及承兑票据占 80%，只有不足 20% 来自股票和债券融资。从社会融资存量看，2011 年底银行贷款余额占 54%，企业股票市值和债券余额仅占 26%，这一比例不仅远低于以直接融资为主导的美国（73%）和英国（62%），也低于间接融资占主导的德国（39%）和日本（44%）[①]。可见我国的资本市场还未充分发挥出其优化资源配置、拉动经济增长的作用。如果能利用资本市场将一部分城镇居民的闲置资金注入到县域经济发展中，其对实体经济的拉动作用是不可低估的。

（二）资本市场进入门槛较高，中小微企业上市困难重重

中小微企业特别是农业企业具有自然风险较高、进入壁垒较低、经营分散、资金回收期长而且利润率低等特点，市场难以对该类企业进行深入了解和价值评估，因此在上市过程中难以通过审批部门的认可。金融机构和资本市场

① 郭树清：《不改善金融结构　中国经济将没有出路》［EB/OL］，http：//finance. ifeng. com/opinion/mssd/20120802/6861075. shtml。

监管部门即便在国家相关政策法规引导下为中小微企业敞开融资大门，但考虑到其存在较高风险，而尽可能地抬高门槛，最终还是将其拒之门外。而场外交易市场则主要定位于公开市场的培育孵化基地和私募市场。以天交所为例，天交所以市场化为导向，针对中小企业自然发展规律，设立了多层次多板块的市场体系结构，市场准入更加市场化、更加灵活，更多的中小企业可以通过天交所平台迈入资本市场大门，借助资本市场培育和监管机制进行规范，提升自我融资能力。

（三）资本市场定位不清，其发展滞后于县域经济的发展

2011 年，我国有超过 1000 万户的中小企业，贡献了税收的 50%，创造了国内生产总值的 60%，完成了创新成果的 70%，解决了城镇就业的 80%，占全国企业总数的 99%①。与县域人口和经济规模发展极不相称的是全国县域地方财政一般预算收入 1.32 万亿元，占全国地方财政一般预算收入的 25.07%，仅为全部预算的四分之一，而且从前面表 1 和表 2 可以看出，在我国县域经济发展中处于主体地位的民营企业在资本市场中获得的支持与其在国民经济中的地位严重错位。尤其是目前县域范围内的区域资本市场基本属于空白，无法对当地中小企业的发展提供支持，导致县域经济发展受阻。

六 关于完善多层次资本市场服务县域经济发展的思考

（一）大力发展场外交易市场

通过与主板、创业板和其他场外交易市场综合比较来看，以天津股权交易所为代表的场外股权交易市场在支持县域经济发展中发挥了突出作用。无论在农业类挂牌企业占比规模、数量增长速度，还是支持农业类挂牌企业取得发展成效方面都具有较为明显的优势。截止到 2013 年 12 月底，天交所共计有来自

① 郭树清：《不改善金融结构　中国经济将没有出路》［EB/OL］，http：//finance. ifeng. com/opinion/mssd/20120802/6861075. shtml。

28个省111个地市220个区县的382家企业实现挂牌，挂牌企业在天交所市场实现各类融资210.9亿元，其中直接股权融资60.43亿元，改变了中小企业难以借助资本市场实现融资的现状，进一步体现了场外交易市场在助推县域经济发展方面的作用。[①] 2014年，天交所还确立了服务县域经济发展和将市场开发重心下移的创新业务思路，启动扎根实体经济最基层的“百县计划”。通过建立战略合作关系和设立业务代表处、运营中心，为县域中小企业提供各类资本市场服务；通过“引进来”和“走出去”相结合，引导国内主流投资机构进入县域经济，同时推动县域优秀中小企业走向全国及海外资本市场。

总之，场外股权交易市场深入中国县域经济，支持县域中小企业发展，尤其是在支持农业产业化龙头企业中发挥了重要的功能。可以说，今后县域经济的快速发展，离不开场外交易市场。因此，完善多层次资本市场服务县域经济发展的关键是大力发展贴近县域、服务农业、服务小微企业的场外交易市场。

（二）鼓励民间资本和外资等多方资金参与多层次资本市场建设

当前农业产业化经营过程中不可回避的问题就是资金匮乏，解决这一问题，一方面需要国家给予积极的政策、资金支持，加快对农业公共设施体系的建设，提高抵御自然灾害的能力。党的十八届三中全会做出的《中共中央关于全面深化改革若干重大问题的决定》，对深化农村改革做出了全面部署，赋予农民更多权力和利益，推进城乡发展一体化，鼓励承包经营权在公开市场上向专业大户、家庭农场、农民合作社、农业企业流转，鼓励和引导工商资本到农村发展适合企业化经营的现代种养业，鼓励农村发展合作经济，鼓励社会资本投向农村建设。另一方面更需要发挥龙头企业、农业产业化经营主体与民间资本的对接功能，拓宽融资渠道，多方融资，大力发展除基本信贷市场以外的农村债券、股票等市场，扩大融资渠道，增加直接融资比例，改善农村金融环境。此外，还应积极引导外资加入到县域经济的发展上来，改革开放以来，外资大量进入我国，对促进我国经济发展发挥了重要作用，但从外资的产业分布来看，外资对农业的投入力度明显低于其他产业。

---

① 以上数据来自天交所。

（三）健全农村资本市场中的风险分散机制

农村经济面临的主要风险包括：自然风险、市场风险、信用风险。自然风险具有损失概率大、可测可控性差等特点；市场风险体现在农产品市场价格的不确定性，生产结构调整难度较大等方面；信用风险包括农户、企业和金融机构以及农户与企业之间的信用风险。结合县域产业化经营存在的种种风险，有必要建立起有效的风险分散机制，以保证农村资本市场运作的稳定性和可持续性。可从以下几方面入手：一要建立风险预警机制，加强投资人教育；二要建立风险转嫁机制，加快农业保险体系建设；三要完善价格平抑机制，制定农产品价格保护和储备制度，搭建农产品供求信息平台，引导农产品生产，避免市场过度波动；四要完善农村期货市场的功能，通过套期保值的方法分担市场风险。通过建立风险分散机制切实改善农村信贷的信用环境。

（四）设立县域经济产业化专项产业投资基金

产业投资基金是以资本市场为纽带，以产业发展政策为引导，通过对国家亟待发展的产业，如农业、能源、交通等，实行市场融资及资本运作，以解决国家因财力有限而不能满足产业重点项目资金需求的困难，促进基础产业、高科技产业等产业成长的一种有效的金融工具。建立县域产业化经营投资基金的优势：一是可以有效地组织和引导民间资本投资，将城乡闲置的资金汇集起来投向农业产业化经营；二是有利于减轻政府的财政负担，弥补国家投资的不足，同时，政府通过税收政策优惠和提供低息贷款的调整对基金的投向进行合理的约束；三是有助于龙头企业向现代企业制度转变，农业产业化经营投资基金能促进资金的有效流动，加快企业规范化经营；四是带动县域经济产业链快速发展，投资资金大量流向优质企业，必将带动相关上下游企业的快速发展。

（五）完善县域经济产业化系统内部的利益联结机制

农业产业化经营，利益联结机制是关键。处理好县域经济产业化参与主体的各自利益是经济有效运行的保证，产业化参与主体的联结方式可归纳为两种：合同契约型和股份合作型。前者是龙头企业与农户作为各自独立的经营者和利益主体在自愿、平等、互利的前提下，签订契约合同，以明确双方的经济关系；后者是农户以入股、参股的形式参与加工、流通企业的经营管理，形成“风险共担，利益均沾”的利益共同体的新型经济运行机制。完善产业化系统内部利益相关方的联结机制应从以下三点着手：一是要健全利益机制，例如通过农产品收购保护价、承贷转贷、提供产销一条龙服务、建立风险基金制度等多种联系形式，巩固企业和农民利益共同体；二是要推行规范化管理，凡是通过农民建立基地的企业，都必须与农民签订购销合同，这也是对双方利益的合法维护；三是要逐步推行以股份合作制形式为主的产业化组织，这既能使企业与农户的产权明晰，又能发挥二者的积极性，真正形成互利互惠、兴衰与共的一体化经济实体。

参考文献

［1］谷栗、王哲、李永珍：《发展我国农村资本市场的设想》，《经济理论研究》2007年第9期。

［2］关明艳：《基于陕南中药材种植产业化发展的农村资本市场建设》，《现代园艺》2011年第15期。

［3］尹筑嘉：《论资本市场与农村经济发展》，《南方金融》2004年第2期。

［4］王军：《资本市场与经济增长关系的理论与实证分析》，《经济师》2002年第2期。

［5］吴娟：《多层次资本市场与中小企业成长互动关系分析》，《天津市财贸管理干部学院学报》2004年第3期。

［6］赵亚明、张彤、卫红江：《多层次资本市场与中小微企业融资研究》，《金融教学与研究》2012年第6期。

［7］King R.，Levine B.. Finance，Entrepreneurship and Growth：Theory and Evidence［J］. *Journal of Monetary Economics*，1993，(32)：513–542.

［8］Atje. R.，Jovanovie. B.. Stock Markets and Development［J］. *European Economic Review*，1993（37）.

［9］Levine B.，Louyza N.，T. Beck. Financial International and Growth：Causality and Cause［J］. *Journal of Monetary Economics*，2000（46）.

［10］Beck. T.，Levine. R.. Stock Markets，Banks and Growth：Panel evidence. *Journal of Banking & Finance*. 2004（28）.

[11] Herring. R. J. , ChatsriPitak. N. , The Case of the Missing Market: The Bond Market and Why It Matters for Financial Development. Center for Financial Institutions Working Paper, 2000.

[12] Perez, Carlota, Technological Revolutions and Financial Capital: The Dynamics of Bubbles and Golden Ages, Cheltenham, Elgar, 2002.

[13] Hogskolen Hedmark, Venture Capital and Innovation, Tore Anstein Dobloug, Notatnr, 2008 (6).

[14] Donia Trabelsi, Ghasem Shiri, Venture Capital and the Financing of Innovation [R]. PRISM_ Sorbonne November, 2010.

B.3

我国资本市场对城镇化发展的支持路径探索*

高晓燕　姜荣荣　刘子铭**

摘　要：

改革开放后，我国城镇化迅速发展，尤其是在1992年实施市场经济之后，城镇化进入加速发展的阶段，资本市场在这一过程中发挥了巨大的作用。本文介绍了我国城镇化的发展阶段、主要成就和三种典型模式。然后从城市基础设施建设、中小企业、“三农”、产业结构调整等城镇化发展的几个方面，具体分析了资本市场对城镇化的推动作用。最后从基础环境、资本市场自身因素等角度分析了资本市场在支持城镇化发展中的问题并提出了可行性建议。

关键词：

城镇化　资本市场　支持路径

引　言

近年来，随着国民经济的发展，城镇化发展引发了越来越多的关注。我国城镇化自1992年开始实施市场经济体制后进入了加速发展的阶段。1949年新中国成立初期，我国的城镇化率仅为10%，经过40多年的发展，到1992年

---

* 国家社科基金项目（项目编号：13BJY172）：城镇化进程中县域经济与县域金融服务协同发展研究。天津市高等学校创新团队：《小微企业的创新发展机制及国际比较研究》。

** 高晓燕，经济学博士，天津财经大学经济学院金融系教授、硕士生导师；姜荣荣，天津财经大学金融系硕士研究生；刘子铭，天津农村商业银行，中级经济师。

初，城镇化率也仅为27.46%。2011年我国城镇人口首次超过农村人口，城镇化率达到51.27%，2012年，城镇化率达到52.57%。导致我国城镇化发展速度突变的一个重要因素是资本支持的变化。在我国城镇化发展中最典型的苏南模式、温州模式、珠江模式等同样离不开各种资本的支持。在城镇化发展中，产业结构的调整、城市基础设施建设、中小企业的发展、“三农”发展等热点问题的背后，资本市场的力量同样有迹可循。国内学者对城镇化动力机制的研究多集中于产业结构、资源推动、政府主导、市场主导等因素，在研究金融与城镇化的互动关系时，也鲜有将问题直接聚焦到资本市场领域。本文将问题直接聚焦到资本市场对城镇化的支持中，对资本市场支持城镇化发展的具体方式展开分析，并依据在这一过程中出现的问题，试图提出合理的解决对策和建议。

一　相关概念界定

（一）城镇化的内涵

城镇化一词的出现已有100多年的历史，城镇化又称城市化、都市化。对城镇化概念的界定，地理学、人口学、社会学、经济学分别从地区、人口、生活方式、经济的角度给出了界定。综合各学科的观点，我们得出城镇化概念最一般的理解，即：城镇化是由农村人口不断向城市转移，第二、第三产业不断向城市集聚，从而使城镇数量增加、规模扩大的过程，这一过程伴随着社会生产力的变革、产业结构的调整和居民生活方式的转变。完整的城镇化包含产业城镇化、人口城镇化、土地城镇化、社会城镇化、农村城镇化五方面的内容，最根本的是人的城镇化。

（二）资本市场的内涵

资本市场，有广义与狭义之分。广义的资本市场包括一切期限为一年以上的投融资活动，包括股票市场、债券市场、中长期贷款市场、风险投资市场、民间融资市场等。狭义的资本市场则为包括主板、中小板、创业板、三板及各类产权、股权交易所在内的多层次股权融资平台的总称。本文所研究的资本市场为广义的资本市场。

二　我国城镇化发展现状分析

（一）我国城镇化的发展历程

历史上，我国的城市发展在长期居于世界前列。明清以来"闭关锁国"的政策，使得我国的城市发展逐渐落后于率先进行产业革命的西方国家。近代以来的外国侵略和殖民掠夺，使得近现代的城镇化在萌芽期基本被扼杀。直到1949年新中国成立，我国近现代城镇化的发展才拉开序幕。根据有关研究，将新中国成立以来的城镇化进程划分为以下几个阶段。

1. 城镇化缓慢发展阶段（1949～1957年）

这一阶段国内长期的战争局面结束，随着"一五"计划的顺利实施，国民经济逐渐恢复，城镇化进程稳步推进。这一阶段，我国新建了一批工矿业城市，同时改造扩建了一批重点城市，到1957年，城市数量由1949年的136座增至176座，城镇人口数由5765万人增至9949万人，城镇化率由10.64%增至15.39%，年均增长0.59%。这一阶段城镇化的发展得益于工业化的推进和国家财政对基础设施建设的投入，但农业发展被忽视。

2. 城镇化发展的剧烈波动阶段（1958～1965年）

这一阶段我国的经济发展大幅波动，城镇化发展也剧烈波动。1958～1960年的"大跃进"时期，工业脱离农业高速发展，工农产品"剪刀差"使农村人口大规模涌入城市，3年净增城镇人口2352万人，新建城市24座，城镇化率飙升至19.75%，形成"虚假城镇化"。1959～1961年三年自然灾害使国民经济遭受巨大创伤，随后进入三年调整期，随着工业项目被停建或缓建，大量人口返回农村。这一时期，由于建制撤销或降级，城市总数减少25座，城市化水平降至16.84%，出现了"逆城市化"现象。1964年经济形势好转，城镇化趋势回升，截至1965年底，全国城镇人口达13045万人，城镇化率回升至近18%。

3. 城镇化徘徊停止阶段（1966～1978年）

这一阶段“文革”倡导的“上山下乡”运动成为阻碍城镇化稳步推进的主要因素。在“文革”十年及其后的两年中，全国约有3000万名知识青年离开城镇到农村地区参加劳动、安家落户。而以备战为目的的“三线”城市建设使基础建设投资与原有城镇脱节，导致许多小城镇日益衰败。在1966～1978年的十三年期间，城镇总人口增至17245万人，全国总人口从74542万人增至96259万人，城镇化水平从17.86%提升至17.92%，城镇化基本处于停滞阶段。

4. 城镇化恢复发展阶段（1979～1992年）

这一阶段，我国城镇化在近17年的停滞后逐渐步入正轨。全国总人口从97542万人增至117171万人，城镇人口从18495万人增加到32175万人，城镇化率由18.96%上升至27.46%，年均增长0.68个百分点。与此同时，城镇数量由216座增至517座，年均设市23座，建制镇从2851座增至11985座，增加9134座。这一阶段的城镇化发展得益于沿海经济开发区、经济特区的建立，也孵化出了温州模式、苏南模式、珠三角模式等在内的典型城镇化模式。

5. 城镇化加速发展阶段（1993年至今）

1992年以后，我国开始实行社会主义市场经济体制，城乡、区域、国内外互动增强，经济进入新一轮的高增长。与此同时，城镇化也进入高速发展的阶段。截至2012年底，我国城镇人口增至71182万人，同期总人口增至135404万人，城镇人口于2011年首次超过乡村人口，城镇化率达52.57%。城市总数在1993～1996年高速发展，年均设市37座，之后开始进入稳定数量提升质量的发展阶段。截至2012年底，全国城市数量达658座，建制镇达19881个。

（二）我国城镇化对经济社会发展的推动效应

1. 产业结构调整，第三产业就业比重上升

伴随着城镇化进程的推进，尤其是改革开放后，我国产业结构迅速调整，第二、第三产业迅速崛起，并逐渐取代第一产业，成为容纳劳动力的主导。

如表1所示，1978年底我国的城镇化率为17.92，农业对GDP的贡献减小，工业成为 GDP 的主导力量，第三产业占比仍然较低。从就业角度来看，农业仍然是就业的主导产业。到 1992 年第三产业的比重显著上升，第一产业的就业主导力有所下降，第二、第三产业的就业吸引力逐渐凸显。之后实施市场经济体制后，伴随着城镇化突飞猛进，第二、第三产业逐渐成为 GDP 的主导，并成为吸纳劳动力的主导产业，截至 2011 年底，第三产业 GDP 占比 43.1%，就业占比 35.7%，为三大产业之首。

表 1　城镇化发展各阶段三大产业在 GDP、劳动力中的比重

年份	城镇化水平（%）	GDP（亿元）	三大产业 GDP 占比（%）			就业人口（万）	三大产业的就业比重（%）		
			农业	工业	服务业		农业	工业	服务业
1952	12.46	679	50.95	20.88	28.16	20729	83.5	7.4	9.1
1957	15.39	1069	40.57	29.65	29.78	23771	81.2	9.0	9.8
1978	17.92	3645	28.19	47.88	23.94	40152	70.5	17.3	12.2
1992	27.46	26923	21.79	43.45	34.76	66152	58.5	21.7	19.8
2011	51.27	471564	10.12	46.78	43.10	76420	34.8	29.5	35.7
2012	52.57	519322	10.09	45.31	44.60				

资料来源：根据历年国家统计年鉴编制。

2. 城镇化滞后于工业化局面得到扭转

长期以来，我国城镇化的发展均落后于工业化发展，这一局面实施改革开放后有所改善。根据朱铁臻的观点，城市化率与工业化率的合理比值范围为 1.4 ~2.5。由表 1 中的数据分析可得，我国的城镇化一直滞后于工业化发展，但局面正在逐渐扭转。1978 年我国城镇化率 17.92%，工业化率 47.88%，城镇化率与工业化率的比值为 0.37；1992 年城镇化率 27.46%，工业化率 43.45%，两者比值为 0.63；到 2012 年底，城镇化率达 52.57%，工业化率 46.78%，两者比值为 1.124，城镇化滞后于工业化的局面得到扭转。

3. 形成城市群，大中小城市和小城镇协调发展

在城镇化进程的不断推进中，我国的城市建设取得一定成果，形成了长三角、珠三角、京津唐、辽中南为代表的大城市群。截至 2012 年底，全国城市有 658 座，建制镇 19881 个，基本形成了特大城市、大城市、小城市、小城镇共同发展的局面。其中，小城镇的崛起对我国城镇化的进程起了积极的推动作

用。以特大城市或大城市为中心的城市群是我国城镇化进程的重要载体，但也存在大城市过大、小城镇过小的问题。

4. 城镇化由政府主导向市场主导转变

市场主导型城镇化和政府主导型城镇化是城镇化的两种基本模式。我国城镇化发展的绝大部分时期由政府主导，直到实施市场经济体制才逐渐转变为市场主导的模式。新中国成立之初，国家通过大批大中型项目的实施推动工业化进程，工业发展背离农村，巨额的“剪刀差”使得城镇化落后于工业化。改革开放后，国家在沿海地区设立经济特区、沿海开放城市和沿海经济开放区，推动了东部沿海地区的城镇化进程。1992 年开始实施市场经济体制后，外资、民企、个人等多元的主体参与到我国城镇化的进程中，甚至成为区域城镇化的主导力量，政府主导城镇化的局面被打破。

5. 社会保障体系基本建立

我国目前已建立了以户籍制度为基础的两套社会保障体系。其中城镇居民的社保福利涵盖最低生活保障、医疗保险、养老保险、失业保险等多个方面。农村居民的社保机制包含农村最低生活保障、合作医疗、农业补贴等，少数发达地区建立起了养老保险制度。在这两套社会保障体系内，人民的日常生活得到了基本的保障，也体现了国家对“三农”问题的重视。但最为人诟病的是这一体系本身带有的城乡二元性，即城乡居民的福利差距。另一个值得关注的问题是，随着城镇化的不断推进，涌现出的大批失地农民被迫转为城市居民，却因为户籍制度而没有和城镇居民获得同样的福利。

（三）城镇化的三种典型模式

在我国城镇化的进程中形成了几种典型的发展模式，分别是苏南模式、温州模式、珠三角模式。

1. 地方政府主导的苏南模式

苏南指江苏南部的苏州、无锡、常州等地区。苏南模式产生于 1952 年，在改革开放后粗具雏形，其起步和发展都早于其他两种模式。这一模式是自上而下的城镇化模式，典型特征是地方政府主导、集体经济和乡镇企业。乡镇地方政府的主导作用体现在组织土地、资本、劳动力等生产资料，出资办企业，政府领导兼任乡镇企业管理层。费孝通认为传统的苏南模式是“地方政府公司主义经济”、“能人经济模式”和“政绩经济模式”的结合，本质上是“政府超强干预经济”。近年来，苏南模式也有了新的发展：一是以招商引资为基础的外生式园区经济，以苏州工业园区、昆山经济开发区、吴江开发区为代表；二是乡镇企业的资本运营，以“江阴板块”为代表，目前江阴市有华西村、江苏阳光等15家上市公司，从股市中募集资金超过80亿元。反观背后的资本因素，苏南模式由政府资本直接主导，逐渐转变为由政府引导，外资、民间资本共同作用的新苏南模式。

2. 民营企业主导的温州模式

温州模式成型于20世纪80年代中期，是一种完全由市场主导的自生型城镇化模式。这一模式的典型特征是市场机制主导、家庭工业和专业化市场。政府在经济发展中采取“无为”政策，乡镇企业生产资料由市场体系配置，家庭和联户企业是主要方式，主导产业是以专业分工下的日用小商品生产为基础的批发零售业和社会服务业。温州民营企业在当地企业中的占比达99.9%，年产值占比达98%以上，区别于苏南的集体经济，民营企业以家庭经济为主要形式。温州模式的产生具有必然性：一是传统手工业优势；二是农业受限、交通不便、政策扶持弱等不利因素。这种市场主导的自生自发式城镇化模式，充分发挥了民营资本的作用。最典型的做法是，政府通过引导民营企业进城投资基础设施建设，使得大量的民间资本加入到城镇建设中来。政府的角色从一开始就不是独家投资者，而是民营企业投资的引导者。

3. 外商主导的珠三角模式

珠三角模式是典型的外向型城镇化模式。珠三角毗邻港澳，是三大沿海经济开放区之一，拥有深圳、珠海、汕头三个经济特区，是我国实施改革开放的主要门户。该区域的城镇化从改革开放中受益，一靠外资输入，二靠委托加工贸易。大量外资企业进入设厂，主要是劳动力密集型行业，大量的劳动力需求增加了城市对农村人口的拉力。这些工厂多设于小城镇，促进了当地小城镇的发展。而与港澳地区长期以来实行的“前店后厂”的合作模式，也为这一地区的城镇化增添了活力。从资本动因的角度分析，外资在该地区城镇化的进程中发挥了巨大的作用。通过在小城镇设立劳动力密集型的制造业企业，吸引大量的农村劳动力到城市工作，大大推动了当地的城镇化进程。

三　资本市场支持城镇化的路径分析

我国城镇化进程的各个阶段、各主要环节，以及各区域城镇化模式的背后，都离不开资本市场的支持。这里的资本市场，不仅仅是指狭义的多层次资本市场，更是指广义上、区别于货币市场的一切长期的投融资活动。本部分将从资本市场支持城镇化的几个具体方面，分析资本市场在城镇化进程中的支持作用。

城市基础设施建设和公共服务、乡镇中小企业发展、“三农”发展、产业结构调整等问题一直是城镇化建设的基础性问题。基础设施建设的发达程度是城市现代化水平的重要标志，以乡镇企业为代表的中小微企业是城镇化的根本动力，“三农”发展则是城镇化的基础落脚点，产业结构的调整是城镇化进程中的关键一环。资本市场在这些方面发挥了不可磨灭的作用。

（一）资本市场支持基础设施建设中的投融资

城市基础设施建设具有整体性、超前性和优先性，在城镇化的进程中需要大笔的资金投入。

1. 地方政府融资平台

地方政府融资平台始建于20世纪90年代，是地方政府为城市基础设施建设进行投融资建立的投融资平台，名称各有差异，包括“城市投资建设公司”、“国有资产管理公司”等。主要功能包括如下四个方面：一是为城市基础设施项目融资，并以转贷、直投方式为相关项目提供资金；二是城建项目的经营和管理；三是土地的开发、管理和经营；四是作为城建项目的发起人和经营管理人。地方政府融资平台作为城建项目投融资活动的载体，发挥着举足轻重的作用。

2. 城投债

城投债其全称为：城市建设投融资平台企业债券。比较典型的例子有上海浦东发展建设债券、重庆重建重点债券、济南自来水公司供水建设债券，发行期多为三年。近年来，随着城镇化进程加速，城市基础设施需求不断增加，与此同时土地财政势微、财政收入年增速下滑，城投债逐渐成为城市基础设施建设的主要融资方式。根据中央结算公司《2012 年度债券市场统计分析报告》，2012 年我国地方政府发行的城投债高达 9420 亿元，其中银行间债券市场发行的城投类债券（仅包括中期票据和企业债券）累计 6367.9 亿元，较去年增加 3805.9 亿元，同比增长 148%。截至 2012 年底，银行间债券市场城投债的余额达到 14365.68 亿元，较 2011 年增加 6150.99 亿元，同比增长 74.87%。相关数据显示，2012 年全国 300 个城市的土地出让金 3 万亿元，较 2011 年减少 12.6%；全国地方性政府年财政收入 6.1 万亿元，同比增长 16.23%，较 2010 年的 24.57% 和 2011 年的 29.38% 明显下滑。

3. 利用外资

城镇化基础设施利用外资包括两个方面：一是银行贷款，包括世界银行、亚洲发展银行及发达国家政府提供的长期优惠贷款；二是外商投资。

我国城市基础设施利用外国长期贷款始于 20 世纪七八十年代，主要存在于东部沿海地区。典型案例有上海南浦和杨浦大桥，分别向亚洲开发银行贷款 7000 万美元和 8500 万美元，青岛环境改造项目向亚洲开发银行的贷款更是达 10300 万美元。

城镇化基础设施利用外商直接投资起步于 20 世纪 90 年代，主要采用中外合资和 BOT 的方式，主要集中在供水垃圾处理领域。截至 2010 年底，外国水务公司直接投资的水厂有 50 家左右，由国外长期银行贷款投资的水厂约有 200 家。

4. 其他融资方式

此外，除了通过地方政府融资平台发行城投债进行投融资，建立产业基金、土地抵押贷款、资产证券化也成为近年来为城市基础设施建设进行融资的可选方式。

（二）资本市场支持中小微企业

以乡镇企业为代表的中小微企业，在我国三大城镇化发展模式中发挥着不可替代的作用。而我国日益完善的多层次资本市场，通过满足中小企业多样化的融资需求，间接地推动着城镇化进程。

1. 多层次资本市场为中小企业提供融资平台

利用多层次资本市场融资的典型是苏南模式中的江阴市。截至目前，以乡镇企业为代表的“江阴板块”已有34家企业在国内外的主板和中小企业板上市。而在我国初步建立的多层次资本市场中，服务于中小微企业的股权交易平台主要包括中小板、创业板和以全国中小企业股份转让系统及天津股权交易所为代表的三板市场。中小板和创业板是高成长型和高科技型中小企业的股权交易平台，三板市场则是专门向中小微企业提供股权交易及融资服务的综合金融服务平台。截至2013年6月底，中小板上市公司701家，首发融资额4793亿元，创业板上市公司355家，首发融资额2310亿元。截至2013年底，天津股权交易所挂牌公司412家，融资额217.05亿元。随着三板市场的发展，逐渐健全的资本市场必将在中小企业融资中继续发挥重要作用。

2. 专业金融机构致力满足中小微企业中长期融资需求

我国的债券市场较美国等国家落后，较多层次资本市场的发展也落后，除了部分上市的企业外，绝大多数的中小企业并不具备发行企业债券的资格。因而，出现了以小额贷款公司为代表的专门服务于中小微企业的金融机构。小额贷款公司致力于满足当地中小微企业的资金需求，根据中小微企业的资金需求特点、遵循“小额、分散”的原则对中小微企业放贷，并在贷后以指导企业日常经营管理的方式控制风险。截至2013年3月底，全国小额贷款公司达6555家，贷款余额6357.27亿元，平均贷款余额9700万元，小贷公司对中小微企业的资金支持力度可见一斑。另一个专注于支持区域中小微企业发展的金融机构是新型农村机构——村镇银行。此外，部分商业银行也逐渐转战小微金融领域，通过创新金融产品的设计满足中小微企业的需求。例如，目前致力于小微金融业务拓展的民生银行就把中小企业列入目标客户群。

（三）资本市场支持“三农”发展

城镇化的内涵具有丰富的内容，它包括区域、经济、人口由农村到城市转变，但最根本的是人的生活方式、思想观念由农村到城镇的转变。“农村、农业、农民”，成为城镇化进程中无法忽视的问题。

1. 农村金融机构满足农民资金需求

服务于“三农”的金融机构主要包括村镇银行、农村商业银行和农村信用社。这些金融机构根据农民的资金需求，结合当地农业产业的季节性，设计出丰富多样的金融产品。以天津地区的津南村镇银行为例，其根据当地农业生产不同环节和部门的资金需求特点，设计出了包括农耕宝、农具宝、农经宝、农蔬宝等每笔3000元到10000元、期限3个月到2年不等的贷款产品，以满足农户多样化的资金需求。

2. 龙头民营企业资本市场上市融资

农业龙头企业的发展对农村城镇化、城乡一体化的发展具有带动作用。资本市场通过对龙头民营企业提供上市融资支持，间接促进当地城镇化的发展。以河南地区为例，截至2012年底，其上市农业企业达7家，募集资金总额64.42亿元。这些涉农企业的上市，一方面拓宽了当地农村、农业发展的投融资渠道，带动了区域内民营企业的发展，促进富农模式产业化经营和推广；另一方面，上市后企业不断壮大，有利于解决当地农村人口的就业，减少不必要的人口流动，促进就地城镇化。

（四）资本市场助力产业结构调整

在我国城镇化进程中，产业结构发生了重大调整。目前，无论是对GDP的贡献还是对就业的贡献，第二、第三产业都已代替农业成了主导产业，且第三产业的优势逐渐凸显。这一现象的背后，离不开资本市场的推动，具体又体现在如下几个方面。

一是资本市场为企业发展提供直接融资支持。多层次资本市场作为股权融资平台，为农业企业、工业企业、服务业企业提供最直接的股权融资支持。

二是资本市场作为一种市场化的资源配置机制，具有引导资源在三大产业间优化配置的功能。

三是资本市场为中小科技型企业创新提供支持，有利于培育新兴产业的发展。

四 资本市场支持城镇化的制约因素

资本市场在我国城镇化中发挥了积极的推动作用，但受限于政策法规、资本市场自身及其他一些因素，也存在诸多需要改进的方面。

（一）政策法规的制约

1. 法律因素

完善的法律体系是社会经济健康发展的基础，要想充分发挥资本市场对城镇化的推动作用，就必须完善法律体系。我国的《国家预算法》中明确禁止地方政府发行债券，因而在城投债的发行中选择了较为折中的方法，由中央政府代地方政府发行债券。而美国等西方国家则可由地方政府发行市政债券进行项目融资，大大提高了效率。此外针对外资、民间资本、三板市场等法律法规也存在疏漏，也限制了资本市场推动城镇化功能的发挥。

2. 政策因素

政策因素是另一个限制资本市场支持城镇化功能发挥的因素。我国城镇化进程主要是由政府主导的，而非市场主导。这种政府对城镇化的过分干预，不仅限制了市场调节功能的发挥，也限制了资本市场资源配置功能的发挥。另外，政府性资本的投入，对民间资本和外资的投资也存在一定的挤出效应。

（二）资本市场自身的制约

我国资本市场起步较晚，其自身存在的诸多不足是限制其对城镇化推动作用发挥的主要因素。

1. 股权融资平台功能未充分发挥

目前我国资本市场已初步建立起多层次资本市场的雏形，但在支持城镇化发展中还存在诸多的不足。一方面，对在资本市场上市要求过高，绝大部分中小微企业不能在主板、中小板、创业板市场融资，目前正处于快速发展阶段的天津股权交易所等三板市场，其规模、影响力有待扩大和提高，对中小微企业的支持力度仍需进一步加大。另一方面，资本市场所支持的产业分布不合理。

我国已有的上市公司中60%以上为制造业企业，第一、第三产业上市公司总占比不足40%。由此可见，我国的资本市场更偏向于大城市、大规模的资本密集型企业，而对劳动密集型的中小企业缺乏关注，引导产业结构调整的功能没有充分发挥。

2. 债券市场发展相对滞后

债券市场一直是资本市场发展中的一块短板，这在很大程度上限制了各融资主体发债融资的可能性。我国目前的债券主要是国债，地方政府的城投债由中央政府代为发行，缺乏真正意义上的市政债券。另外，企业债券的准入门槛虽已简化，但仍然较高，绝大多数的企业不具备发行企业债融资的资格，尤其是中小微企业。债券市场的滞后发展，从渠道上削弱了资本市场对城镇化的支持力度。

3. 民间资本市场发展不规范

利用民间资本发展起来的典型城镇化模式是温州模式。在温州的城镇化进程中，由于较少得到政府的扶持，当地活跃的民间资本成为城镇建设资金的主要来源。随着金融管制的逐渐放松，以温州为代表的民间资本市场存在的诸多问题开始显现。民间资本投资难，中小企业融资难，这种“两难”背后的原因是民间资本市场存在的诸多问题。诸如民间资金借贷不透明、贷款定价过高、监管体制缺失、运作不规范等问题，限制了民间资本市场功能的发挥。

（三）其他制约因素

1. 信用评级体系不完善

无论是发行股票、债券等直接融资方式，还是向银行业金融机构申请中长期贷款等间接融资方式，首先要面对的问题就是评级。目前我国的评级机构较少，专业评级人员更是缺乏，在一定程度上抬高了贷款人通过多层次资本市场和债券市场进行融资的门槛。

2. 可选择的金融工具缺乏

金融工具是政府、企业和个人在资本市场进行融资的载体。我国金融发展起步较晚，国外资本市场的许多金融工具我国并没有，在一定程度上割裂了投、融资双方的联系，如优先股、可转债等。这一现象对城镇化融资的直接影响是，中小微企业可选择的融资工具减少，丧失部分潜在的融资机会，或迫使其退而求其次选择更高成本的融资方式。

五　发展资本市场支持城镇化建设

要想实现资本市场对城镇化发展的有效支持，就必须逐一解决实际存在的诸多问题。根据我国资本市场和城镇化发展的现状，应从以下几个方面着手提高资本市场推动城镇化进程的效率。

（一）改善基础环境建设

资本支持基础环境建设离不开政府的支持和配合，具体包括减少行政干预、政策扶持、法律体系、监管制度等几个方面。

首先，政府应减少城镇化进程中不必要、不合理的干预，充分发挥市场的调节作用；

其次，政府应制定符合资本支持城镇化发展趋势的扶持政策，积极发挥政府对资本的引导作用，鼓励民间资本、外国资本支持城镇化发展；

再次，政府应该完善与地方政府债、民间资本市场、多层次资本市场相关的法律法规体系，为资本市场推动城镇化发展提供法律支撑；

最后，政府应配合各级金融监管部门，规范包括外商资本、民间资本等在内的各级资本市场，并加强对资本市场支持城镇化进程中各主体及其行为的监管。

（二）继续完善多层次资本市场结构

资本市场要对城镇化发展进行有效推动，必须完善自身。我国多层次资本市场的雏形已经初步建立，但仍有继续完善的空间。一是股权融资平台的整合。首先是应完善主板、中小板、创业板的上市退市和交易机制，尤其是风险较高的创业板市场，使中小板、创业板成为中小企业优胜劣汰的核心机制；其次是规范三板市场，使以天津股权交易所为代表的三板市场充分发挥对中小微企业的融资服务与金融服务功能；二是大力发展我国的债券市场，尤其是企业债市场。在国外，发债融资是城市基础设施建设和民营企业进行融资的主要方式。我国债券市场的发展一要创新，二要实现利率市场化，三要评级机构支持；三是规范民间资本市场的发展，我国民间资本的形成过程复杂，运作灵活，风险较高。政府应首先明确民间资本市场的监管部门，并由其对运营进行指导和规范；四是加强对外资资本的管理，目前我国资本项目逐渐开放，大量的外资涌入势必对国内的资本市场产生冲击，政府应合理引导这部分资金。

（三）充分发挥资本市场引导功能，优化产业结构升级

城镇化进程中一项极为重要的任务是消化农村过剩劳动力，这部分劳动力主要靠第二、第三产业吸收。因而，利用资本市场的引导功能，优化产业结构升级成为时下非常关键的任务。具体可从以下几方面做起：首先，利用资本市场的资源配置功能，将资金配置到最能促进城乡发展的农业、乡镇中小企业中，促进农村本土城镇化；其次，利用三板市场和创业板市场，引导资金投向小城镇地区的创新型产业，引导中小企业向小城镇集聚；最后，利用主板市场和中小企业板，将资金从资本密集型的制造业企业向劳动力密集的第三产业流动。

这些措施和中小企业、民营企业运用资本市场融资的难点相结合，又可以得出一些更具体的建议：一是在资本市场建立专门的板块，专门支持城镇化基础设施行业、涉农企业、第三产业的融资上市；二是在各级资本市场，对城建企业、涉农企业、第三产业优先安排挂牌上市，建立绿色上市通道；三是根据中小板、创业板的财务指标要求，适当降低涉农企业、第三产业企业的上市门槛，并对上市成功的企业以适当奖励；四是大力发展三板市场，通过三板市场小额、快速、低成本的融资方式扩宽企业融资渠道。

在债券市场方面，可优先发展第三产业的企业债市场，放低第三产业企业发债门槛，地方政府对当地第三产业的债券进行担保，并利用政府资本进行一定比例的认购。银行贷款领域，应调整中长期贷款的投向，通过利率优惠等政策，引导民间闲置资本和外资向农业企业、乡镇企业、第三产业流动。

（四）充分发挥金融机构的辅助支持作用

在我国城镇化的进程中，银行业金融机构绝大部分时期以中长期贷款的形式支持城市建设和大中型企业，对农村地区和中小微企业的中长期贷款则少之又少。而对农村地区和中小微企业的中长期贷款，则由刚兴起不久的小额贷款公司、村镇银行等新型金融机构承担。只有鼓励此类小微金融机构的发展，才能满足城镇化进程中多样化的资本需求。城镇化进程中另一种重要的中间机构是地方政府融资平台，其在发挥重要作用的同时，存在管理不规范、监管缺失等问题，建议设立专门的部门进行统一调度和管理。

另外，需要更多地发挥 PE、VC 等中间机构在城镇化投融资中的辅助支持作用。一是适当引入 PE、VC 等融资渠道，一方面拓宽中小微企业的融资渠道，另一方面来自 PE、VC 丰富的经营管理和资本运作经验也有利于企业的健康发展和城建项目的正常运行。二是大力发展和引入信用评级机构。信用评级是一切投融资活动的基础，而国内评级行业尚处于初级阶段，建议在鼓励国内评级机构发展的同时，放低准入门槛引入国际知名的评级机构。

（五）加强金融创新，开发城镇化融资工具

要实现资本市场对城镇化的有效支持，还必须借助有效的资本市场工具。目前，我国资本市场工具相比西方国家还较少，尤其是支持城镇化方面。这就需要各级金融机构积极开展资本市场领域基础创新，开发适合城镇化发展运用的资本市场工具。如将产业基金、资产证券化运用到城市基础设施项目的投融资活动中；将养老等社保基金利用资本市场进行多样化投资；通过对农村地区土地使用权实施颁证确权，进一步过渡到证券化，进而充分利用资本市场或农村产权市场进行融资，盘活农村存量资产。

参考文献

［1］徐惠坚、姚凤阁：《黑龙江省农村城镇化资本支持问题初探》，《黑龙江对外经贸》

2009 年第 179 期。

[2] 王曼怡、李勇：《城镇化发展与金融支持研究——以北京远郊区县城镇化为例》，《人民论坛》2010 年第 10 期。

[3] 贾康、孙洁：《城镇化进程中的投融资与公私合作》，《中国金融》2011 年第 19 期。

[4] 鲍雯、田国良、陆雪莲：《城镇化发展与金融支持研究：宁波案例》，《浙江金融》2010 年第 7 期。

[5] 中国人民银行蚌埠中心支行课题组：《促进城镇化与金融良性互动》，《中国金融》2011 年第 10 期。

[6] 刘莉亚：《金融支持农村城镇化建设的探讨》，《河北金融》2007 年第 1 期。

[7] 陈修颖：《民营经济推动下的农村城镇化研究——浙江典型案例》，浙江师范大学硕士学位论文，2011。

[8] 王丽娅：《政府资本与民间资本在基础设施领域投资范围的划分》，《社会科学季刊》2004 年第 3 期。

[9] 吴剑雄：《资本市场与产业结构调整关系研究——资本市场扩大开放的战略选择》，上海社会科学院博士学位论文，2012。

[10] 胡伟：《资本市场服务小微企业存在的问题与对策》，《武汉金融》2013 年第 6 期。

[11] 蒋贵凰：《我国发展中地区城镇化的动力机制研究》，中国社会科学出版社，2011。

[12] 孟建华：《县域经济发展规划与金融资源配置》，中国金融出版社，2008。

[13] 苏勇、杨小玲：《资本市场与产业结构优化升级关系探讨》，《上海财经大学学报》2010 年第 4 期。

[14] 陆岷峰、马艳：《以金融支持推进中国城镇化进程的新思考》，《苏州教育学院学报》2009 年第 3 期。

[15] 蒲祖河：《"三农"融资需求与发展民间资本市场研究》，《统计与决策》2009 年第 10 期。

[16] Fertig A. . Trends in Intergenerational Earnings Mobility [R] . *Working Paper*, 2001.

[17] Galton F. Regression Towards Mediocrity in Hereditary Stature [J] . *Journal of the Anthropological Institute of Great Britain and Ireland*, 1886, (15).

[18] Goldberger A. . Economic and Mechanical Models of Intergenerational Transmission [J]. *American Economic Review*, 1989, (79).

[19] Osterbacka E. . Mechanisms behind Intergenerational Earnings Correlation in Finland 1985 – 1955 [J] . . Paper Presented at the 2004 Conference of the International Association for Research in Income and Wealth, Cork, 2004.

[20] Corak M. , Heisz A. . The Intergenerational Income Mobility of Canadian Men: Evidence from Longitudinal Tax Data [J] . *Journal of Human Resources*, 1999, (34).

B.4

资本市场对产业结构升级的影响效应研究

惠建军　刘 丽*

摘　要：

本文在理论分析资本市场促进产业结构升级作用机制的基础上，以1991~2011年我国资本市场融资率与产业结构升级率的数据为样本，通过回归分析和误差修正分析，研究了我国资本市场对产业结构升级的推动作用。通过总量和结构分析发现，我国资本市场发展对产业结构升级具有长期的推动作用，而且各个子市场中债券市场的推动作用是最强的，股票市场次之，中长期贷款市场的作用最小。并结合本文的理论分析和实证检验结果，提出了制定符合本国禀赋的产业调整与发展政策的建议，以及大力发展多层次、多元化资本市场，完善资本市场体系等具体的政策建议。

关键词：

资本市场　产业结构升级　影响效应　误差修正模型

一　引言

2008年美国次贷危机引起的全球经济危机，使我国产业结构失衡的问题被数倍放大，引起了从中央政府到普通百姓前所未有的关注。目前，调整和优

* 惠建军，天津财经大学金融学博士研究生，天津滨海产权研究院；刘丽，天津财经大学金融学硕士研究生。

化产业结构依然是政府宏观调控的重要内容。2012 年全国“两会”期间，政府提出：我国经济应该加快转型升级，经济的发展要注重发展速度与质量的统一。随后正式发布的《中华人民共和国国民经济和社会发展第十二个五年规划纲要》更是将产业结构的调整和升级摆在重要的位置，并提出：“加强农业基础地位，提升制造业核心竞争力，发展战略性新兴产业，加快发展服务业，促进经济增长向依靠第一、第二、第三产业协同带动转变。”党的十八大、十八届三中全会强调，推进经济结构战略性调整是加快转变经济发展方式的主攻方向，优化产业结构是新时期加快转变经济发展方式的根本出路，要构建现代产业发展体系，促进第一、第二、第三产业的协调发展，逐步形成以农业为基础、工业为主导、战略型新兴产业为先导、基础产业为支撑、服务业全面发展的产业格局。以上战略部署充分体现了产业结构转型升级在经济发展中的重要作用。

经济发展既包括经济总量的增加，也包括经济结构的优化与升级。无论是总量的增加还是结构的优化都离不开资本市场提供融资支持。经济学家林毅夫认为经济发展本质是产业结构不断调整和升级的过程，改变一个国家的产业结构、推动一个国家的发展，最根本的要务是按照比较优势发展经济，利用自身优势将最有影响力和积累最多的资本，改变结构以后再不断升级①。经济学家厉以宁指出，宏观调控的重点既不是抑制通货膨胀，也不是抑制通货紧缩，而是产业结构的调整。资本市场能在产业结构调整过程中发挥作用，产业结构调整又能保证中国经济的持续、健康发展。因此，政府宏观调控不是为了打击资本市场，而是希望资本市场发展越快越好。中国证监会研究中心主任祁斌指出：“实现经济结构的转型与产业升级，需要大力培育场外交易市场，推动创业板建设，深化发行体制的改革，帮助中国经济筛选出下一轮发展所需要的产业。”历史经验表明，所有经济体的经济转型和产业升级都是资源配置方式竞争的结果，美国依托硅谷模式造就了大量的高科技企业，而欧洲高技术企业发展逊于美国的关键在于直接融资发展迟缓，使得欧洲在经济和产业升级上远远落后于美国。中国经济转型需要依托科技人才、创业精神、资本以及人才和资

① 林毅夫：《新结构经济学》，北京大学出版社，2012。

本的结合机制。大力发展资本市场，支持我国产业结构升级，是促进经济转型升级的重要战略任务之一。因此，研究我国资本市场对产业结构升级的影响效应，厘清资本市场对产业结构升级的作用机制，具有重要的现实意义。

二 文献综述

在国外的经济学研究文献中，直接研究资本市场对产业结构升级影响的文章较少，他们大多数研究的是资本市场对经济增长的影响。在这些研究中，Raymond Goldsmith（1969）的研究具有开创性，他在文章中提到两类金融结构：一类是在发达的工业化国家，成熟的证券市场使得直接融资成为主要的融资方式，而银行体系间接融资功能在逐步下降；另一类是在发展中国家，由于证券市场的不成熟使得银行体系占据主导地位，间接融资诸如贷款占融资规模的大部分。并且他不认为资本市场与经济发展存在相关性，这就为后来的经济学者们指出了进一步的研究方向。R. Atje 和 B. Jovanovic（1993）、Kunt 和 Levine（1996）都发现股票市场发展能够促进经济增长，后者具体分析了股票市场影响经济增长的途径，认为资源优化配置机制是关键。之后，Rajan 和 Zingales（1998）研究了金融与行业增长率的关系，认为金融的发展能够降低企业的外源融资成本，促进新企业的成立和产业的优化。其后也出现了实证分析，如 Wurgler（2000）通过分析 65 个国家制造业的情况，验证了金融市场发展能够提高资本配置效率的假说。Jiaren Pang 和 Haibin Wu（2008）使用国际行业数据也得出了相同的结论，金融市场发达的国家资金更多地流向效率高、发展快的行业，即实现了资源的优化配置。

与国外发达的资本市场相比，我国资本市场还不成熟，功能还并未完善，其对经济，尤其是对产业结构的作用引起了众多学者的研究。总的来说，关于资本市场与产业升级的关系主要有两种观点：第一种认为资本市场融资有利于产业结构的升级，如郑江淮、袁国良和胡志乾（2000）认为，虽然我国股票市场目前的规模对经济增长的促进作用不明显，但是股票市场发展会推动储蓄率的提升，因此有助于经济增长。同时也认为股票市场发展会推动经济转型，这也会对经济增长产生影响；王志强和孙刚（2003）从规模、结构、效率三方面考察金融发展与经济增长的关系，实证的结果表明这三个指标与经济增长存在双向因果关系；徐炳胜（2006）使用1991～2004年的季度数据验证了资本市场融资对产业结构升级起到了推动作用；杨德勇和董左卉子（2007）从资本市场的视角讨论了产业结构升级的运行机制，利用1994～2005年的数据实证分析了资本市场融资额与产业结构升级率的关系，肯定了资本市场对我国第一、第二、第三产业的发展和结构变迁起到促进作用；陈峥嵘（2011）从中观和微观层面上验证了股票市场规模的扩大能够推动三次产业和工业产业的优化升级；申明浩、杨永聪（2012）利用面板数据探讨了全球价值链分工条件下，资本市场的发展对我国第二产业的升级具有显著的促进作用，而信贷市场的发展和我国第二产业的升级之间存在较微弱的负相关关系。另一种观点则认为，证券市场发展对产业结构升级推动作用不够明显，如殷醒民（1997）通过分析1996年上海证券交易所上市公司股票的制造业结构，发现上市公司通过资本市场融资实际上是加剧了制造业资金的分散化；蔡红艳和阎庆民（2004）度量了行业成长性，发现我国产业结构调整中各行业成长性的此消彼长并未在资本市场中得到体现。方先明、孙爱军和曹源芳（2010）利用中国省城1998～2008年的数据进行面板空间模型分析，发现金融对产业结构升级的推动作用不大；刘梅生（2011）认为，我国金融结构失衡以及政府控制资金配置的制度环境，使得我国金融结构对产业结构升级的支持效应并不理想，最具经济优势的行业并未在资本市场中得到有效的识别和发展。

综上所述，国外研究重点关注资本市场发展对经济增长的作用，并做了大量的实证研究。国内学者在研究资本市场与产业结构升级的关系方面，由于数据、方法、模型等差异，从而得出了不同的结论。现有文献一般从资本市场或其子市场发展规模的视角，或者单一从资本市场结构的视角，研究资本市场发展对产业结构升级的影响，很少将反映此两方面的因素同时纳入模型，以更全面地研究资本市场发展对产业结构升级的影响；另外，现有文献所用的数据基本上是2005年之前的，但是我国在2005年进行了股权分置改革，2009年推出了创业板市场，债券市场也得到快速发展，融资规模得到了很大提升。因此，对该问题的研究认识还有待进一步深入，基于此，本文在理论分析资本市场促进产业结构升级作用机制的基础上，利用1991～2011年的数据实证研究资本市场发展规模及其结构的变化对产业结构升级的长短期影响，得出相关的结论并提出了具体的政策建议。

三　资本市场支持产业转型升级的作用机制分析

（一）资本市场支持产业转型升级的渠道和作用机制

目前，我国资本市场支持产业转型升级的渠道主要包括权益性融资渠道、债务性融资渠道和风险融资渠道。相对于货币市场而言，资本市场具有融资期限长、资金借贷量大、风险收益高等特点。资本市场的信息较为充分、效率较高，相对商品市场反映能力更强，对市场的变化反应更敏感。在不同产业的供给需求结构发生变化时，资本市场往往比商品市场提前做出反应，在相关产业的产品价格以及上市公司业绩发生变化之前，资本市场价格就已经改变，从而通过其资源配置效应，促使资源在不同行业部门间流动，最终实现产业结构调整目标和新的均衡。

1. 权益融资

资本市场的权益融资直接影响着企业的治理结构与控制模式，从而决定了企业的运行机制与行为方式，最终影响资本的配置和利用的效率。企业通过股市进行权益融资，能够改善上市企业的资产负债结构，为企业轻装上阵参与市场竞争提供了良好的财务基础。此外，企业发行股票上市，有利于企业转换经营机制，逐步成为自主经营、自负盈亏、自我发展、自我约束的市场竞争主体，初步形成产业结构升级的微观基础。与此同时，能够促进企业向集团化方向发展，通过加速企业资本的扩张形成产业的竞争优势。

2. 债务融资

企业利用债务融资，会有很大的偿债压力，倒逼企业必须依据金融市场资金供求关系所决定的收益水平和资金价格进行金融活动，促使资金从低效部门向较高附加值、高回报率的产业转移，致使产业的增长呈现不同的趋势，竞争力强的产业快速发展，竞争力弱的产业不断萎缩，从而使产业结构得到调整升级。同时，资本市场通过一定的组织制度，对资本使用企业进行经济控制和监督，促进信息沟通，减少资源配置中的短期行为，提高投资收益；反过来也促使资本使用者从长期的战略视角来考虑发展问题，从而减少短视行为。

3. 风险融资

风险投资主要把资本投向蕴藏着较高失败风险的高新技术及其产品的研究开发领域，资金投向已不专注于已经存在明显效益的产业或项目，往往以资本的增值为出发点，选择具有超前性以及有较强纵向或横向关联效应的产业项目进行投资，催化主导产业、相关产业及其合理的产业结构体系的构建与调整，在资金良性循环基础上实现经济的发展。首先，它帮助企业加大科研投入，吸收优秀人才，将技术创新成果转化为现实生产力，向以技术和人才为主导生产要素的集约型转变；其次，为企业引入现代化经营模式，改变传统的家族式管理，建立现代企业制度；再次，减轻企业过高的负债率，引导企业进行财务规划，避免重复开发、重复建设，提高资金利用效率；最后，引导企业进行品牌建设，改善形象，提高社会地位和信用度。

一国的产业结构层级越高，风险投资在促进产业转型中的作用就越大。若一国在某些领域的技术已经达到国际领先水平，下一步的升级主要依靠自身的研发创新，模仿复制已不再奏效。这种研发创新与模仿相比，一方面需要大量的前期研发资金投入，另一方面面临更大的风险，除了企业家管理才能风险外，还有技术创新和产品创新风险①。因此，随着产业阶梯的提高，需要与之相适应的金融制度安排，风险投资无疑是一种较好的选择模式。

（二）资本市场支持产业转型升级的功能效应

各国工业化进程的实践表明，实现产业资本与金融资本的结合是完成结构升级不可或缺的条件。没有金融资本的介入，规模经济、技术手段的大规模更新很难完成，产业结构的优化和升级也就无法顺利实现。因此，资本市场对产业结构升级起到了重要的支持作用。

1. 融资功能

资本市场最基本的功能是融资功能，资金的供给方和需求方通过资本市场

① 林毅夫：《新结构经济学——重构发展经济学的框架》，《经济学季刊》2011 年第10 卷第1 期。

提供的便利，通过各种途径，实现了资金从盈余部门向短缺部门的流动，在市场经济体制下，资金的趋利性，使资金从效率低的传统产业流向了具有更大升值空间的新型主导产业，使其发展得到了强有力的资金保障，进而又通过主导产业的传导效应，刺激生产要素投入相关行业的发展，有效带动主导产业地区经济结构的优化、基础设施的改善以及相关制度的完善。更为重要的是，主导产业在带来最新的创新技术的同时，又促进了生产率的迅速提高，并且当其随着劳动生产率提高速度和成本降低速度减缓，进入成熟期后，还能促进新的主导部门出现，为新兴产业的产生创造条件。

2. 产权界定功能

资本市场的产权界定功能为资源在产业间的重新配置创造了有利条件。产业结构变动的核心问题是生产要素的跨地区、跨部门和跨行业的自由流动与重新组合。而资本市场可以借助股票、债券等市场帮助资金需求者选择期限合理、融资成本最低的融资工具和方式，通过价值资本的流动带动其他生产要素在更广阔的空间转移，实现企业和行业的优胜劣汰，促进企业生产效率的提高，从而有效推动产业结构的升级。

在我国资本市场发展之前，政府主导的市场经济体制动力不足，由于大部分关系国计民生的主导产业都有强大资金实力的国家信用支持，资金数额巨大，来源过分集中，使得广大中小投资者难以直接参与投资，不利于充分调动各类社会资本参与经济建设，对社会再生产造成了障碍，而资本市场的产权界定功能为资源在产业间的有效配置提供了基本前提。首先，证券把不可移动、不可分割的经营财产实体，分割成可以代数加总和可不断交易流通的财产单位，使得生产要素摆脱了物质形态的制约，既可以进行分割，又可以在市场上进行各种权利的连续性交易。其次，多种形式证券的发行，包括投资基金等金融工具的出现，能广泛调动社会投资，打破分散小额资本进入某些产业部门的规模壁垒。再次，我国产权市场在国有企业产权转让交易[①]，促进国有企业兼并重组，推动低效国有资产退出，吸引各类社会资本参与国企改革，进而促进国有企业转型升级方面，发挥了不可替代的作用。最后，资本市场分散风险的

① 该种交易不拆细、不连续、股东不超过200人。

特性及发达的信息机制，也有利于提高产业结构调整的效率和效益，减少调整过程中的经济震荡。

3. 风险定价功能

资本市场的风险定价功能，能够反映资源的稀缺程度，合理引导资金的流动转移，为技术进步提供资金支持，而技术进步促进产业结构升级。许多新兴产业，在发展初期因为收益不稳定，很难得到传统融资模式的资金支持，因此其发展举步维艰。随着资本市场的发展，高风险更可能获得高收益原则的普遍适用，使新兴产业能够得到风险投资者的偏爱，为其发展提供资金支持，中小板、创业板市场、全国性场外交易市场以及地方股权交易市场的建设与发展，使原本不具有上市资格的中小微企业也能够在资本市场上获得融资，激发了新兴产业创业投资的热情，有效促进了第二、第三产业的发展和产业结构升级。例如，在全国性场外交易市场天津股权交易所挂牌的 412 家公司，共获得了 217.05 亿元融资额，可以看出，资本市场对这些企业所在地区产业结构调整起到了积极作用。

4. 促进技术创新

从技术的角度来看，资本市场的影响作用机制则表现在对技术的提升上。诺贝尔经济学奖获得者希克斯（John Richard Hicks）在研究经济史后认为，18 世纪英国工业革命之火，并不是由许多技术发明点燃的。纺织机器固然是一项伟大的发明，但它仅仅是工业革命的一部分，而不是动因。技术进步虽然能够使劳动生产率提高，生产成本下降，但这还仅仅是“固定资本的一个转换器”。相反具有高度流动性的金融市场却使长期、巨大的投资成为可能。只有在金融市场得到相当发展，资本流动性加强，利率下降时，这个转换器才真正地发挥了作用①。

以技术进步推动产业升级是经济结构调整的重要内容。但是，企业技术的创新和商业化是一项不确定性极强、商业风险极大的活动，创新型企业普遍规模小、发展前景不确定、缺乏信用积累和担保资产，很难从银行等金融中介机构中筹措到大量资金。在此，唯有资本市场，能为创新企业提供发展所需的资

① 约翰·希克斯：《经济史理论》，厉以平译，商务印书馆，1987。

金，尤其是风险投资市场与创新活动结成良好的互动关系。另外，资本市场也能为其提供各种其他社会资源，使其迅速形成竞争优势。资本市场提供的股权和期权计划，帮助创新企业形成良好的激励机制和公司治理结构；资本市场为创新企业提供的世界一流投资银行家的专业财务和管理顾问服务，使其一举脱离传统作坊式的经营方式，成为真正现代意义上的企业；同时，资本市场也为创新企业进行并购和扩大业务范围提供融资便利。

四　实证研究分析

理论上，资本市场发展对产业结构升级起到了至关重要的作用，但是由于各经济体实际情况不同，经济基础各异以及政策的侧重点不同，资本市场对产业结构升级的影响也各不相同，我们结合我国资本市场与产业结构的发展现状，实证分析我国资本市场发展对产业结构升级的影响效应。

（一）我国资本市场与产业结构升级的整体状况分析

改革开放以来，我国经济步入高速发展的轨道，GDP 每年保持着 8% 的增长速度，1991 年第二产业占 GDP 的比重为 42%，到 2011 年其比重已增至 47%，增长了 5 个百分点，相比而言第三产业更是得到了快速的发展，到 2011 年底其增加值达 205205.02 亿元，其占 GDP 的比重在 1991 年仅为 34%，到 2011 年增长达 9 个百分点，占比已接近第二产业的比重（具体的产业总值和比例变化如表 1 所示）。而这十年正是资本市场发展和壮大的十年，股票融资额在 1990 年仅为 5 亿元，2010 年达 8000 多亿元（具体的融资规模变化如图 1 所示）。我国企业债券市场起步于 20 世纪 80 年代中期，特别是 1987 年，国务院颁布了《企业债券管理暂行条例》以后，我国企业债券市场开始由过去的自发行为纳入国家管理的轨道。到 1991 年底，我国企业债券的发行和转让市场已粗具规模。经过二十多年的发展，债券市场的融资规模到 2011 年底达 3.5 万多亿元，是股票市场融资规模的 4 倍多。中长期贷款市场属于间接融资，是银行的主要业务，该市场的发展虽不如证券市场快速，但是融资规模却比股票、债券市场都大，2011 年的融资额已达 32 万亿元。深圳证券交易所分别于2004年和2009年开设了中小板和创业板，进一步促进了我国资本市场的繁荣，众多高新技术企业纷纷抢滩股票市场。数据显示，2013年在创业板上市的355家公司中，总市值达1.5万多亿元，增幅达74.1%。2013年中小板总市值在A股中占比也明显提升，首次超过深市主板，达15.63%。同期高新技术产业的发展也一路凯歌，其主营业务收入同比增长10%，全国有效期内的高新技术企业数量近6万家；在创业板上市的355家企业中高新技术企业占到93%。这些企业从股票市场募集了大量的资金，加速了企业的资本形成，提高了资源的使用效率和企业的技术水平，从而推动了产业结构的升级。

表1　我国1991～2011年产业总值及构成比例

单位：亿元

年份	第一产业	第二产业	第三产业	第一产业占比(%)	第二产业占比(%)	第三产业占比(%)
1991	5342.20	9102.20	7337.10	24.53	41.79	33.68
1992	5866.60	11699.50	9357.38	21.79	43.45	34.76
1993	6963.76	16454.43	11915.73	19.71	46.57	33.72
1994	9572.70	22445.40	16179.76	19.86	46.57	33.57
1995	12135.81	28679.46	19978.46	19.96	47.18	32.86
1996	14015.39	33834.96	23326.24	19.69	47.54	32.77
1997	14441.88	37543.00	26988.15	18.29	47.54	34.17
1998	14817.63	39004.19	30580.47	17.56	46.21	36.23
1999	14770.03	41033.58	33873.44	16.47	45.76	37.77
2000	14944.72	45555.88	38713.95	15.06	45.92	39.02
2001	15781.27	49512.29	44361.61	14.39	45.15	40.46
2002	16537.02	53896.77	49898.90	13.74	44.79	41.47
2003	17381.72	62436.31	56004.73	12.80	45.97	41.23
2004	21412.73	73904.31	64561.29	13.39	46.23	40.38
2005	22420.00	87598.09	74919.28	12.12	47.37	40.51
2006	24040.00	103719.54	88554.88	11.11	47.95	40.94
2007	28627.00	125831.36	111351.95	10.77	47.34	41.89
2008	33702.00	149003.44	131339.99	10.73	47.45	41.82
2009	35226.00	157638.78	148038.04	10.33	46.24	43.43
2010	40533.60	187383.21	173595.98	10.10	46.67	43.23
2011	47508.55	220412.81	205205.02	10.04	46.61	43.35

资料来源：中国统计局网站。

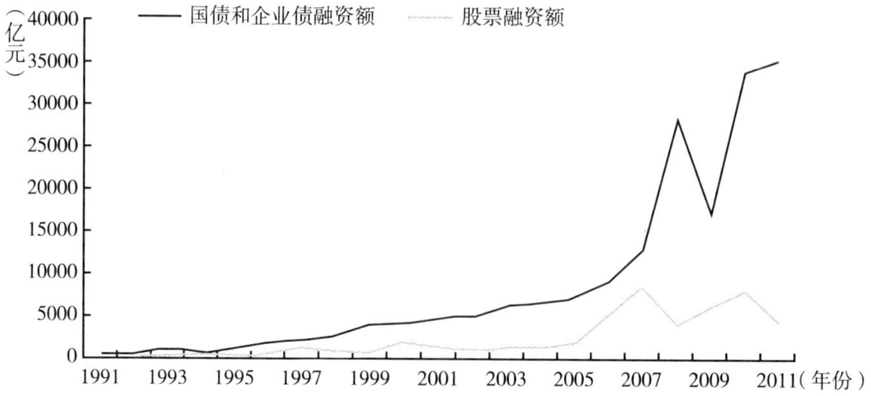

图1　1991~2011年股票和债券融资额

资料来源：根据中国统计局网站数据绘制。

因此，在加快我国经济转型、调整产业结构这样的大背景下，研究我国资本市场发展与产业结构优化升级的关系具有十分重大的现实意义。

资本市场对产业结构升级是具有促进作用还是影响不大？如果有促进作用，那么资本市场中股票市场、债券市场以及中长期贷款市场对其的贡献率又是多大？下面从总量和结构两个方面实证分析我国资本市场发展对产业结构升级的影响。

（二）实证分析

产业结构升级主要包含产业结构合理化和产业结构高度化两方面的内容。从整个国民经济的产业结构变化看，产业结构升级具体表现为国民经济重心由第一产业向第二产业，进而向第三产业的升级。因此，本文将通过选取第二、第三产业占国内生产总值的比例变化来展现产业结构的变迁，以及这两个部门的加总代表产业结构的总体发展趋势。

微观企业、中观产业在成长的过程中，单纯的内源性融资是远不能支持其发展的，必然要向外部寻求融资，企业进行外部融资大体上可以分成三种类型：商业银行的信贷融资、依靠众多个人投资者和机构投资者的债券融资和股权融资。这三种类型的融资方式所构成的外部融资是推动产业结构升级的重要动力，因此本文用债券市场、股票市场和中长期贷款市场的融资额变化来代表资本市场的发展。

1. 指标的选取

（1）资本市场融资规模指标

在本文中为了克服异方差和序列相关性，我们主要采取比例指标，用资本市场融资率（CR）来代表资本市场融资规模。即

资本市场融资率(CR)＝(中长期贷款额＋股票融资额＋债券市场融资额)/GDP

（2）资本市场结构指标

其分别为各子市场的融资额与当年国内生产总值 GDP 的比值，即

股票市场融资率(SR)＝股票市场融资额 S/GDP
债券市场融资率(BR)＝债券市场融资额 B/GDP
中长期贷款融资率(LR)＝中长期贷款额 L/GDP

（3）产业结构升级指标

这里采用产业结构升级率 GR 来表示，它是第二、第三产业增加值与当年 GDP 的比值，即

产业结构升级率(GR)＝(第二产业增加值＋第三产业增加值)/GDP

2. 数据说明

由于我国 1991 年才开始建立股票市场，即股票市场数据从 1991 年才有，所以本文采用 1991～2011 年的年度数据建立一元线性回归模型分析资本市场融资增加对产业结构升级的贡献度，然后在这两个指标协整的基础上建立误差修正模型分析指标之间的长期均衡关系。

3. 实证分析

（1）总体分析

在建立模型之前对变量进行平稳性检验，一般在经济生活中，许多的时间序列数据都是非平稳的，序列的均值、方差等会随着时间的变化而变化，但是建立某些变量之间的某种线性组合则可能不随时间变化而呈现平稳性，即变量是协整的。采用 ADF 检验来检验变量的平稳性，结果如表 2 所示。

根据表 2，通过比较 ADF 值与临界值的大小，变量本身时间序列非平稳，通过一阶差分以后，在 99% 的置信水平下通过检验，得以平稳，因而我们可

表 2　单位根检验结果

变量	ADF 值	1% 临界值	5% 临界值	平稳性
CR	0.410245	-3.808546	-3.020686	非平稳
GR	-2.706476	-3.808546	-3.020686	非平稳
SR	-1.001780	-3.857386	-3.040391	非平稳
BR	-0.163464	-3.831511	-3.029970	非平稳
LR	0.329412	-3.808546	-3.020686	非平稳
△CR	-4.236521	-3.857386	-3.040391	平稳
△GR	-4.048856	-3.831511	-3.029970	平稳
△SR	-7.492621	-3.857386	-3.040391	平稳
△BR	-9.366659	-3.831511	-3.029970	平稳
△LR	-4.008725	-3.857386	-3.040391	平稳
RESID01	-3.569226	-3.831511	-3.029970	平稳
RESID02	-3.450063	-3.959148	-3.081002	平稳

注：△表示一阶差分。

以建立一元线性回归模型：

$$GR = \alpha + \beta \times CR + \varepsilon$$

其中 ε 为随机干扰项，属于白噪声，表示其他因素对产业结构升级的影响，然后对 GR 和 CR 进行回归得到回归模型（1），回归结果如下：

$$\underset{(101.7516)}{GR = 0.7648287019} + \underset{(12.11170)}{0.1947415924} \times CR \quad (1)$$

该模型的经济意义为：资本市场融资率每增长 1 个百分点，产业结构升级率就提高 0.1947，因此资本市场发展能够推动产业结构的升级。

为了检验资本市场发展对产业结构升级是否具有长期的推动作用，需要建立误差修正模型。首先，提取模型（1）的残差序列 RESID01，进行单位根检验，表 2 的结果显示，残差序列在 95% 的置信水平下是平稳的，因此 GR 与 CR 是协整的，两者具有长期的均衡关系。为了进一步确定 GR 与 CR 的长期和短期影响的关系，做误差修正模型得：

$$\Delta GR = \underset{(3.208386)}{0.006512357008} + \underset{(0.805869)}{0.03219502431} \times \Delta CR \underset{(-2.228410)}{- 0.2768353689} \times RESID01(-1) \quad (2)$$

模型（2）中 $RESID01(-1)$ 的系数为负数，说明短期由于政策等其他

随机因素会造成 *GR* 与 *CR* 的偏离，但是这种偏离只是暂时的，长期内资本市场融资率与产业结构升级率的关系会回到均衡状态。

（2）结构分析

研究资本市场对产业结构升级的整体影响后，我们深入分析各子市场对产业结构升级的贡献。以 *GR* 为被解释变量，*SR*、*BR* 和 *LR* 为解释变量进行线性回归，建立计量模型：

$$GR = \alpha + \beta_1 SR + \beta_2 BR + \beta_3 LR + \varepsilon$$

其中 ε 为随机干扰项，属于白噪声，表示其他因素对产业结构升级的影响，对其进行回归，根据表 3 的结果得到模型 3：

$$\underset{(97.55128)}{GR = 0.7629701717} + \underset{(1.773278)}{0.9250989973} \times SR + \underset{(0.956086)}{0.2814689381} \times BR + \underset{(4.766590)}{0.1638714436} \times LR \qquad (3)$$

模型 Adjusted R – squared 虽然较好，但是 *BR* 的系数却不显著。

$T = \dfrac{\beta_2}{\sqrt{Var\beta_2}} = \dfrac{0.281469}{0.294397} = 0.9561$，因此 $T < 1.740 = t$（17）90% 的置信水平，故不能拒绝原假设，接受原假设，系数可以为零。

通过分析，我们发现债券市场数据用的是国债和企业债券的发行额来替代融资额，但是国债筹集的资金主要用于大型的科教文卫项目建设，一般周期较长，因此它对产业结构升级的影响可能会滞后，所以尝试用 *BR* 的滞后期来做解释变量，通过反复回归，得到 *BR* 滞后 4 阶作为解释变量，系数的显著性检验能通过。结果如下：

$$\underset{(99.95109)}{GR = 0.7723753727} + \underset{(2.353068)}{0.9074367678} \times BR(-4) + \underset{(1.855825)}{0.631031} \times SR(-1) + \underset{(4.293496)}{0.1177711024} \times LR \qquad (4)$$

对模型（4）的残差序列进行单位根检验，表 2 的结果显示，*RESID02* 在 95% 的置信水平下是平稳的，因而 *GR* 与 *SR*（–1）、*BR*（–4）、*LR* 是协整的，即股票市场、债券市场和中长期贷款市场对产业结构升级具有长期的推动作用，通过系数的比较，发现债券市场的推动作用最大，其次是股票市场，最后是中长期贷款市场。

表 3　我国产业结构升级率与资本市场及各子市场融资率的回归分析结果

变量	拟合系数	DW 统计量	F 统计量	概率(F)
GR、CR	0.885330	0.534680	146.6933	0.000000
△GR、△CR、RESID01(-1)	0.226070	1.198490	2.482908	0.113230
GR、SR、BR、LR	0.898249	0.655557	50.02462	0.000000
GR、SR(-1)、BR(-4)、LR	0.931662	0.807215	59.07653	0.000000

五　结论与政策建议

通过资本市场与产业结构升级关系的实证分析，我们得出以下结论。

第一，我国资本市场融资对于产业结构升级具有总量效应，而且具有长期的均衡关系，资本市场的发展对产业结构升级具有长期的推动作用。

第二，资本市场融资对产业结构升级具有结构效应，资本市场的各个子市场的融资对产业结构升级都具有推动作用，而且债券市场的推动作用最大，股票市场次之，最弱的是中长期贷款市场。

第三，直接融资对产业结构升级的作用比间接融资更明显。

出现上述情况的主要原因是，相对于我国股票市场的圈钱行为，国债为国家所用，主要用于投资科教文卫等事业，虽然投资周期长，所需资金大，但是资金的运用效率却很高，最后项目的完成能够促进第三产业的发展，故能够带动产业结构的升级。分析我国的股票市场，由于其起步晚，目前还不能与国外成熟发达的股票市场相比，国家、地方、特权阶层、上市公司、机构投资者等利益集团对自身利益的追求导致股票市场上存在诸如圈钱、内幕交易、欺诈等种种非市场化或违规行为，使得真正运用到企业发展壮大中的资金并没有那么多，因而对于产业结构升级的影响不如债券市场的贡献大，同时股票市场的融资对于产业结构的升级也具有一定的滞后作用，只是周期不如债券市场长，上市公司从融资到具体项目的建设以及企业的发展也需要一段时间。相比证券市场，中长期贷款等间接融资需要的条件和限制过多，因而对产业结构升级的影响最小。

为进一步促进我国资本市场发展，更好发挥其应有的功能以推动我国产业结构升级，进而促进我国经济转型发展、可持续发展、健康发展，结合本文的理论分析和实证检验结果，提出以下几点具体政策建议。

第一，制定符合本国禀赋的产业调整与发展政策。产业发展、经济发展具有阶段性、渐进性，我国虽然有处于国际领先水平的产业以及实力强、规模大的企业集团，但低端、落后的产业以及作坊式、家族式的小微企业在短期内无法消除，且有其存在的必要性。因此，不能片面地认为产业结构升级理应仅支持高端、高科技含量的产业，而不切实际地、“一刀切”式地排斥传统产业，忽视农业、作坊式小微企业。我们应该鼓励发展高科技、新型产业，加快促转型、促改革。同时，合理引导、支持符合中国国情的一些产业、企业在生存中求发展，在发展中求创新，求转型。

第二，大力发展多层次资本市场，完善资本市场体系。我国经济社会的现实禀赋条件决定了我国的产业结构升级离不开多层次资本市场。不断完善主板市场制度，尤其是发行制度、监管制度，为大型企业做强做优提供支持。充分发挥中小板、创业板在支持中小企业，尤其是科技创新型中小企业发展中的作用。大力发展场外交易市场，发挥其孵化、规范和融资功能，为小微企业，尤其是对县域企业、农业产业龙头化企业、微型科技创新企业的发展提供支持。大力发展产权交易市场，为非上市国有产权转让交易提供服务，重点提升产权市场功能，帮助国有企业引入各类社会资本，支持国有企业新一轮市场化改革，促进国有产权多元化、混合化，激发各类经济活力。

第三，大力发展多元化资本市场。随着产业结构的不断调整与升级，资本市场的产品应日益多元化。要加快发展债券市场，尤其是企业债，包括中小企业集合债、中小企业私募债。增加基金品种，稳步推动期货、期权等金融衍生品发展，规范、引导各类理财产品发展。

参考文献

［1］龚仰军：《产业结构研究》，上海财经大学出版社，2002。

［2］郑江淮、袁国良、胡志乾：《中国转型期股票市场发展与经济增长关系的实证研

究》，《管理世界》2000 年第 6 期。

[3] 罗美娟：《证券市场与产业成长》，中国商务出版社，2001。

[4] 张旭、伍海华：《论产业结构调整中的金融因素——机制、模式与政策选择》，《当代财经》2002 年第 1 期。

[5] 王志强、孙刚：《中国金融发展规模、结构、效率与经济增长关系的经验分析》，《管理世界》2003 年第 7 期。

[6] 吴晓求：《中国资本市场：从制度变革到战略转型》，中国人民大学出版社，2007。

[7] 杨德勇、董左卉子：《资本市场发展与我国产业结构升级研究》，《中央财经大学学报》2007 年第 5 期。

[8] 方先明、孙爱军、曹源芳：《基于空间模型的金融支持与经济增长研究——来自中国省城 1998 ~ 2008 年的证据》，《金融研究》2010 年第 10 期。

[9] 深圳证券交易所综合研究所：《资本市场与产业结构调整：理论、实践与公共政策》，2010 年 5 月 5 日，深证综研字第 0176 号。

[10] 王巍、陶长高：《中国资本市场发展与经济增长：理论与实证分析》，《经济问题》2010 年第 8 期。

[11] 林毅夫：《新结构经济学——重构发展经济学的框架》，《经济学季刊》2011 年第 10 卷第 1 期。

[12] R. Atje & B. Jovanovic. Stocks Markets and Development [J]. European Economic Review, 1993, (37): 634 - 640.

[13] Kunt & Levine. Stock Markets, Corporate Finance and Economic Growth: An Overview [J]. The World Bank Economic Review, 1996, (10): 223 - 239.

[14] Rajan R. G. & Zingales L.. Financial Dependence and Growth [J]. American Economic Review, 1998, (3): 559 - 585.

[15] Wurgler J.. Financial Market and the Allocation of Capital [J]. Journal of Financial Economics, 2000, (58): 187 - 214.

[16] Jiaren Pang & Haibin Wu. Financial markets, financial dependence and the allocation of capital [J]. Journal of Banking and Finance, 2009, (5): 810 - 818.

B.5

场外交易市场中交易所竞争力研究

韩家清　赵 磊　杨东峰*

摘　要：

本文从国外主要场外市场交易所梳理介绍以及中国场外交易市场20世纪90年代起的起落回顾切入，总结和提炼了决定场外市场交易所竞争力的或然性和必然性两方面要素。本文同时指出，或然性要素对场外交易市场的竞争力有重要影响，而真正决定场外交易市场竞争力的，则在于包括市场化、共性与个性相结合、目标客户、特色风控体系和中小企业孵化培育功能五方面因素在内的一系列必然性要素。本文最后分析了当前我国场外交易市场交易所竞争发展现状与突出问题，并提出了相应政策建议。

关键词：

场外市场　股权交易所　竞争力因素

在成熟多层次资本市场体系中，一般均有规模庞大的场外交易市场作为资本市场的基础层级，为场内交易市场的发展提供有力支持。而作为场外交易市场主体的形形色色交易所，有的发展百年，愈加发展壮大和焕发勃勃生机；有的则在短暂发展和繁荣后，逐步走向衰落，最终退出资本市场发展的历史舞台。究其原因，决定场外交易市场中交易所兴衰的关键因素，在于各交易所的市场竞争力。

* 韩家清，天津股权交易所副总裁；赵磊，天津股权交易所研究发展部；杨东峰，天津股权交易所研究发展部。

一　中外场外市场兴衰面面观

（一）国外主要场外市场交易所介绍

1. 美国 NASDAQ 市场

1971 年 2 月 5 日，全美证券商协会自动报价系统（National Association of Securities Dealers Automated Quotations，NASDAQ）正式启动，标志着现代形式场外交易市场的出现。NASDAQ 从一开始就是建立在计算机网络系统技术平台上，为 800 多家交易商提供 2400 种未挂牌证券的信息。NASDAQ 以电子化的方式集中提供未挂牌证券的信息，并且允许不同的做市商进行竞争，一开始就表现出极强的市场竞争力。

面临 NASDAQ 的潜在竞争，以 NYSE 为代表的场内交易市场也开始引用计算机网络技术。1975 年，在美国国会的建议下，一个真正的跨市场系统 ITS（Intermarket Trading System）在纽约建立，并于 1978 年正式投入运营。该系统将纽约股票交易所、美国证券交易所、波士顿交易所、辛辛那提交易所、太平洋证券交易所、费城证券交易所、芝加哥期权交易所以及纳斯达克市场等 9 个市场相互连在一起。进入 20 世纪 80 年代后，市场交易系统的覆盖逐渐延伸到全球每一家主要的经纪人公司和所有的证券市场。①

1982 ~ 1986 年，NASDAQ 先后组建了全国小型资本市场等市场板块层次。1990 年，NASDAQ 的管理者——全美证券商协会（NASD）为达不到在 NASDAQ 股票市场上市标准的其他柜台交易股票开设了电子报价系统，即 OTCBB。1998 年 10 月 30 日，NASDAQ 与全美股票交易所（AMEX）合并成立了纳斯达克—埃迈克斯市场集团（NASDAQ - AMEX Market Group），合并之后两者仍独立运营。2006 年 1 月 13 日，NASDAQ 正式转型为全国性证券交易所。为进一步优化市场结构，吸引不同层次的企业上市，同年 2 月，NASDAQ

---

① 〔美〕约翰·S. 戈登：《伟大的博弈——华尔街金融帝国的崛起（1653 ~ 2004）》，祁斌译，中信出版社，2005，第 342 ~ 343 页。

宣布将股票市场分为三个层次：纳斯达克全球精选市场、纳斯达克全球市场以及纳斯达克资本市场。[①]

2. 英国 AIM 市场

英国的场外交易市场主要指伦敦证券交易所下属的另类投资市场（Alternative Investments Market，AIM）。1995 年，为满足那些正在成长，还没有达到在主板市场上市标准的公司的需要，拓宽其在资本市场上的融资途径，伦敦证券交易所的另类投资市场成立。AIM 附属于伦敦证券交易所，由交易所对 AIM 进行管理，但 AIM 有其独立的运作规则。AIM 市场也称为二板市场，上市标准低，实行保荐人制。对于那些刚刚起步的公司而言，进入 AIM 是进入主板市场的第一步，许多现在在主板市场交易成功的公司都是从 AIM 起步的。在 AIM 市场上交易的品种主要是普通股，但该市场也接受优先股和企业债券等证券品种。

英国 AIM 市场的创建时间为 1995 年 6 月 19 日，定位于为所有具有成长性的企业服务，现已成为全球瞩目的中小型企业上市地之一。AIM 市场的上市公司中，80% 的公司为市值低于 3000 万英镑的中小企业，但也包含一些规模较大的企业。AIM 市场的服务对象行业分布广泛，不仅有高科技公司，还有大量制造业、金融业、消费品、第三产业的公司。产业布局包含 9 大类、39 个行业板块、104 个分板块，呈现多元化格局。AIM 市场自推出以来，成功地培育出一批核心企业，促进了英国经济的发展。

3. 台湾场外交易市场

台湾场外交易市场主要有柜台买卖市场（又称店头市场、上柜市场）和兴柜股票市场两个层次。第一层次柜台买卖市场，即财团法人制的台湾证券柜台买卖中心市场，是台湾柜台市场体系的高级形态，截至 2014 年 6 月，股票已上柜公司家数为 665 家，此外还有公债、金融债、公司债等多种债券以及可转债、认股权证、衍生产品等交易品种。为了给条件不够但又成长性较好的高科技中小企业提供筹资渠道，形成一个新的创新企业市场，在管理层指示下，台湾证券柜台买卖中心于 2000 年 4 月开设第二类股票交易市场。但由于企业

---

① 欣士：《海外创业板最新发展——纳斯达克：创业板市场的典范》，《深交所》2008 年 1 月。

发展，尤其是高科技企业成长风险不断增大，与之匹配的制度限制又抑制了它的发展，导致了该市场运营欠佳，而在2004年被当局废止。第二类股票交易市场的失败并没有停止当局进一步探索的步伐，反而促使当局探索出一个与柜台买卖中心市场分层更为合理、门槛更低甚至没有门槛的市场，为不同类型的中小企业提供进入资本市场的路径。

台湾场外交易市场的第二层次是兴柜股票市场，它是柜台市场体系的低级形态，由柜台买卖中心代管。兴柜股票市场属于新开发的股票市场，设置的主要目的是取代以“盘商”（专门从事未上市股票交易经纪业务的无营业执照的证券商）中介为主的未上市股票交易市场，将未上市上柜股票纳入制度化管理，为投资者提供一个合法、安全、透明的交易市场。2002年设立的兴柜股票市场虽然时间较短，但由于它适应了民间资本和中小企业的投、融资需要，且政府制定了专项扶持政策（如新申请上市、上柜的股票都必须先在兴柜股票市场过渡一段时期），故呈现出良好的发展势头，至2014年6月，已登陆兴柜的公司共计250家。

与以上成功运营的交易所市场形成对照，另一些作为多层次资本市场体系构建探索的交易所市场则经历了失败以致最终夭折，如德国新市场、香港创业板市场等，持续成功运营时间超过五年的交易所市场也并不多见。

（二）中国场外交易市场自20世纪90年代起的起落

20世纪90年代是我国场外交易市场发展的一个高峰期，这个时期市场发展的主要原因是，自80年代以来持续的股份制改革的深入，以及由此引发的社会普遍的对资本市场的需求。需求来自三个方面：第一，国有企业改制引发的对产权关系的明晰与产权流动的需求；第二，各类企业扩张发展对股权融资以及由此引发对股权结构的调整及资产优化的需求；第三，已经完成股份制改革而不能上市的企业渴望通过更加通畅的股权融资和股权流通支持企业发展的需求；除此之外，大量的投资者需要更多投资选择的需求也成为这个时期对资本市场发展的推动力量。而交易所市场刚刚起步，规模过小不能满足市场的现实需求，在80年代曾经出现的场外交易市场，特别是沪深两个证券交易所的示范基础上，以地方已有的证券登记中心或产权交易机构为依托，部分地区率先推出了以地方发行的股票为交易产品的场外交易市场，并很快向其他地区蔓延，形成了在中国场外交易市场成长史上一个十分难得的快速发展时期。

1993 年前后，中央政府主管部门批准设立了法人股交易市场，即 STAQ 和 NET 系统。同期，各地区在政府的直接支持及参与下，推出带有地方特征的场外交易市场，从市场的规模、管理运营成熟度以及影响力等方面看，较有代表性的市场主要有：成都红庙子市场、乐山产权交易中心、淄博自动报价系统、武汉证券交易中心等。到 20 世纪 90 年代，全国 18 个省市已设立股票（股权证）交易场所 41 家，挂牌公司 520 家，投资者人数约 340 万人，市值约 300 亿元。但在 1997 年亚洲金融危机爆发后，出于防范金融风险的考虑，1998 年监管部门对场外交易市场进行了清理整顿，几乎所有的地方交易所都被关闭。

90 年代是中国场外交易市场发展史中重要的一个阶段，从 1992 ~ 1993 年开通 STAQ 与 NET 法人股转让系统，到 1993 ~ 1996 年相继出现的各地区证券场外交易市场，再到 1997 ~ 1998 年对各类场外交易市场的清理整顿，市场经历了一个巨大起伏的过程。这一时期场外交易市场发展中的问题同样带有时代的特征。一方面，市场本身已经有意识地进行组织化、制度化、规范化的建设，即按照公平、公正、公开的原则建立有序市场。另一方面，中央政府主管部门在该方面的政策指导和管理能力明显不足，导致先是放任各地市场在建设过程中自行其是，后是“一刀切”、“一锅端”，全部一棍子打死。“一放就乱，一管就死”的中国特色政府管理表现得淋漓尽致。

但，已经走进市场经济的中国，企业、机构、投资者之间股权流通的内在市场需求，已非仅有的沪深交易所场内交易市场所能满足。实体经济的继续向前发展，呼唤场外交易市场的诞生和多层次资本市场体系的构建。从 2008 年作为新时期我国场外交易市场首家探索设立的天津股权交易所，到如今各地股权市场的遍地而起，中国的场外交易市场又一次进入空前的大发展、大繁荣时期。但是，股权市场间的竞争和优胜劣汰不可避免，虽然新的股权交易场所，如各省的股权交易所还在不断设立，但一些老的交易所却正在走向衰亡，有的在五年前设立的股权交易市场（如在天津及其他省市的一些股权交易所），如今已日渐式微或不复存在。

二　场外交易市场竞争力之构成要素

回顾梳理中外场外交易市场的发展史，兴衰是外在表象，而在表象之后主导场外交易市场兴衰的则是场外交易市场的竞争力。进一步，可以将“竞争力”这一抽象概念分解概括为或然性和必然性两方面要素。或然性要素大多发生在市场发展的早期，其直接催生或促成了一个场外交易市场的诞生。或然性要素大多具有一定的时代偶然性，会对场外交易市场的竞争力和形成发展产生重要影响，但这种影响并不是决定性的。真正决定场外交易市场竞争力的则在于一系列必然性因素。认识这些因素，有助于我们透过纷繁芜杂的场外交易市场发展兴衰，把握和洞察决定场外交易市场竞争力的根本力量。

1. 或然性要素

决定场外交易市场竞争力的或然性要素，可称为可遇不可求的外部因素。这种外部或然性要素，在国外是大的经济社会背景，而在国内则大多是国家政策和官方力量的直接推动。

国外的例子，如纳斯达克产生于20世纪美国科技进步、经济起飞的特殊年代。纳斯达克吸引了美国大批在80年代末开始快速成长的公司，其中就包括微软在内的一批高科技产业和IT企业。纳斯达克为这些企业发展提供源源不断的资金输入，而这些企业中的大多数是纽约证券市场看不上眼的。正是这些快速成长的公司造就了NASDAQ的神话——1994年，NASDAQ交易量甚至超过了纽交所股票交易市场。

国内的例子，如老三板、新三板及一些大型官办交易所、官办券商参与组建的地方股权交易中心等，大多受益于国家或区域某一特定时期政策的直接支持而运营设立。这些政策支持要素，在短期内推动了这些场外交易市场的迅速扩张和快步发展，但却并不能够形成支持场外交易市场发展的长期竞争力因素。

2. 必然性要素

（1）市场化因素

在市场经济体制中，市场主体遵循的是市场规律，为他人创造价值的同时各取所需。消费者的需求营造市场的根基，企业的供给完善市场的结构，政府的引导助推市场的繁荣。对资本市场也同样如此。

市场化对一个资本市场的发达程度、规范程度、活跃程度能够起到至关重要的作用。综观国外较为发达的资本市场，无一不是遵循市场化道路发展起来的。不管是美国的纳斯达克，还是德国的德意志交易所，公司化运营的交易所本身就是上市公司，它们作为企业其天然使命是为自己的股东赚取利润，方式则是为上市公司提供更好的服务，从而吸引更多企业前来上市融资。

自由经济学说的鼻祖亚当·斯密在《国富论》中有这样的阐述：在市场经济中，每一个人都在追求自己的利益——这个利益是广义的，包括追求自己的财富，也包括追求自己的名声。但有一只看不见的手，使你在追求自己利益的时候，为别人创造价值，比你主观上想着为社会做贡献时创造的价值更大。这样的结论同样适用于资本市场。与国外资本市场充分市场化相比，我国大量交易所的市场化程度仍处在较低层次。在资本市场运营的主体上，国内交易所多属于事业单位或者国有企业，以目前的场外交易市场为例，真正公司化运营的交易所屈指可数。这就对中国场外交易市场的充分市场化形成了天然障碍。在挂牌企业和上市公司市场化程度越来越高的今天，资本市场的外在竞争环境正在发生变化。能否与市场接轨，能否与市场中企业的需求接轨，已经成为考量一个资本市场竞争力的必然性因素。而能够做到这一点的，只有本身具备了市场化机制的交易所，或以市场为“本位”的交易所，而不是那些“官本位”的交易所。

另外，交易所外部环境的市场化因素也极为重要。多年来，由部门利益、地方利益所驱使的行政干预，在中国经济改革开放的各个领域屡见不鲜，在场外交易市场建设中也同样屡屡出现，这些虽然对那些坚持市场化道路的交易所产生了一定的影响，但进入21世纪，市场化已成为中国改革开放的主流，一切与历史潮流相悖的现象最终将被扬弃，历史将证明，市场化是场外市场中交易所竞争力得以形成的一个最重要的因素。

（2）共性化和个性化相结合的因素

对于一个资本市场来说，无法改变的是客观市场规律，需要抱以敬畏之心去遵循市场规律，这是所有取得良好发展的资本市场的共性因素。而各国各区域的社会经济情况又不尽相同，这就需要资本市场因势利导，打造自身特色，建立独一无二的核心竞争力，让共性与个性相结合，把资本市场的国际惯例与各国的国情相结合。

就中国而言，国内资本市场的发展需要借鉴世界资本市场几百年成功的经验，但中国社会的政治、经济、文化形态又有着许多与国外截然不同的地方。所以，中国的多层次资本市场建设若照搬照套国外的模式，就肯定会失败。唯一可行的做法，也是成功的道路，就是既要充分地借鉴又要充分地融合，走出一条适合中国国情的场外交易市场建设之路。

首先，西方国家是以直接融资为主体的金融架构，中国则是以间接融资为主体的金融架构，这样的金融架构不支持自主创新，不支持风险的承受，严重制约了科技型、成长型企业的生存、发展和壮大，这是中国建设 21 世纪经济强国所必须破解的一大难题。

其次，西方资本市场是自下而上发展起来的，在直接融资的条件下，最早的投资是天使投资，之后天使投资和风险投资对接，再通过资本市场的平台退出；而中国资本市场建设是自上而下的，没有基础市场平台，大量民间资金无法进入一级市场成为企业战略投资人，只能进入二级市场炒作。这使得一方面无数中小企业缺乏资金，另一方面无数的民间资金大量闲置。这又是中国旧有金融架构的一个先天的根深蒂固的缺失。

最后，对于中国场外交易市场来说，看似诱人的公众公司，其超过 200 人的股东数量其实并不是现今中国大多数中小微企业在投融资活动中需要实现的结果。因此，不超过 200 个股东的非公众公司市场，其股东不超过 200 人的股权结构和公司治理可能恰是最高效的最适合中小微企业现阶段发展的组织形式。股权结构是企业治理结构的基础，不同的股权结构决定了不同的企业治理结构，并最终决定了企业的绩效和成长机会。

在中国，能够中西合璧，既尊重市场规律，借鉴西方发达国家经验，又结合中国国情，打造出适合众多成长性中小微企业需求的股权交易市场的，具有一定代表性的交易所有台湾的多层次资本市场和天津股权交易所。

台湾柜台买卖中心是台湾地区的“纳斯达克”，重点为高新技术企业和中小企业提供直接融资和股票交易服务。兴柜市场定位于上市、上柜的预备市场，相当于美国的场外柜台市场（OTCBB）。其设立目的，一是帮助股票发行公司提前熟悉证券市场法规和运作机制，二是提升财务信息透明度，帮助投资者了解企业，三是为上柜前股票提供流动性和价格发现服务。兴柜是台湾地区股市中唯一采用议价交易方式并以推荐券商为交易核心（担任做市商，交易双方必有一方为推荐券商）的股票市场。台湾的经济结构中，科技型中小企业占到相当大的比重，台湾柜台买卖中心和兴柜市场正是锁定了这样的目标客户才得以发展壮大。场外交易市场的兴盛也对推动创业投资发展起到了显著作用。经历了1996年以后的高速发展期后，台湾的风险投资业取得了巨大成绩，超过了日本、韩国、新加坡，在世界上仅次于美国，位居第二。可以说，引用做市商等西方成熟资本市场的做法辅以结合本地的实际特点进行创新，造就了台湾场外交易市场的成功。

天津股权交易所在中小企业的融资模式上，改变了国内的旧有模式，采用“小额、多次、快速、低成本”的融资模式为中小企业提供融资服务。与此同时，又用直接融资带动间接融资。另外，作为对国外资本市场中主体构成的借鉴，各类大中型投资机构和商业银行都加入了天交所保荐机构的队伍中，从而更加便于挂牌企业获得直接融资和间接融资。天交所市场除了具有挂牌前私募股权融资的全新模式，还建立了创新型的市场板次、交易制度和服务体系，从而使战略投资、长期投资、价值投资的理念和行为在市场得以形成，民间资本得以有序、规范、成功地转化为金融资本，进而成为产业资本，为广大中小微企业成长发展注入强大的动力。而这一切，又都不是对西方资本市场的照搬照抄，而是充分地借鉴和充分地融合相结合的产物。

（3）目标客户的因素

锁定差别化的目标客户是一个交易所成功的关键。以纳斯达克为例，其作为科技创新企业摇篮的品牌效应已经深入到全世界。在整个市场中，大约有三分之一的上市公司来自美国以外的地方。在纳斯达克上市的科技创新企业当中，互联网企业为主力军。可以毫不夸张地说，纳斯达克作为一个面向世界的资本市场，在很大程度上推动了全球互联网热潮的诞生和发展。虽然以纳斯达克为代表的资本市场经历了互联网热潮的狂欢和消退，但随着投机风潮减弱，市场逐步回归正常理性轨道。资本市场对新兴经济的助推作用得到了正面认识，纳斯达克的“创新企业摇篮”品牌价值更加深入人心。如今，除了互联网企业，来自全世界的新能源、新材料、生物医药等新兴行业的创新型企业对纳斯达克都青睐有加。可以说，在国际资本市场的竞争中，纳斯达克正是以鲜明的特点形成了特定客户的集聚效应，成为了场外交易市场的佼佼者。

在国内，天津股权交易所则凭借深耕县域经济，锁定了县域中小微企业这一差别化客户，与国内其他场外交易市场差异化竞争，走出了一条创新发展道路。

县域经济是我国国民经济的基本组成单元，是实体经济发展的重要载体。而县域经济中的农业类企业，大多直接或间接依赖土地作为基本的生产要素，一般规模较小，抗风险能力较弱，其发展迫切需要得到资金、技术和运行规范等方面的支持。然而，我国当前的金融体系对农业类企业的支持还较为薄弱。资本市场对农业类企业的金融支持也较为有限——截至2012年底，沪深证券交易所共有上市公司2494家，其中农、林、牧、渔类相关企业40家，占比仅为1.6%。

天交所为更好服务县域经济农业类中小微企业，加强多层次资本市场对县域经济的服务能力，特别打造了“百强县资本市场”推广计划。截至2014年3月，天交所挂牌企业分布在全国28个省119个地市249个县区，共有42个地市和26个县区出台了针对企业在天交所挂牌的奖励政策。截至2013年3月，天交所市场有大农业类挂牌企业共76家，占全部挂牌企业数量的29.23%，企业平均股本总额为3000万元。有一大批中小型农业类企业通过在天交所挂牌交易，从根本上解决了企业自身面临的融资难、规范性差、成长后劲不足等发展瓶颈问题，企业在挂牌后实现了快速成长和全面发展。天交所已挂牌的76家农业类企业，通过挂牌前私募共实现融资70445.76万元，平均每家企业实现融资926万元；有20家农业类挂牌企业共完成25次增发，合计融资49096.40万元，平均每次增发融资约1964万元；有17家农业类挂牌企业共完成30次股权质押贷款，合计募集资金41540万元，平均每家企业通过股权质押实现融资2443.53万元。

通过在天交所市场挂牌，不仅使县域中小微企业的股权获得合理市场定价，具有了流动和退出机制，而且公司通过建立“三会制度”以及法人治理结构的有效规范，企业市场信用和外部公信力得到提升，由此带动银行等金融机构对企业授信额度增加，上下游供应商、客户的资源优化和聚集，企业订单增加和市场份额的扩大等，形成对企业成长的强大助推力量。

作为一家跨区域的场外交易市场，天交所正是依靠目标客户的差别化，树立了自己的品牌优势，成为国内资本市场中深入支持县域实体经济发展的典范。

（4）具有场外市场特色的风控体系因素

不同国家的场外交易市场，由于不同的政治、社会、文化背景，往往会出现不同的风险控制体系。但无论差异化程度有多大，风险控制体系都是一个场外交易市场竞争力体现的重要因素。

美国 OTCBB 市场的信息披露制度一直是国内场外交易市场建设的重要参考。在 OTCBB 市场上履行信息披露义务的主要为挂牌公司和做市商，信息披露可分为挂牌公司初次信息披露义务、持续性信息披露义务，以及做市商初次信息披露义务和持续性信息披露义务。OTCBB 市场信息披露的重点是对市场交易信息的持续性披露。OTCBB 市场上信息披露制度的设计体现出对三大利益关系的平衡，报价公司与投资者之间利益关系的平衡，不同投资者之间利益关系的平衡和报价公司之间利益关系的平衡。信息披露越充分，对投资者的保护越有力，但公司的信息披露成本也越高；若通过减少公司所必需披露信息的数量，或通过减少公司信息披露的渠道来达到控制信息披露成本的目的，公司的披露热情自然会提升，但同时，投资者获取公司资料的途径就会因此减少，不利于做出投资判断。

设计科学合理的信息披露制度对美国 OTCBB 市场的成功功不可没。在我国，由于法律基础和市场基础等诸多因素都与美国存在较大差异，完全照搬 OTCBB 的风控体系并不现实。作为中国场外交易市场建设先行者的天津股权交易所，借鉴国外发达资本市场的监管经验，结合中国国情进行创新，通过五年的实践探索，已经打造出一套相对成熟的风控体系。

天交所风控体系的优越性主要体现在采用了一套创新型的综合监管模式。这套综合监管模式集交易所监管、地方政府监管和挂牌企业自律监管于一体。

在交易所监管方面，天交所制定了严格的信息披露制度、盘中交易监管制度和挂牌后持续督导制度。截至 2014 年 3 月，天交所通过保荐机构督导及交易所跟踪检查，挂牌企业累计披露定期报告 6400 份，披露各类临时报告 6162 份，建立挂牌企业诚信档案 1001 份，保荐机构披露对挂牌企业现场检查报告 1311 份。

除了交易所监管，自 2012 年起，天交所开始与各地地方政府共同对挂牌企业进行联合监管，此模式开了中国资本市场监管方式的先河。天交所先后在河南焦作、湖南岳阳、河北沧州、山东德州、江苏无锡等地与当地政府联合举办挂牌企业监管服务工作系列会议，同时与各地政府联合成立监管服务工作领导小组。领导小组负责人由各地金融办领导和天交所领导共同担任。领导小组下设办公室进行挂牌企业监管服务的日常工作。工作领导小组成立后，从组织上、人员上、工作上做到三个落实。

另外，在与地方政府进行联合监管的基础上，天交所还组织同一区域的挂牌企业组建天交所挂牌企业协会，作为自律组织亦成为监管服务工作领导小组的成员之一进行挂牌企业自律监管。

总之，天交所集交易所监管、地方政府监管和挂牌企业自律监管为一体的综合监管模式，正是在建设具有中国特色的场外交易市场监管体系上做出的有益尝试。

（5）对中小企业孵化培育功能因素

场外交易市场是中小微企业进行规范和融资的场所，同时也是通往更高层次资本市场的跳板。场外交易市场在资本市场体系中作为一个基础层级市场的定位，就决定了其要以中小企业的孵化培育为市场功能打造的核心。由此不难推知，决定场外交易市场竞争力的另一重要性因素是中小企业孵化培育功能的打造。

通过整理 OTCBB 转板上市数据发现，2009～2013 年，分别有 69 家、71 家、36 家、28 家、23 家企业从 OTCBB 升级转板至美国三大证券交易所，占各年 OTCBB 挂牌证券数量的 1.95%、2.26%、1.18%、1.18%、1.17%[①]。另据纽交所、OTCBB、全美证券交易所（AMEX）、纳斯达克不完全统计，截

① 王啸：《为何转板上市是小众群体》，《上海证券报》2014 年 5 月 15 日。

至2010年6月，有超过70家中国公司通过“先OTCBB后转板”方式转至美国主板市场挂牌交易。

发达资本市场的数据表明，一个有竞争力的场外交易市场应当具备面向中小企业的孵化和培育功能。这点在天津股权交易所市场也同样得到了印证。

截至2014年4月底，天交所市场累计共有31家企业摘牌，计划转板至更高层次的资本市场，占天交所累计挂牌企业总数的6.8%。在这些计划转板的企业中，有4家已经被沪深上市公司和境外上市公司收购，完成间接上市，其余企业准备转板至深交所的中小板或创业板、香港联交所、德国证券交易所等境内外交易所。在天交所市场中，已有81家企业主要财务指标达到创业板上市要求（其中符合中小板上市标准的有22家），已有14家挂牌企业完成对同行业企业并购重组。

经过五年的发展，天交所已经成为中国主板、中小板、创业板市场的有效补充，并建立了向境外资本市场输送优秀挂牌企业的通道。天交所市场孵化功能的成功主要是因为建立了全流程、全方位和多层次的服务体系：企业挂牌前就有项目经理的一对一服务，挂牌后又有企业服务专员、监管服务专员的跟踪服务；除了董秘培训、高管培训，还有一年一度的现代企业制度验收和国内权威机构向企业提供经营管理的免费诊断咨询。

场外交易市场的根本作用在于优化企业的股权结构，规范企业的治理结构，拓宽企业的融资渠道，促进企业发展壮大并前往更高层次的资本市场进行发展。天交所用五年时间打造了一个适合中国中小微企业的培育孵化器，这也使得天交所成为了一个富有竞争力的场外交易市场的交易所。

三　当前我国场外交易市场交易所竞争发展现状与存在的突出问题

当前我国场外交易市场设立发展呈现遍地开花和无序竞争的状态。中国证监会于2012年8月发布的《关于规范证券公司参与区域性股权交易市场的指导意见（试行）》，被各地区误解为“一个省批一个市场”，引发各地竞相设立股权交易所（中心），一省一个甚至多个交易机构，各自制定市场准入条件、交易规则制度，建立交易登记结算系统。据不完全统计，目前全国各类区域性股权交易市场已接近30家。各地股权交易市场设立和无序竞争中存在的问题突出表现在：政府行政力量而非市场力量推动和主导各区域股权交易市场发展，不利于市场规范健康发展。

当前我国各地纷纷设立的区域性股权市场背后，实际上是各地地方政府意志占了主导因素。政府过度保护市场，会导致市场割裂和功能扭曲，失去优化配置资源的作用，放大市场风险。加快发展多层次资本市场，特别是场外交易市场，服务实体经济，应按照市场规律来办。否则，设立市场不仅没有做好服务，反而加重了企业负担，失去了股权交易市场应有的功能。

一些地方政府采取行政措施或歧视性政策保护本地市场，画地为牢，劣币驱逐良币现象突出。如将企业到本地设立的市场挂牌纳入政府部门考核指标；明确表态不支持企业到其他市场。对到其他市场（如天交所）挂牌的企业，不出具监管备案文件，不给政策优惠、费用补贴和资金奖励；甚至有的政府部门直接出台文件规定企业只能到指定的本地市场挂牌。

四　相关政策建议

针对当前我国场外交易市场交易所竞争发展中存在的突出问题，为加快和促进我国场外交易市场建设稳步推进，更好服务实体经济发展，提出相关政策建议如下。

1. 中央政府实行更加开明的政策，在确定的法律边界下提供公平的市场化竞争环境

建议取消场外交易市场限制性政策，打破地区部门市场垄断，为多层次资本市场健康发展创造良好环境条件。鼓励市场机构之间通过自由公平、规范有序的竞争，实现优胜劣汰；积极引导和支持由企业选择市场，最终由市场选择市场；国家政策应明确：严禁市场机构独家垄断，严禁市场的地区行政封锁，严禁地方政府部门自办市场、指定市场。监管部门要加强市场指导和监管，明确企业可自主选择市场，不受行业、地区、所有制的限制，明确任何部门和机构不得采取任何方式指定、强迫、诱导、限制企业进入特定市场，防范区域市场的行政分割、封锁垄断，避免市场间的盲目攀比和恶性竞争，培育市场优化配置资源的功能。

2. 鼓励和支持在市场化环境中发展竞争力突出的交易所

建议国家有关行业主管部门出台相关引导政策，支持和鼓励采用公司制组织形式，高度市场化运作，具有符合我国国情实际的业务模式，差异化定位清晰，风控体系完善和服务中小企业孵化培育等特征，整体市场竞争力突出的场外交易市场加快发展，为有竞争力的市场持续完善制度体系和不断提升服务功能创造良好的外部政策环境。

3. 鼓励有竞争力的交易所展开横向联合，最终形成场外交易市场服务联盟

建议出台相关政策，鼓励市场竞争优势突出的场外交易市场股权交易所，展开跨地域的横向联合和并购重组，推动市场资源的深度优化配置整合，最终形成场外交易市场服务联盟，打造股权交易市场服务中小企业发展的规模优势，持续降低场外交易市场融资服务成本，实现行业市场良性发展，最终，在形成一批富有竞争力的场外市场交易所的同时，建成世界规模的服务一流的中国场外交易市场。

参考文献

［1］〔美〕约翰·S. 戈登著，祁斌译：《伟大的博弈——华尔街金融帝国的崛起（1653~2004）》，中信出版社，2005。

［2］欣士：《海外创业板最新发展——纳斯达克：创业板市场的典范》，《深交所》2008年1月。

［3］王啸：《为何转板上市是小众群体》，《上海证券报》2014年5月15日。

理论创新篇

Theoretical Innovation Reports

B.6

场外交易市场信息结构与监管模式研究

董瑞华*

摘　要：

信息机制决定资本市场的效率，监管是一种弥补市场化信息机制不足的信息增进机制，同时，监管模式也必须基于不同市场的信息结构特点。场外交易市场在信息结构方面不同于交易所市场，一方面，信息需求总量大于交易所市场；另一方面，其信息需求并不仅仅集中于公开信息，对局部信息、外部人私有信息也具有较强的需求。因此，在未来我国场外交易市场的监管中，应建立多主体共同参与的监管模式，并根据不同监管主体所占有的信息资源进行职能分工，即：监管机构以间接监管、事后监管为主，自律机构以直接监管、事中监管为主，而市场核心参与主体则以事前督导为主。

* 董瑞华，经济学博士，渤海证券股份有限公司场外市场部。

关键词:

场外交易市场　监管模式　信息结构

一　信息机制决定资本市场效率

信息是资本市场的基础，信息功能是资本市场的本质功能（包建祥，1999）[①]。资本市场与其他普通商品市场的一个重大区别就在于资本市场是高度信息集约化的市场，资本市场在本质上是信息资源配置的场所。资本市场其运行全部过程贯穿着相关的信息流动，资本市场的结构在很大程度上就是为了适应信息的生产、传递、处理、使用的需要。

信息决定资本市场的资源配置效率。在金融经济理论中，关于资本市场的效率问题最权威、最有影响的理论当首推“有效市场假说”（Efficiency Market Hypothesis，EMH）。有效市场假说甚至被认为是现代金融经济学的理论基石之一（李昌震，1993）。在我国学者的研究文献中，也有将其称为信息有效性理论（汤光华，2000）。有效市场理论认为，资本市场有效性取决于其信息有效性，“如果所有股票价格都充分反映了所有有关信息则市场是有效的”（Fama，1965）。在资本市场有效的条件下，资产的有关信息会很快在资产价格中得到反映。随着新的市场信息的出现，资产价格会迅速、准确地调整，并且其变化程度完全地反映和包含所有的市场新信息。

信息效率决定资本市场的效率，一旦信息流动不畅并导致信息严重不对称，金融市场信息不对称，导致逆向选择和道德风险问题，就会影响金融市场的有效运行。阿克洛夫（Akerlof，1970）指出，在信息不对称条件下，市场将存在逆向选择和道德风险问题，形成“劣币驱逐良币”的逆向选择，市场最终将难为以继。F. MiShkin（1991）认为，严重的逆向选择和道德困境问题将导致金融市场不能有效地将资源配置到那些具有最高生产效率的项目上，因

① 包建祥:《股票市场信息与信息结构初探》,《经济科学》1999 年第 4 期。

而出现金融市场的崩溃，形成金融危机。①

赵锡军（2000）认为，提高证券市场的有效性，根本问题就是要解决证券价格形成过程中在信息披露、信息传输、信息解析以及信息反馈等各个环节所出现的问题，其中最关键的一个问题就是建立上市公司强制信息披露制度。杨志国、吴溪（2002）认为，信息披露对证券市场有效运行具有至关重要的作用。为了解决信息不对称可能导致的逆向选择和道德风险问题，在不断演化并逐步健全的证券市场机制中，信息披露成为降低投资者和管理当局信息不对称的必要工具。

二　监管是资本市场的信息增进机制

在新古典经济学理性人与完全竞争市场的假设下，有学者（Easterbrook & Fischel，1984；Posner，1973）尊崇市场化的信息供给机制，认为证券市场自身的信息机制足以实现信息供求平衡，无须监管机构提供额外的信息增进。②

针对这一观点，约翰·科菲（John C. Coffee，Jr.，1984）认为，伊斯特布鲁克和费雪教授所推崇的“自愿披露”，其作用是有限的。信息是公共物品，因而证券研究具有供给不足的趋势。迈克尔·费希曼和凯思琳·哈格蒂（Machael J. Fisherman & Kathleen. M. Hagerty，1997）的研究发现，即使披露是无成本的，企业也未必自愿进行披露。罗纳德·戴伊（R. A. Dye，1985）与Jung 和 Kwon（1988）认为，公司只有在预期股价高于未披露时的情况下才会做出披露。

市场化信息机制本身无法满足资本市场对信息的需求，仅仅企业完全自主的信息生产、传递与投资者的信息搜索，无法真正满足投资者控制投资风险的需要。企业是证券的发行者，在交易过程中处于卖方地位，缺乏主动提供完整、真实信息的动机，为取得更高的发行价格，其信息供给行为表现出选择性，通常倾向于夸大利好信息而隐藏利空信息，甚至提供虚假信息。主动的信

---

① 林俊波：《证券市场信息传导机制与信息披露制度研究》，浙江大学博士学位论文，2005。

② See Coffee John C Jr. Market Failure and the Economic Case for a Mandatory Disclosure System [J]. Virginia Law Review，1984，70：717 - 722.

息搜索对于多数普通投资者而言成本太高，难度太大，甚至超出大多数普通投资者的认知能力。企业信息供给的不足与投资者信息搜索能力的限制，使市场化信息机制下信息缺口较大，市场效率低下（见图1）。

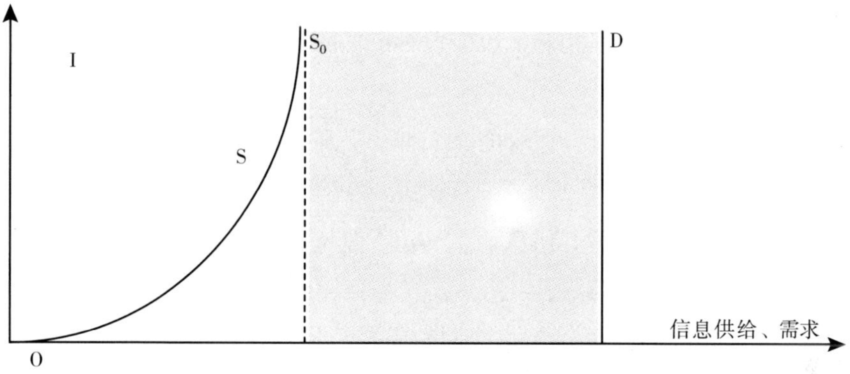

图1　无监管状态下资本市场的信息供给与需求

无监管状态下，资本市场信息机制明显存在如下问题：首先，信息供给远低于需求，导致投资风险非常高，市场效率低下。普通投资者的信息供给曲线如图1中的S，由于受到专业能力的限制，其信息供给能力存在一个极限（s_0），且该极限同信息需求相比差距甚大，如图1中阴影所示，而实际上很少有普通投资者的投资水平在S_0附近，因为其投资额度较低，投资收益不能抵销其付出的认知成本。其次，信息供给不具有规模经济性，不同的投资者需要进行重复性的认知投资，获取证券及证券发行者的相关信息。

经济学家Spence（1973）指出，解决信息不对称的一个重要方法是信息显示（即通过信息帮助人们在观察和预测经济活动中降低不确定性）。为缓解信息不对称问题，内部人必须通过适当的方式向市场传递有关信号，使外部投资者了解企业的真实价值。① 纯粹的市场化信息机制常常不能满足市场效率对于信息的需求，当资本市场因信息流通不畅而出现失灵时，必须通过建立信息补偿机制来促进资本市场的信息传递，监管因此而生。正如美国法官L. D. BrandeiS在其著作*other People's Money*（1933）中所描述的“阳光是最好

① 林俊波：《证券市场信息传导机制与信息披露制度研究》，浙江大学博士学位论文，2005。

的消毒剂，电灯是最有效的警察”。大部分国家都采用强制性信息披露制度来解决上市公司与投资者之间的信息不对称问题，证券发行公司于证券的发行与流通诸环节中，依法将与其证券有关的一切真实信息予以公开，以供投资者作证券投资判断的参考。依靠强制性信息披露来培育和完善市场本身运转机制，增强市场投资者、中介机构和上市公司对市场的理解和信心，是世界各国日益广泛的做法。

为纠正信息供求失衡，监管的介入可以提高资本市场的信息供给水平与质量。约翰·科菲（John C. Coffee, Jr.，1984）认为强制信息披露制度刺激了信息的总供给，节约了搜寻信息的总支出，从而使证券市场的配置更有效率。斯蒂格利茨（Joseph E. Stiglitz，2003）认为，在信息披露方面政府应该扮演更加积极的角色，他主张对美国证券市场进行更为严格的监管。强制的信息披露与严格的监管使融资企业的经营信息能够在较短时间内公开，使所有投资者可以方便地获取此类信息，且信息实现了较高程度的真实性、完整性、系统性。在严格监管制度下，资本市场的信息机制得到完善，信息失衡得以纠正，信息效率也大大提高（见图2）。

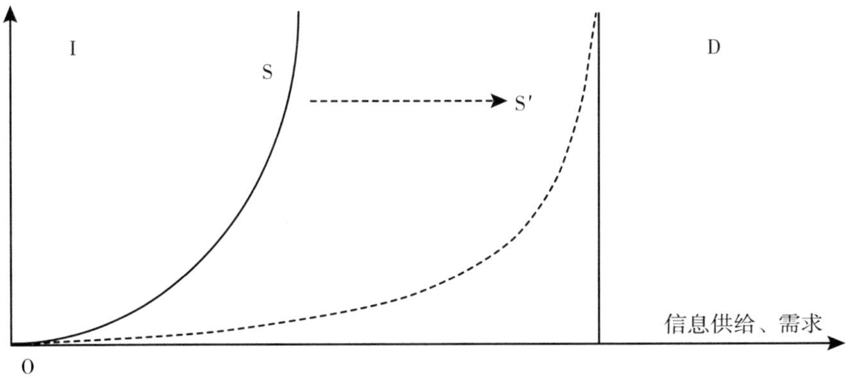

图2　严格监管状态下资本市场的信息供给与需求

在严格监管状态下，企业以标准化格式系统地披露企业经营信息，一方面，破解了投资者信息搜索的难题，使投资者可以方便地获得完整、充分的信息；另一方面，格式化的信息与对信息真实性的监管，也降低了投资者的信息处理成本，使投资者信息供给曲线由S移动至S′，信息供给在中低认知投资水平即可较好接近信息需求曲线，投资者只需付出较少认知成本，根据自身投资决策需要对信息进行筛选处理，做出自己认为合理的判断。

三 场外交易市场的信息结构特征

监管是一个用信息生产信息的过程。监管必须是基于信息的监管，信息是监管者的核心资源之一；同时，监管作为信息增进机制，提高了信息生产与传递的效率。

资本市场的信息结构决定了与之相适应的监管模式，监管制度的设计必须以资本市场的信息特征为依据，并以促进信息生产与传递为目标。对场外交易市场监管模式的探讨必须以对场外交易市场信息特征的分析为基础。

（一）资本市场的信息类型

罗伯茨（Harry Roberts，1967）将证券市场上“所有可能获得或利用的信息”分为“历史信息”、“公开信息”和“内部信息”三类[①]。这一分类的出发点是信息的功用，其优点在于可以据此明了地将证券市场分为弱势有效市场、半强势有效市场与强势有效市场，缺点则是分类并未兼顾信息本身的本质特性，因此分类并不严格，在广义上，历史信息可以归入公开信息一类。

公开信息与非公开信息是证券市场上最基本的两种信息类型，公开信息是指企业出于强制或自愿，以标准格式，在指定平台上面向全社会公开披露的信息，非公开信息则指未达到监管机构或市场所要求的披露标准，企业亦未自愿给予披露的信息。非公开信息根据信息分布又可分为多个等级。最严格意义上的非公开信息首先是企业内部人占有的私人信息，是只有身处企业内部的人员才能接触到的信息，此类信息可以称为内部人私有信息；其次是中介机构占有的私人信息，中介机构在交易所与企业之间充当中间人角色，通过对企业尽职调查，提供专业中介服务而对企业有较深入了解，其所获取的企业的相关信息

---

① Harry V. Roberts. Stock Market “Patterns” and Financial Analysis：Methodological Suggestions［J］. Journal of Finance，1959，14（3）：1－10.

中，因未达到交易所要求的标准而未以正式方式传递给交易所的部分，成了企业外部人所占有的私有信息，因此称为外部人私有信息；最后交易所获得的信息，除公开披露信息外，还有部分信息未达到披露标准而未向社会公众公开，其中既包括企业相关信息，也包括交易信息，此类非公开信息虽然为少数人所占有，但其获得与使用均非私人性质，虽未公开却以服务各类市场参与主体，维护投资者利益为目的，可以将其称为局部信息。不同的信息在使用价值、编码水平、传播距离等方面表现出差异化特征。四类信息的差异见表 1。

表 1　资本市场四类信息的差异化特征

信息类型	编码水平	单位信息价值	信息流失	传播距离
内部人私有信息	最低	最小	最少	最近
外部人私有信息	较低	较小	较少	较近
局部信息	较高	较大	较多	较远
公开信息	最高	最大	最多	最远

资料来源：作者编制。

信息的传播距离受制于编码水平，进而取决于信息的使用价值。编码水平决定了信息的可传播性[①]，信息的可传播性是信息传播的基础，由信息的编码程度所决定，编码程度越高，信息越容易以标准化格式载于传播媒介加以传播；信息的使用价值决定了人们在信息传播方面的投资，并成为影响信息真实传播与使用范围的最终因素。此外，编码是一个信息简化、结构化的过程，必定会带来信息的流失，因此，信息流失程度也是信息的重要特征。布瓦索（1995）认为，编码是一个去伪存真、去粗取精、由此及彼、由表及里、剔除冗余数据的过程，意味着归纳、判断、推理。[②] 因此，编码必然带来信息的流失。

四类信息虽有以上种种差异，但在内容上却存在包含关系，外部人私有信

① 布瓦索（1995）认为，编码是人类处理信息过程中所使用的主要认知策略之一，只有编码良好的信息才具备广泛传播和共享的可能性。

② 〔英〕布瓦索：《信息空间》，上海译文出版社，王寅通译，2000。

息是对内部人私有信息的第一级编码，因此，其包含的内容是内部人私有信息的一部分，同样，局部信息、公开信息的内容都来自内部人私有信息、外部人私有信息，四者之间的包含关系如图 3 所示。

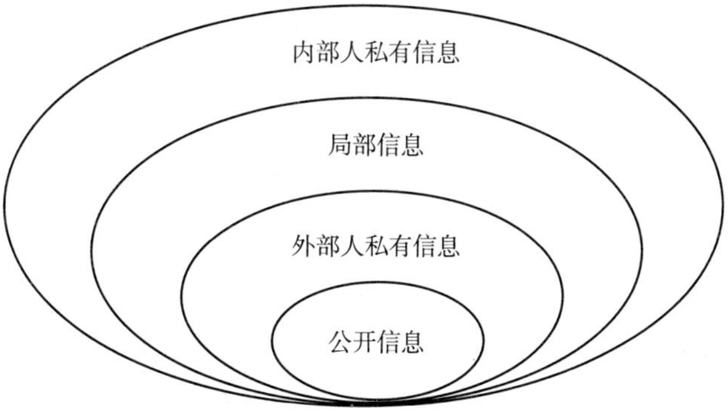

图 3　资本市场四类信息在内容上的包含关系

（二）场外交易市场的信息需求特征

不同层次资本市场所服务的对象不同，交易所上市企业以成熟的大中型企业为主，而场外交易市场挂牌公司则以处于创立以及发展初期的中小型企业为主。不同层次资本市场表现出不同的信息特征，对信息的需求也有较大差异。

证券市场对信息的需求源自不确定性，尤其是证券发行企业经营发展的不确定性。不确定性由多种因素引起。弗里德曼提出，企业成长过程中的不确定性来自三个方面：技术不确定性、市场不确定性、一般商业不确定性。技术的不确定性与时间的不可预测性和科学技术的性质有关；市场的不确定性与需求结构的复杂变化有关；一般商业不确定性则涉及广泛的经济和社会背景。①

从企业生命周期来看，在企业创立、发展、成长、成熟的过程中，不确定性与风险呈递减趋势。企业生命周期理论（Churchill，1983；Quinn，1983；

① Freeman，C.. Networks of Innovators：a Synthesis of Research Issues. Research Policy，1991，20（5）：502.

Ichak Adizes，1989，1999等）认为，企业的成长和发展是一个具有若干阶段的连续过程，企业在不同的发展阶段，会呈现出不同的形态特征和行为方式。艾迪思（Ichak Adizes，1989，1999）将企业生命周期分为三个阶段（又可细分为十个时段）：成长阶段、再生与成熟阶段及老化阶段。在企业由成长到成熟的过程中，企业所面临的风险在总体上呈递减的趋势，成长阶段企业所面临的不确定性与风险要高于成熟阶段的企业。

处于不同发展阶段的企业在技术、市场方面的不确定性导致其经营发展的风险程度不同，场外交易市场挂牌企业同交易所市场挂牌企业相比，具有更高的不确定性与风险。交易所市场上市企业主要为处于成熟期的大中型企业，产品技术成熟，市场份额稳定，企业业绩较好，经营风险较小。而场外交易市场挂牌公司主要为处于成长期的中小企业，甚至初创期企业，无论在产品技术还是市场份额方面都与交易所上市公司不可同日而语，因此其盈利能力尚未完全形成，经营发展的风险较大。美国《财富》杂志报道，美国中小企业平均寿命不到7年，在全部中小企业中，约有68%的企业在第一个5年内倒闭，只有13%的企业寿命超过10年。[①] 而科技型中小企业其风险特征更为明显。在硅谷风险投资业界，存在一个经验数据定律——“大拇指定律”，即10个创业公司中会有3个垮台，另外3个停留在二三千美元规模的小公司水平，还有3个能够上市并有较好的市值，只有1个会成为大拇指——即最为成功的公司。

场外交易市场挂牌企业的表现亦佐证了成长期中小企业的不确定性与高风险特征。高退市率一直都是纳斯达克的特点，据统计，在1997~2002年期间，纳斯达克5000多家上市公司中，有1100多家被摘牌。[②] 仅1999年1月至2000年10月这短短不到两年的时间里，纳斯达克市场583家退市公司的48.5%（即283家）退到了OTCBB市场，27.9%（即163家）退到了PINKSHEETS市场。[③] 在2003~2007年期间，AIM的平均退市率为11.6%，远高于纳斯达

① 陈放：《企业病诊断》，中国经济出版社，1999。

② 杨峰：《海外创业板市场退市制度研究》，《北京大学学报》2001年第6期，第132页。

③ 高娟：《创业板市场退市制度比较研究》，西南政法大学硕士学位论文，2011。

克的 8%。[①] 日本佳斯达克、加拿大多伦多创业板退市与新上市数量之比均超过了 50%。[②]

从不同种类信息的分布与结构来看，交易所市场上，公开信息在有效信息中所占比重非常高，局部信息占一定比重，而外部人私有信息与内部人私有信息占的比重较低；而在场外交易市场上，虽然通常公开信息在有效信息中所占比重亦较高，但低于交易所市场的比重，其局部信息甚至外部人私有信息、内部人私有信息的比重要远高于交易所市场。

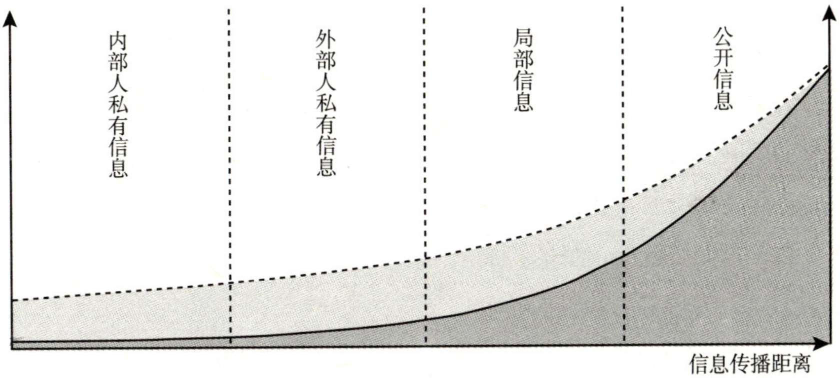

图 4　资本市场信息分类

资料来源：作者编制。

由图 4 可以看出，在信息结构方面，交易所市场同场外交易市场存在两个明显的差异，首先，场外交易市场信息需求大于交易所市场，原因在于场外交易市场挂牌企业多为成长期或初创期的中小企业，其经营发展的不确定性远高于交易所市场上上市的成熟企业；其次，场外交易市场的信息需求在类型分布上不同于交易所市场，交易所市场的信息需求主要集中于公开信息以及部分局部信息，而在场外交易市场上，虽然对公开信息的需求仍然最多，但局部信息、外部人私有信息与内部人私有信息的需求量也较大，尤其是局部信息与外部人私有信息。

① 郑俊：《英美创业板市场退市制度的经验借鉴》，《商业经济》2011 年第 3 期，第 95 ~ 97 页。
② 李允峰：《学学纳斯达克的精髓》，《证券时报网》2011 年 4 月 20 日。

四 与场外交易市场信息结构相适应的监管模式

场外交易市场信息需求大于交易所市场，信息需求种类亦更为广泛，因此，宜采取多主体共同参与的监管模式。信息是核心的监管资源，信息占有的差异性决定了场外交易市场不同监管主体间职能分工的差异。

（一）多主体共同参与的监管

资本市场的信息结构决定了其监管模式。对于交易所市场，由于其信息需求主要集中于公开信息与部分的局部信息，因此，官方监管者与市场自律监管者成为主要的监管参与主体，形成了以政府集中监管为主，自律监管为辅的监管格局。而场外交易市场信息需求具有多元性，监管应充分调动各类信息主体的积极性，以促进各类信息的传播（见表2）。

表2 交易所市场与场外交易市场信息特征与监管模式

市场	企业类型	信息需求	信息供给主体	监管模式
交易所市场	成熟企业	公开信息+局部信息	监管机构、交易所自律组织	官方监管为主，自律监管为辅
场外交易市场	风险企业	公开信息+局部信息+外部人私有信息	监管机构、交易所自律组织、中介机构	政府指导下，自律为主，多主体共同参与

资料来源：作者编制。

以美国资本市场为例，美国在多层次资本市场监管方面，对交易所市场与场外交易市场采取了完全不同的监管模式，交易所市场以集中统一监管为主，而对于场外交易市场，则以间接监管为主，直接监管职能由自律组织承担，形成了自律为主、多主体共同参与的监管体系，注重发挥自律监管的作用，SEC、FINAR、核心参与者都成为监管的重要主体与节点。

（二）监管主体间的协作

场外交易市场信息的传递过程，经历了三级编码与四级传播，企业的相关信息首先在内部人中间进行一级传播，传播内容为内部人私有信息，内部人私有信息经过一级编码成为外部人私有信息，通过二级传播传递给中介组织，外部人私有信息经过二级编码成为局部信息，通过三级传播传递给自律组织，局部信息经过三级编码成为公开信息，通过四级传播传递给监管机构（见图5）。

在信息传递过程中，上一级信息主体往往是下一级信息主体的信息来源，下一级信息主体对上一级信息主体存在一定程度的信息依赖，这也是在监管过程中，外围监管主体对邻近监管主体存在依赖的原因。

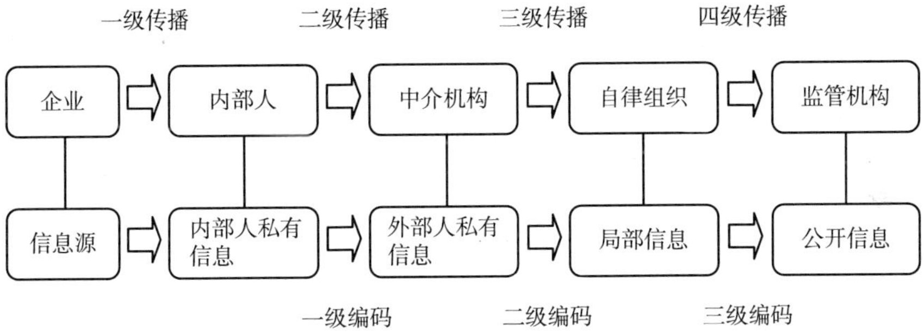

图5　场外交易市场上的信息传播过程与层次

资料来源：作者编制。

由于不同监管主体在监管活动进行过程中存在如上关系，因此，多主体互相协作也成为监管的重要特征。从监管活动发生的时序来看，监管是一个中介组织事前督导—自律组织事中监管—监管机构事后监管的过程，以信息披露活动为例，首先，中介机构需要对企业的信息披露进行指导，然后信息披露提交给自律组织，而自律组织再将披露文件呈报监管机构备案，监管机构一旦发现披露文件存在缺陷，则会将意见反馈到自律组织，而自律组织再反馈给企业及其中介机构。

从监管的权力层次来看，中介组织与企业关系更为密切，在信息占有上较自律组织更有优势，不仅占有局部信息，而且占有外部人私有信息，因此，自律组织需要依赖中介机构的外部人私有信息，通过对中介组织的监督来更好地监督企业行为，同理，自律组织较监管机构在关系上更接近企业，不仅掌握公开信息而且掌握局部信息，因此，监管机构也需要通过对自律组织的再监管来激发自律组织的监管作用，从而更好地利用自律组织所占有的局部信息来提高市场的信息效率。

（三）监管主体间的职能分工

资本市场的信息结构不仅决定了其监管参与者结构，而且决定了不同监管主体的职能分工。监管机构处于信息运动过程的最末端，所占有的信息以公开信息为主，因此在职能分工上侧重于间接监管，较少参与资本市场的一线监管，通过立法、执法、司法等活动指导、监督自律组织的监管行为（见表3）。

自律组织处于信息运动的核心场所，所占有的信息以局部信息为主，侧重于直接监管，监管范围涉及证券交易者、挂牌企业以及中介组织。

核心市场参与主体所占有的信息以外部人私有信息为主，在监管上侧重于实时督导，负有报告义务，指导、协助挂牌企业履行规范运作、信息披露等义务。

表3　场外交易市场不同监管主体信息特征与监管分工

监管主体	信息占有	监管分工	监管阶段
外部监管者	公开信息	间接监管：信息披露、对自律者的再监管	事后监管
市场运作者	局部信息	直接监管：市场参与者行为的实时监管	事中监管
中介机构	外部人私有信息	辅助自律：督导企业自律、负有报告义务	事前督导

资料来源：作者编制。

以美国场外交易市场监管为例：SEC与自律组织之间的基本分工是，对上市公司、证券商和证券交易的日常监管主要由自律性组织负责，而SEC主要对自律性组织进行监管，但是仍然保留有限的对证券公司、上市公司和证券交易直接监管的权力。只有在自律组织没有尽到监督管理的责任时，SEC才会进行干预。SEC的监管职能主要表现在监管立法、行政管理与司法三个方面。立法即围绕联邦所立相关法律，进行解释性的立法，制定相关规则；行政管理包括对自律组织进行再监管、证券的注册与信息披露、及时发现和处理欺诈性交易；司法即对违法活动进行调查、起诉。

FINRA是场外交易市场的直接监管者。美国金融行业监管局（FINRA）是场外交易市场的主要自律监管机构，其前身是美国证券商协会。FINRA作为自律监管组织，在 SEC 注册并接受 SEC 的监督与管理，依据法律赋予的特殊权力对其会员进行监管，并负责主办和管理场外交易商自动报价系统，以促进柜台交易市场按公平原则运作。作为场外交易市场的直接监管者，FINAR 制定场外交易与会员自律规则，负责对会员日常经营活动进行监管，对场外证券交易进行信息收集、发布与实时监控。

核心市场参与者是场外交易市场监管的着力点。美国证券监管大多通过对资本市场上运营的中介机构的严格监督管理来实施。将资本市场的监管对象集中于中介机构的思想来自兰迪斯（James Landis，1938），他认为，美国 SEC 既不能监督所有上市公司是否符合信息披露、报告及其他规定，也无法监督所有市场参与者的交易行为。SEC 监管经纪人、会计行、投资顾问等中介机构，让中介来承担保证发行者和交易者遵守法规的责任。SEC 拥有对中介的管理权力，包括发放和吊销执照，能迫使中介监督市场参与者。

五　结论

资本市场的核心是信息机制，信息机制的效率决定资本市场的效率。监管是一种信息增进机制，目的在于弥补市场化信息机制的不足。因此，应当从信息机制的视角审视监管的合理性，资本市场的信息结构决定着监管的模式。目前我国场外交易市场建设已经启动，在市场未来发展中应采取多主体共同参与的监管模式，并根据不同监管主体所占有信息的差异进行监管分工。

场外交易市场挂牌企业具有更高的不确定性，由此导致信息需求总量高于交易所市场，在信息需求结构方面需要更多的局部信息、外部人私有信息，因此，为提高市场信息有效性，在监管模式上应采取监管机构、自律机构、市场核心参与者等多主体共同参与的监管模式。

不同监管主体之间的职能分工取决于其占有信息的差异性，监管机构所占有的信息以公开信息为主，自律机构占有的信息以局部信息为主，核心市场参与主体占有的信息以外部人私有信息为主，因此，在监管分工上，监管机构以间接监管、事后监管为主，自律机构以直接监管、事中监管为主，而市场核心参与主体则以事前督导为主。

参考文献

［1］包建祥:《股票市场信息与信息结构初探》,《经济科学》1999 年第 4 期。

［2］林俊波:《证券市场信息传导机制与信息披露制度研究》,浙江大学博士学位论文,2005。

［3］〔英〕布瓦索:《信息空间》,上海译文出版社,王寅通译,2000。

［4］陈放:《企业病诊断》,中国经济出版社,1999。

［5］杨峰:《海外创业板市场退市制度研究》,《北京大学学报》2001 年第 6 期。

［6］高娟:《创业板市场退市制度比较研究》,西南政法大学硕士学位论文,2011。

［7］郑俊:《英美创业板市场退市制度的经验借鉴》,《商业经济》2011 年第 3 期。

［8］李允峰:《学学纳斯达克的精髓》,证券时报网,2011 年 4 月 20 日。

［9］Coffee John C. Jr.. Market Failure and the Economic Case for a Mandatory Disclosure System [J]. Virginia Law Review, 1984, 70: 717 - 722.

［10］Harry V. Roberts. Stock Market "Patterns" and Financial Analysis: Methodological Suggestions [J]. Journal of Finance, 1959, 14 (3): 1 - 10.

［11］Freeman, C.. Networks of Innovators: A Synthesis of Research Issues [J]. Research Policy, 1991, 20: (5): 502.

B.7

场外交易市场流动性管理制度绩效评估

陈勇征　张冬冬　苏聿*

摘　要：

低流动性是场外交易市场的典型特征，也是目前困扰该市场健康发展的重大问题。本文对国内两个典型场外交易市场和台湾兴柜市场流动性做对比分析，表明做市商制度下市场流动性更好；评估兴柜流动性管理制度改革的有效性，发现对做市商行为的规范改革对流动性有更大影响。本文还基于 GARCH 模型对台湾兴柜市场的流动性风险进行了动态特征研究。最后，本文提出了完善流动性管理制度的对策建议。

关键词：

场外交易市场　流动性　流动性风险　流动性管理制度

一　场外交易市场流动性管理制度演进分析

我国的场外交易市场自成长之初，一直缺乏明确的政府支持，也囿于正式的制度安排，市场规模小，社会参与度低，流动性问题凸显。场外交易市场流动性问题不仅反映在市场活跃度不足，流动性水平低，同时也反映在较高的流动性波动程度上。从市场设立之初，该问题一直阻碍着企业入场的积极性和投资机构的入场意愿，导致我国场外交易市场规模无法扩大。如何较大程度地提升我国场外交易市场的流动性，提升市场活跃度，吸引更多的企业和投资者进

* 陈勇征，南开大学经济系博士研究生；张冬冬，南开大学经济系博士研究生；苏聿，南开大学经济系硕士研究生。

入，是我国场外交易市场发展中亟待解决的问题之一。与市场流动性直接相关的是市场交易制度，包括转让方式、委托报价数量、担保交收方式等；间接相关的则包含市场准入制度、投资者资格限定、信息披露规则等。

（一）场外交易市场流动性管理制度框架

1. 天津股权交易所流动性管理制度框架

2008 年 3 月，《国务院关于天津滨海新区综合配套改革试验总体方案的批复》中明确提出：天津要以金融体制改革为重点，办好全国金融改革创新基地，加快健全资本市场体系和金融服务功能，为在天津滨海新区设立全国性非上市公众公司[①]股权交易市场创造条件。2008 年 8 月，天津股权交易所（以下简称天交所）正式成立，负责“两高两非”[②] 公司股权和私募股权基金交易市场的探索和建设。

天交所对机构和自然人投资者均设定了准入条件，针对机构投资者的要求包括实缴注册资金、经营场所、投资经验等方面；对自然人投资者的要求涵盖个人金融资产和投资知识、风险识别能力等方面。

交易制度上，天交所为提升市场流动性进行了探索和创新，实行以报价商双向报价为主，集合竞价和协商定价为辅的混合型交易制度，在我国场外交易市场中首次引入报价商制度。通过不同的定价机制在不同的时间段内对同一种股权进行交易，是传统交易模式向混合交易模式发展的过程。具体安排是①9：15 ~9：25，第一次集合竞价，按照价格优先、时间优先的原则进行集合竞价，产生开盘价；②9：25 ~9：30，报价商盘前报价，这段时间只报价不成交，确保投资者在 9：30 能看到报价商报价；③9：30 ~11：30、13：00 ~14：00，报价商双向报价；④14：00 ~14：15，第二次集合竞价；⑤14：15 ~15：00，协商定价。进入 2014 年，天交所对交易制度又做了进一步调整。

2. 全国中小企业股份转让系统流动性管理制度框架

自 2006 年新三板开始运行以来，进行过两次制度修订，分别是 2009 年 6

① 非上市公众公司，是指公开发行或股东人数多，累计超过 200 人，但其股票未在证券交易所上市交易的股份有限公司。

② “两高两非”是指国家级高新技术产业园区内的高新技术企业和非上市非公众股份有限公司。

月和2013年2月。制度修订并未改变原规则体系下的操作流程、基本制度和各方主要权利义务，是针对主体资格和交易制度在细节上规范和优化，以降低投资风险、提升市场流动性。修订主要涉及四个方面：一是逐步放宽挂牌企业的市场准入；二是调整投资者适当性管理制度；三是丰富转让方式，变更结算流程；四是强化信息披露制度，对信息披露的频率和内容等制定更为严格的规定。

3. 台湾兴柜市场流动性管理制度框架

为给未上市（上柜）公司提供一个合法、透明、安全的交易市场，2001年台湾行政院通过了《建立未上市柜股票买卖交易制度》，将未上市或未上柜的股票交易管理纳入证券管理体系。2002年1月2日，兴柜股票市场正式运行，首批挂牌公司107家，目前有267家公司在兴柜挂牌交易。

兴柜市场作为柜台市场的补充，设定的准入标准比较宽松，对企业的经营年限、股东人数、营业规模、资产总额及盈利能力等均未设定具体的指标，只要求两家以上的推荐证券商[①]的推荐并提出上柜申请即可进入市场。参与兴柜市场交易的主体包括机构投资者和普通投资者。机构投资者的风险承受能力强，投资经验丰富，是兴柜市场的主要交易主体。成熟的机构投资者凭借其资金和管理方面的优势，平抑市场价格，降低投资风险。

交易制度上，兴柜市场采用竞争性传统做市商制度。每只股票至少有两家以上证券推荐商，并且投资者与推荐证券商议价交易，不允许投资者之间直接成交，交易单位为1股。《兴柜股票买卖办法》中明确规定推荐证券商的做市义务，包括：①必须在每个营业日开盘前报买进卖出价，单笔报价数量不得低于2000股，做市商买进、卖出报价差距不得超过5%；②在每个营业日交易时间内，对其推荐的股票有连续报价的义务，且买进、卖出报价之间的差距不得超过卖出报价的5%；③对于到价（投资者的委托卖单价格≤推荐券商的报买价；或投资者的委托买单价格≥推荐券商的报买价），推荐券商应于5分钟

① 推荐证券商是做市商在《兴柜股票买卖办法》中的称谓。从事做市业务的推荐证券商分为主办辅导推荐证券商、辅导推荐证券商和推荐证券商三类，不同类型的做市商在资格及准入上有差别，其中主办辅导推荐证券商是与发行人签有辅导协议的证券商，类似于我国新三板市场的主办券商。目前台湾一家兴柜企业平均有5家到6家推荐证券商。

内，在其申报的数量内负有成交义务；并且在到价数量全部成交前，不得变更报价；④对于买进委托与卖出委托之间具备一定合理价差，且该合理价差比率达到《兴柜股票议价买卖内部作业办法》规定的比率时，推荐证券商应进行点选成交。为促进推荐证券商承担“做市”职能，台湾《兴柜股票审查准则》规定，主办辅导推荐证券商必须认购柜台买卖股份总数的3%且不低于500张（即50万股），不超过1500张（即150万股），如果3%超过1500张，则应提出1500张以上由推荐证券商认购（个别推荐证券商应至少认购100张，即10万股）。

兴柜市场的议价方式，经历了从人工议价到电脑议价的发展阶段，所有交易通过台湾证券柜台买卖中心电脑议价点选系统成交。点选系统中，做市商通过联机电脑系统执行点选成交作业。与普通的自动撮合交易相比，点选系统的优点首先是增加了成交机会，有利于发现真实价格。其次是减少交易纠纷，保护投资者权益。最后是降低交易成本，推荐证券商通过由柜台买卖中心免费提供的系统软件进行电脑议价交易，节省了大量人力及时间成本。点选系统目前已成为兴柜市场的重要特色，做市商提供和发布报价信息、投资者委托申报与回报、做市商点选成交操作、信息发布与清算等均通过该系统进行。

（二）场外交易市场流动性管理制度执行问题分析

1. 缺乏优秀的机构投资者

优秀的机构投资者对场外交易市场做市商制度的形成和完善是非常必要的。机构投资者由于在掌握市场信息和把握市场走势方面具有丰富的经验，在报价时能更好地体现市场的需求，起到稳定市场的作用。全国中小企业股份转让系统以国有券商为单一保荐机构主体的体制造成了其在担当做市商职责时的先天问题和不足。而天交所的机构投资者多为中小投资公司，在资金实力及证券交易方面的经验都稍显不足，亦难以担当真正的资本市场大型做市商的角色，在一定程度上影响了市场交易活跃程度。

2. 缺乏做市商，难以形成合理的市场价格

纳斯达克市场的做市商制度规定每一只上市股票必须有两个以上的做市商为其报价，一些规模比较大，交易活跃的股票的做市商数量能达到40~45个，平均而言，每只股票有12个做市商，台湾兴柜市场每只股票的做市商数量也达到了5～6个。目前天交所累积挂牌企业已达384家，注册报价商有99家。而全国中小企业股份转让系统扩容以来新增挂牌企业已达数百家，主办券商仅有80家。缺乏做市商之间的竞争，该做市商即成为股票的垄断报价者，在缺乏有效竞争的情况下形成的市场价格往往缺乏合理性。

3. 交易单位大，导致做市商做市的存货成本高

因天交所的挂牌企业为非公众公司，股东人数受200人限制，天交所规定其报价商双向报价单位和投资者订单的数量单位以挂牌交易公司全部股份的1/200为一手，报价商报价过程中至少持有两手，同时报价商还需要持有两手的报价资金。以天交所交易规模较小的金鲁科技（637009）为例，其总市值为3700万元，持有两手的资金加上需持有的现金，至少需要占用报价商74万元资金。而规模最大的盛大矿业（337001）总市值97600万元，报价商需要占用资金1952万元。由此来看报价商进行报价的存货成本高昂，如果连续报价则会占用更多的资金。高报价成本降低了报价商的报价意愿，更进一步降低了市场的流动性。

4. 缺乏自愿信息披露

场外交易市场作为新兴的证券市场，为节省公司的信息披露成本，实行比上市公司低的强制性信息披露要求。引入自愿信息披露制度以弥补强制性信息披露的不足，对于缓解诚信危机，提升信息披露质量，增强投资者信心从而提高市场流动性等具有重要作用。但自愿性信息披露要依据股份转让公司、挂牌企业的自身意愿，同时自愿披露信息引导规则并未出台，自愿披露信息的主要内容和要求并不明确，公司的自愿性披露缺乏动力，亦不能达到预期效果。

二　场外交易市场流动性实证分析

（一）流动性、流动性风险概念及指标选取

1. 流动性和流动性风险

市场流动性，即市场中资产的变现能力。根据Massimb和Phelps（1994）

的论述，市场流动性是“市场为指令提供立即执行交易的能力和执行小额市价指令时不会导致市场价格较大幅度变化的能力”。因此，如果一个市场能以较小的交易成本迅速执行资产变现，从理论上说，该市场就具有较高的流动性。

市场的流动性风险，目前对其的认知主要有两个方面。其一是由 Hisata 和 Yamai（2000）、Dubil（2001）提出的“因流动性不足而对市场参与者造成的损失”，这是从流动性指标的一阶矩来衡量流动性水平的高低对市场风险的影响；其二是从流动性水平未来的不确定性，即流动性指标的二阶矩——波动方差来测度，如 Persaud（2002）、Acharya 和 Pedersen（2005）、黄峰（2007）。前一种认知强调因流动性低为市场带来的风险，后一种认知则强调流动性的波动性所带来的市场运行的不稳定性。正如 Avinash Persaud（2002）所言：“流动性度量对于市场参与者的意义不仅包括流动性水平的高低，还应包括流动性的波动程度。”换言之，流动性的易变性和不确定性均是资本市场流动性风险管理的重要方面。

2. 市场流动性的测度指标

对于市场流动性，主要从市场紧度、市场深度和市场回复度三个方面进行定量分析。市场紧度（Tightness）是指交易价格偏离市场中间价格的幅度，反映了投资者为获得即时交易而实际支付的流动性溢价和交易成本，同时也反映了流动性提供者为弥补其成本和风险所要求的补偿。通常，市场紧度用买卖价差来衡量，当买卖价差较小时，说明市场紧度较高，流动性较好。市场深度（Depth）是指在不影响当前价格下的最大可能成交量，即在给定时间内委托单上的委托数量。该指标主要用来衡量市场价格的稳定程度。当前价格下可能的成交量越大，表明一定数量的交易对价格的冲击相对较小，市场深度较大，市场流动性较好。市场回复度（Resiliency）是指交易引起的价格波动消失的速度，即由一定数量的交易导致价格偏离均衡水平后，市场价格恢复均衡价格的速度。该恢复速度越快，表明市场流动性越高。然而，由于该指标的计量较为困难，目前还没有统一的方法来度量市场回复度。

反映市场流动性的紧度和深度的指标计算需要大量高频数据，鉴于数据的可得性，我们无法直接计算买卖价差和在给定时间内委托单上的委托数量。因此，此处用与市场紧度、市场深度指标具有显著相关性的交易量、最高成交价格、最低成交价格、流通股数等数据来设计和代表流动性指标。定义换手率（V_t）为某一时间段内的成交量（Q_t）与流动股数（M_t）之比，其主要反映市场交易的活跃程度。市场换手率越高，交易越活跃，表明市场流动性越好。定义价格振幅（VR_t）为市场最高成交价格（PH_t）与最低成交价格（PL_t）之差占最低成交价格的比率，其主要反映市场价格的波动幅度。价格振幅越低，市场价格的波动幅度越小，市场流动性越好。

本文将上述两个指标加以结合，借鉴刘海龙、仲黎明（2006）提出的“有效流速”指标来反映场外交易市场的流动性。所谓有效流速，是指在一定的价格波动幅度内所能容纳的最大交易量。具体而言，单只股票的有效流速（EL_t）为其换手率与价格振幅之比，其表达式如下：

$$EL_t = \frac{V_t}{VR_t} \tag{1}$$

同时，市场总体有效流速（$TELt$）则为同一时间段内市场交易的股票有效流速的均值。即：

$$TEL_t = \frac{1}{I}\sum_{i=1}^{t} EL_{it} \tag{2}$$

上述式（1）和式（2）中，$V_t = Q_t/M_t$；VR_t 则由下式给出：

$$VR_t = \begin{cases} \dfrac{h}{P_{Lt}}, \text{当} P_{H_t} = P_{L_t} \text{时；} \\ \dfrac{P_{H_t} - P_{L_t}}{P_{L_t}}, \text{其他情况。} \end{cases} \tag{3}$$

其中 I 为市场上交易的股票只数，h 为最小价格变动单位。

选取有效流速作为反映场外交易市场流动性指标的理由有三：第一，有效流速作为一个相对指标（比率），消除了不同市场之间的水平差异，使得不同市场间可以进行相互比较；第二，我国现行场外交易市场的交易量较小，某些股票可能连续几个交易日内都没有交易，或是交易仅有少数几笔，反映到价格上即股票价格几乎没有波动，如果单独用价格振幅来反映市场流动性，则会得出市场流动性很强的错误结论，与事实不符；第三，单独用换手率来反映流动性则无法全面体现流动性的市场紧度维度，只有当换手率大，伴之较小的价格振幅（有效流速较高）时，才能表明该股票的流动性大。

3. 样本及数据选取

本文主要选取我国三个具有代表性的场外交易市场——全国中小企业股份转让系统、天交所及台湾兴柜市场作为实证分析的对象。

对于全国中小企业股份转让系统，目前其中挂牌交易的公司分为两类，一是原STAQ、NET系统挂牌公司和退市公司（简称“原三板”，共58只股票，代码4000××）；另一类是高科技公司［简称“新三板”，共345只股票，代码4300××、4200××（B股）］。本文对全国中小企业股份转让系统的实证分析以这两部分公司为样本库，考虑到场外交易市场股票交易的频率较低，在分析中将时间频率设为一周（即5个交易日），用每周交易行情来考察市场有效流速。同时，由于2010年8月9日前系统中新三板股票的流通股份数量信息不可得，本文选取样本的时间为2010年8月9日至2013年11月30日，共167个观测周，选择的数据包括样本期内每个交易周的最高价、最低价、周成交量及发行的流通股数量。

对于天交所，本文对天交所市场采用2013年1月至11月的月度数据进行分析，共计11个观测月。所选取的数据包括在天交所挂牌交易股票的每月最高价、最低价、月成交量及该月的流通股数量。

对于兴柜市场，同样考虑到其股票的交易频率较低，因此将时间频率设定为一周（即5个交易日），用每周的交易行情来考察市场的有效流速。由于2007年1月1日以前的数据不可得，因此样本区间定为2007年1月1日至2013年11月30日，共354个观测周。同时，因“系统外议价成交”的成交量过小，本文在选取数据的统计口径时对其加以忽略，仅考察以“电脑议价点选成交”方式进行交易的股票，选择的数据包括样本期内每个交易周的最高价、最低价、周成交量及发行的股份数量①。

结合上述理论分析提出的度量方法，选取合适的样本数据，应用截面数据对全国中小企业股份转让系统、天交所及台湾兴柜市场这三个典型场外交易市

① 计算有效流速指标本应采用发行的流通股数量，但由于数据不可获得，故用发行股本数替代。

场的流动性水平进行横向对比分析，应用时间序列数据对台湾兴柜市场的交易制度改革的有效性进行评估，以探索何种制度设计能更好地解决流动性问题，提升流动性水平，降低流动性风险。

（二）典型场外交易市场流动性对比分析

根据式（1）、式（2）、式（3）可计算上述三个典型场外交易市场有效流速的时间序列。图1列示了2013年1月至11月间全国中小企业股份转让系统及天交所有效流速序列。由于天交所有效流速为月度数据，为便于对比，取全国中小企业股份转让系统有效流速周序列中每月四周观测值的算术平均值进行作图。

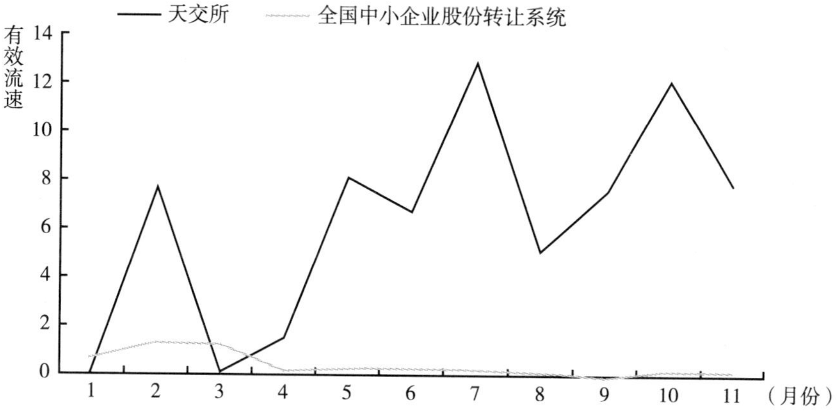

图1　全国中小企业股份转让系统及天交所有效流速（2013.1～2013.11）

资料来源：作者整理。

由图1可以明显看出，作为国内大环境一致下的两个重要的场外交易市场，全国中小企业股份转让系统与天交所的流动性存在显著的不同。采用报价商制度的天交所其流动性显著大于同期采用非做市商交易制度的全国中小企业股份转让系统。2013年1月至11月天交所平均有效流速为6.3623，而同期全国中小企业股份转让系统有效流速平均值仅为0.4481。同时，天交所较高的流动性伴随着巨大的流动性波动，流动性较低的月份（如1月、3月），市场有效流速几乎接近0，而在流动性较大的月份（如7月、10月等），市场有效流速可达 12 以上，而同期全国中小企业股份转让系统有效流速多在 0 到 2 间徘徊，并未出现较大的波动特征。在我国国内一致的外部大环境下，仅由于制度设计的不同，两个市场的流动性指标的表现差异巨大。

图 2 列示了 2010 年 8 月 30 日至 2013 年 11 月 30 日间全国中小企业股份转让系统与台湾兴柜市场每周有效流速观测值。

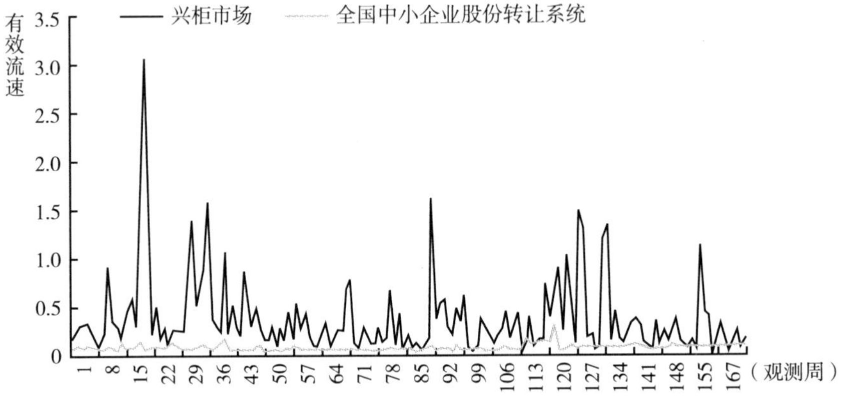

图 2　全国中小企业股份转让系统与兴柜市场有效流速*（2010. 8. 10 ~ 2013. 11. 30）

*样本区间内共 167 个观测周，自 2010 年 8 月 30 日起编号第 1 至第 167 周。

资料来源：作者整理。

由图 2 可以看出，同样作为区域内重要的场外交易市场，全国中小企业股份转让系统与台湾兴柜市场的流动性水平同样出现了较大的差别。首先，与台湾兴柜市场相比，全国中小企业股份转让系统的市场流动性显著高于台湾兴柜市场。样本期内我国全国中小企业股份转让系统有效流速的算术平均值为 0. 3818，而同期台湾兴柜市场有效流速均值仅为 0. 0829。其次，我国全国中小企业股份转让系统的流动性波动程度显著大于台湾兴柜市场。我国全国中小企业股份转让系统的有效流速在峰值时可达 3 以上，谷值时几乎接近 0，而台湾兴柜市场的流动性水平基本维持在 0. 1 至 0. 3 之间，极个别观测周达 0. 3 以上，但均未超过 0. 5。同样作为区域内重要的场外交易市场，我国全国中小企业股份转让系统与台湾兴柜市场流动性水平却存在较大的差异，这充分说明，我国大陆与台湾地区在资本规模、投资偏好、法规政策方面的外部大环境的差异及制度设计的差别对场外交易市场流动性水平均产生了显著影响。

图 3 列示了 2013 年 1 月至 11 月天交所与台湾兴柜市场的有效流速观测值序列。为便于比较，台湾兴柜市场的有效流速周数据通过求月平均值的方法转化为月度数据进行作图。

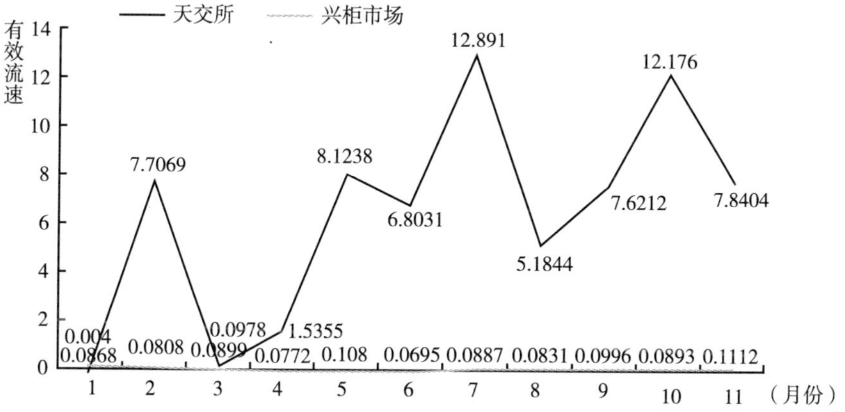

图 3　天交所及台湾兴柜市场有效流速（2013. 1 ~ 2013. 11）

资料来源：作者整理。

天交所与台湾兴柜市场最大的共同点在于采用了报价商制度。然而，由图 3 可以看出，对于同样采用做市商制度的两个场外交易市场，由于所处的大环境不同，其流动性水平依然出现了较大的差异。从图 3 中可见，我国天交所的市场流动性水平显著高于台湾兴柜市场，以至于将二者放在同一坐标系中作图时，台湾兴柜市场的有效流速折现几乎与横轴重合。由月度数据查得，在 2013 年 1 月至 11 月间，天交所的有效流速大多可达 1 以上，平均可达 6. 36，而同期台湾兴柜市场的流动性水平却仅为 0. 1 以下。由此可见，在同样的制度设计下，由于不同市场所处的外部大环境不同，市场流动性水平也会产生较大的差别。因此仅就制度设计层面的分析并不能充分说明市场间流动性存在差别的原因。

（三）兴柜市场流动性管理制度改革的有效性分析

兴柜市场自 2002 年开始交易起，一直采取议价交易制度。为提高市场的流动性，加强推荐证券商的做市职能，降低市场流动性风险，吸引更多的投资者参与兴柜市场，台湾监管部门陆续推出了多项交易制度的改革措施。主要包括：①2003年9月29日，“兴柜股票计算机议价点选系统”正式上线，“计算机点选成交”成为兴柜市场股票的主要交易方式；②2006年，“推荐证券商对委托到价5分钟之内点选成交义务”和“合理委托差价应买应卖义务”付诸实施，市场对推荐证券商的约束大大加强；③2008年10月20日，兴柜市场实施“增加推荐证券商报价数量”及“缩小推荐证券商报价差距”两项改革，市场内推荐证券商的最低报价数量由原来的1000股增加为2000股，报价差距由7%下调至5%；④2009年，兴柜市场推出“小额委托单电脑辅助自动点选成交”机制，对于投资者的小额委托单（1张以上10张以下），若到价时间超过30秒，推荐证券商仍未点选成交，则系统将对其自动点选成交；⑤2011年3月，市场开放推荐证券商能够以买进卖出相抵后的数额办理给付结算；⑥2011年，兴柜市场取消推荐证券商豁免报买义务，同时取消了原持股不足2000股时免报卖义务，而限缩短至3个工作日内改善至连续报卖；⑦2013年1月7日，兴柜市场推出由报价最佳的推荐证券商取得成交权、以该推荐证券商的报价为成交价、到价委托单即时成交、最低报价数量依照价格差距分等级等措施，通过最佳报价优先成交的机制，激励推荐证券商之间的良性竞争，确保投资者能够以最好的价格成交，以吸引更多的投资者前来投资。

由于缺乏必要的数据，对2003年和2006年的两次交易制度改革本文不作深入探析。对其余几项改革，本文根据其改革的时间，结合样本容量，选取2008年10月20日、2009年1月1日、2011年3月1日、2013年1月7日这四个时间节点作为分界线，将原样本数据（2007年1月1日至2013年11月30日）划分为5个时段，这5个时段的样本容量如表1所示。

表1　台湾兴柜市场流动性管理制度改革评估样本容量

时段	样本数	时段	样本数
2007年1月1日~2008年10月20日	92	2011年3月1日~2013年1月7日	96
2008年10月20日~2009年1月1日	11	2013年1月7日~2013年11月30日	46
2009年1月1日~2011年3月1日	109	合　计	354

以下分别对每个时间段的流动性水平和流动性风险特征进行分析，以探究上述4次交易制度改革的政策有效性。

1. 流动性水平变化分析

兴柜市场交易制度的改革旨在提升市场流动性水平，每一次改革的有效性首先体现在流动性水平的变化上。在此，本文区分每次改革对短期和长期流动性水平的影响，分别对每次改革的短期和长期有效性进行探究。其中，长期有效性通过比较本次改革至下一次改革之间流动性水平的均值较上一时期是否有变动来衡量，短期有效性通过比较本次改革前后两个月的流动性水平的均值是否有变动来衡量。根据上述数据及方法计算的短期与长期流动性水平变化对照表见表2。

表2　兴柜市场近4次交易制度改革前后短期与长期流动性水平变化对照表

制度改革	长期影响		短期影响	
	上期平均有效流速	本期平均有效流速	上期平均有效流速	本期平均有效流速
第一次(2008.10.20)	0.063323	0.054285	0.038047	0.041941
第二次(2009.1.1)	0.054285	0.081222	0.061283	0.049841
第三次(2011.3.1)	0.081222	0.076858	0.096248	0.090224
第四次(2013.1.7)	0.076858	0.08536	0.145783	0.085366

数据来源：作者整理。

由表2可以看出，第一，2008年10月20日，兴柜市场推出的增加推荐证券商的最低报价数量以及减小推荐证券商报价差距两项改革在短期内明显提升了市场流动性水平，在该制度开始实行的两个月内，兴柜市场的流动性水平均值从上两个月的0.038047上升为0.041941，上升幅度超过10%。然而，从长期来看，该项制度改革的效果并不明显，但这一数据可能受到了2008年全球金融危机的影响，在金融危机时期，投资者信心受挫，全球证券市场的流动性均有不同程度的降低，兴柜市场也在所难免。因此，该长期数据并不能说明该项改革在长期中具有不良效果。

第二，2009年1月1日实行的“小额委托单电脑辅助自动点选成交”机制，虽然有助于小额委托单的及时成交，但对于整个兴柜市场的流动性影响较小。在短期中，该市场的流动性不升反降，从改革前两个月的平均0.061283，下降至改革后的平均0.049841，说明这一系统的改进对整个市场的影响甚微。究其原因，可能是由于该项改革主要针对小额委托单，而小额委托单的成交量仅占整个市场成交量中微不足道的一部分，针对该部分的系统改革并不能对整个市场的流动性产生显著的影响。此外，从长期来看，该制度实行的前后市场长期平均有效流速从0.054285上升至0.081222，上升幅度接近50%，但能否据此说明该项交易制度改革在长期中对市场流动性具有显著影响呢？这要做具体分析。

第一，2009年1月1日至2011年3月1日这一时间段较长，在长达2年的时间中不可避免出现众多影响市场流动性的因素，无法保证单一变量原则。

第二，该时间段恰为2008年经济危机收尾，全球经济经历了深度创伤直至复苏的过程，在这一阶段中，提升市场流动性，重振资本市场的资源配置功能是世界各国的共同目标，市场流动性受到多方面因素的影响，世界市场在复苏中流动性具有缓慢提升的趋势，因此，并不能将该时段内流动性水平的大幅上升归因于小额委托单自动点选成交的改进。

第三，2011年3月1日前后，由表2数据可知，短期内，兴柜市场的流动性水平略有下降，而在长期中，流动性几乎未发生明显变化。由此可见，开放推荐证券商以买进卖出相抵后的数额办理给付结算的制度，虽然有助于优化推荐证券商的资金流动性管理，提升推荐证券商的做市意愿，活跃推荐证券商的做市功能，但其仅是针对推荐证券商进行的改革，对市场投资者的吸引力并无明显的提高。因此，该制度在短期内和长期内均未引起市场流动性水平的显著上升。

第四，2013年1月7日前后，市场长期平均有效流速从0.076858上升至0.08536，上升了11%，可见该时期推出的由报价最佳的推荐证券商取得成交权、以推荐证券商的报价为成交价、到价委托单即时成交、最低报价数量依照价格差距分等级等措施确实改善了投资者对推荐证券商之间良性竞争的预期，增加了投资者的市场信心，吸引了更多的投资者，从而引起了市场流动性的上升。然而，在短期对比中，数据却出现了异常的大幅下降。究其原因，本文认为，由于此次改革恰逢年初，前期数据受到了上年年底集中交易的周期性因素影响，造成对比结果异常。因此，该短期对比数据并无充分的研究意义。

2. 流动性风险变化分析

兴柜市场交易制度改革的另一目标在于控制市场流动性水平的波动，降低流动性风险。因此，本小节从流动性风险的角度评析上述改革的有效性。

首先，本小节对上述数据区段进行重新整理，以适应所需分析。由前文区间划分可见，2008 年 10 月 20 日至 2009 年 1 月 1 日，以及 2013 年 1 月 7 日至 2013 年 3 月 1 日这两个时段中，由于时间间隔较小，所含样本数量过少，不适合对其进行单独的波动性分析。为不失严谨性，在本小节中，将 2008 年 10 月 20 日至 2009 年 1 月 1 日与 2007 年 1 月 1 日至 2008 年 10 月 20 日合并，将 2013 年 1 月 7 日至 2013 年 3 月 1 日与 2011 年 3 月 2 日至 2013 年 1 月 6 日合并，如此重新调整的时间划分区间如表 3 所示。

表 3　流动性风险评估样本容量

时段	样本数	时段	样本数
2007 年 1 月 1 日 ~2009 年 1 月 1 日	103	2011 年 3 月 2 日 ~2013 年 3 月 1 日	142
2009 年 1 月 2 日 ~2011 年 3 月 1 日	109		

对三个时段内的市场有效流速序列进行基本统计分析，其统计特征如表 4 所示。

表 4　不同时段内兴柜市场有效流速基本统计特征对比

时段	均值	最大值	最小值	标准差	偏度	峰度	J-B 检验
2007. 1. 1 ~2009. 1. 1	0. 062	0. 517	0. 002	0. 069	4. 024	23. 804	2135. 6
2009. 1. 2 ~2011. 3. 1	0. 081	0. 287	0. 024	0. 042	2. 249	9. 114	261. 6
2011. 3. 2 ~2013. 11. 30	0. 078	0. 305	0. 039	0. 036	3. 207	18. 155	1162. 3

数据来源：作者整理。

由表 4 统计结果可知，在以上三个时段中，市场有效流速的均值依次为 0. 062、0. 081、0. 078，呈逐步上升趋势，可见市场流动性不断增强，各项交易制度改革措施提升了市场的流动性。另外，以上三个时段中的标准差依次为 0. 069、0. 042、0. 036，呈现下降趋势，说明市场流动性风险正在逐步降低。

由此可见，兴柜市场推出的各项交易制度改革措施，确实使得市场流动性的波动水平下降，流动性风险降低，并提升了市场的流动性水平。因此，本节可得出初步结论，兴柜市场的交易制度改革确实促进了市场有效性的提高，其改革的方向及动态值得国内场外交易市场的关注和借鉴。

（四）小结

本章通过引入有效流速这一流动性测度指标，对我国境内外三个典型场外交易市场的流动性进行了实证分析，得出以下结论。

第一，在国内场外交易市场中，全国中小企业股份转让系统与天交所市场的流动性呈现出显著不同的特征，说明在相同的外部环境下，制度设计的不同，对场外交易市场流动性水平也会产生显著影响。其中采用报价商制度的天交所市场流动性较高。

第二，天交所与台湾兴柜市场均采用报价商制度，但二者的流动性水平依然存在较大差异，说明在相同的制度设计下，不同市场所处的外部环境不同，市场流动性水平也会受到相应影响。虽然分析中由于台湾兴柜市场的流通股数据不可得，必须采用股本数加以代替，无形中低估了市场的流动性，但该误差仍不足以推翻上述结论。

第三，全国中小企业股份转让系统在 2013 年 2 月进行的制度改革降低了企业和投资者的准入门槛，加强了风险控制，因此改革后吸引了大批企业参与挂牌上市，然而，改革对流动性的提升作用并不明显。

第四，台湾兴柜市场的交易制度改革成效虽然不明显，但在一定程度上确实能够促进市场有效性的提高，其中调整做市商买卖差价和最低报价数量的改革对市场流动性提升的作用较为明显，值得国内场外交易市场的关注和借鉴。

三　基于 GARCH 模型的场外交易市场流动性风险特征分析——以台湾兴柜市场为例

台湾兴柜市场自 2002 年 1 月 2 日设立以来，已成功运营了 11 年，为 1000 多家企业的上柜融资提供了低成本、快捷的渠道，促进了台湾证券市场的健康发展。然而，前文所提及的流动性过低这一新兴场外交易市场普遍存在的问题却也依然影响着兴柜市场功能的实现。同样从“电脑议价点选成交”系统中选取样本，以每周交易数据来考察市场的有效流速，选取的样本区间为2007年1月1日至2013年11月30日，其中有效交易时间共354个观测周，所选数据包括台湾兴柜市场中个股在样本区间内每个交易周的最高价、最低价、周成交量及托管流通股份数量。

1. 兴柜市场有效流速的统计特征

市场有效流速是指在兴柜市场进行交易的所有公司股票的有效流速的均值，利用式（1）、式（2）、式（3）计算354个市场总体有效流速指标的周数据，其基本统计特征如表5所示。

表5　兴柜市场有效流速的周数据统计量（2007.1.1～2013.11.30）

观测值	均值	中位数	最大值	最小值	标准差	偏度	峰度	J－B检验
354	0.076	0.068	0.517	0.002	0.049	3.675	27.154	9401.937

数据来源：作者整理。

由表5的统计结果可以看出，兴柜市场股票的有效流速均值为0.076，标准差为0.049。在上文的分析中，我们已经得出，同期国内新三板市场中的有效流速均值为0.443，但由于在计算换手率这一指标时，兴柜市场与新三板市场使用的统计口径不一致，故仅通过有效流速均值的比较并不能说明新三板市场的流动性较兴柜市场好①。同时，前期分析已经得出国内新三板市场的标准差为0.610，可见兴柜市场的流动性风险远远低于国内新三板市场。

从兴柜市场有效流速的概率分布图可以看出，其偏度3.675大于0，其分布正左偏，峰度27.154大于3，用偏度和峰度计算的JB统计量为9401.937，兴柜市场有效流速的概率分布拒绝正态分布假说。对该序列进行LM检验，发现残差平方项存在显著自相关，该序列存在ARCH（自回归条件异方差）效应。下面本文依然用GARCH族模型（广义自回归条件异方差模型）来拟合有

① 鉴于数据的可得性，计算兴柜市场换手率时使用的N为公司发行的股份数量，而计算新三板市场换手率时使用的N为流动股数量。

效流速序列，以验证台湾兴柜市场的流动性风险是否存在风险的聚集性和长期记忆性特征以及非对称性特征。

2. 兴柜市场流动性风险的聚集性和长期记忆性检验

对兴柜市场的有效流速序列建立 *AR*（3）－*GARCH*（1，1）模型，得到估计结果如下：

$$TEL_t = 0.082 + 0.374TEL_{t-1} + 0.182TEL_{t-2} + 0.129TEL_{t-3} + e_t, e_t = \sigma_t \varepsilon_t$$

$$(7.317)(4.342) \quad (2.022) \quad (1.973)$$

$$\sigma_t^2 = 0.001 + 0.125e_{t-1}^2 + 0.49\sigma_{t-1}^2$$

$$(2.312)(1.94) \quad (2.28)$$

括号内为 Z 统计量，系数的估计值在 5% 的显著性水平下显著。运用 Q 检验对标准化的残差估计序列和残差平方项序列进行检验，已不存在明显的自相关和条件异方差。因此，*AR*（3）－*GARCH*（1，1）模型能够较好地拟合兴柜市场有效流速的序列相关性。

从上述估计结果可以看出，市场有效流速的方差存在集聚性，但不存在长期记忆性。方差的集聚性意味着兴柜市场流动性风险存在集聚性，即流动性风险会在某一时段较高，而在某一时段较低。这一特征对市场的影响是，流动性在受到某个冲击突然大幅上升或下降时，将会伴随着一段时间的流动性的剧烈波动，不确定性更为明显。此外，有效流速的方差不存在长期记忆性，意味着兴柜市场流动性风险不具有长期记忆性，即市场受到冲击后导致的流动性波动不会长期持续，会自行衰减，流动性风险不会积累。这与以前学者的研究中观察到的国内主板市场流动性风险特征不同，如姚亚伟等（2012）通过实证分析说明，国内证券主板市场的流动性风险存在集聚性和长期记忆性。两种市场流动性风险特征存在差异的原因是，兴柜市场作为场外交易市场实行做市商制度，且设置一系列制度规范做市商行为，这种安排在提升场外交易市场流动性的同时抑制了投资者的“羊群效应”，从而降低了流动性风险的长期记忆性。

3. 兴柜市场流动性风险的非对称性检验

市场中流动性的上升或下降会影响到投资者对整个市场的预期，从而使其调整投资策略和头寸，进而影响到将来市场的流动性。本节中继续使用与前文相同的门限 ARCH 模型（TGARCH）来考察同样强度的利好和利空消息冲击对于兴柜市场流动性的影响。

对兴柜市场建立 TGARCH 模型，其估计结果如下：

$$TEL_t = 0.995TEL_{t-1} + e_t, e_t = \sigma_t \varepsilon_t$$
$$(30.029)$$
$$\sigma_t^2 = 0.002 + 1.006e_{t-1}^2 - 1.016e_{t-1}^2 d_{t-1}$$
$$(44.89)(334.35) \qquad (-65.25)$$

其中，$d_t = \begin{cases} 0, & (e_t \geqslant 0) \\ 1, & (e_t < 0) \end{cases}$

括号中为 Z 统计量，上述系数的估计在5%的显著性水平下显著。用 Q 检验对标准化的残差估计序列和残差平方项序列进行检验，已不存在显著的自相关现象，表明用 TGARCH 模型估计是合理的。

从上述估计结果可以看出，非对称系数为 -1.016，几乎等于对称系数 1.006，表明有效流速的条件方差对过去的正负扰动偏离存在非对称效应。当扰动项是正偏离时，市场中流动性上升，$e_{t-1} > 0$，代入上式中由于 $1.006e_{t-1}^2 > 0$，市场流动性波动的方差 σ_t^2 趋于增大，即市场流动性风险上升；当扰动项是负偏离值时，$e_{t-1} < 0$，代入上式中得（1.006 - 1.016）$e_t^2 = -0.01e_{t-1}^2 \approx 0$，市场流动性波动方差 σ_t^2 趋于稳定，即流动性风险不变。

由此可见，台湾兴柜市场的流动性风险具有弱对称性，当市场有效流速上升时，流动性的波动方差增大，流动性波动加剧，即增大了流动性风险；反之，当市场有效流速降低时，流动性波动趋于稳定，流动性风险不变。究其原因，本文认为同样是由场外交易市场的固有缺陷——流动性过低造成的。当出现正向扰动时，流动性大幅上升，表现为流动性波动增大，流动性风险增大；反之当出现负向扰动时，由于兴柜市场的流动性水平本身已经相对低下，流动性受负向扰动影响而下降的幅度受其本身低水平的限制，下降空间有限，从而表现为流动性波动稳定，流动性风险不变。

4. 小结

本文对台湾兴柜市场流动性风险的动态变化特征进行了实证分析，研究结果表明：

第一，相对台湾兴柜市场而言，中小企业股份转让系统的整体流动性风险较大，不仅表现为市场流动性水平较低，还呈现出波动幅度较大的特性。造成这种结果的根源在于市场缺乏正式的制度安排，政策性风险影响了融资企业的进场意愿，进一步影响投资者的进场意愿，从而导致了较大的流动性风险。

第二，兴柜市场的流动性风险仅有集聚性，没有长期记忆性。集聚性意味着当市场流动性水平受到较大冲击时，流动性的波动惯性将导致流动性风险维持较高水平，而长期记忆性意味着市场受到同一方向的多个冲击会形成流动性波动累积的跨期叠加。说明适当的制度安排和实施有助于抑制市场风险的跨期积累。

第三，场外交易市场的流动性风险存在非对称效应，即正负扰动对流动性风险的影响并不对称，正扰动出现，流动性上升时，风险增大；负扰动出现，流动性下降时，风险反而减小。出现这一特性的原因在于，场外交易市场流动性水平过低，从而正向扰动出现后会导致流动性大幅上升，但由于市场规模小，缺乏维持较高流动性的动力，流动性在短暂大幅上升后又大幅下降，呈现序列波动较大，风险较高；而负向扰动出现后，流动性降低幅度受到流动性本身较低水平的限制，下降空间有限，从而表现为波动较小，流动性风险小。

四　完善流动性管理的制度设计与对策建议

（一）逐步完善做市商制度

目前，做市商制度不完善，导致做市商数量少、做市成本高、做市意愿低，无法充分发挥为市场带来流动性的作用。应当从以下三个方面完善做市商制度设计：一是分时段发展做市商制度。在缺乏做市商的情况下，考虑采用天津股权交易所实行的以报价商制度为主，集合竞价、协议定价为辅的混合交易制度。在培养出足够的做市商后，实行竞争性做市商制度，以降低投资者交易成本。二是做市商分类管理制度。除主办券商外，吸引一般机构投资者参与做市。降低辅助做市券商的准入门槛，吸引更多中小规模的投资公司、基金公司等机构投资者参与竞争做市。限制辅助做市商业务范围，除经纪业务、做市业务外不得开展其他业务，以降低一半投资者由于信息、经验等不足可能对市场交易造成的影响。三是降低做市商做市成本。降低做市商指令处理成本，如印花税、交易手续费等；降低做市商的存货成本，建立做市商的融资融券制度，头寸不足时可向清算机构申请融资融券；建立做市商交易市场，为做市商之间的短期交易提供平台解决平衡头寸的问题。

（二）健全做市商报价制度，规范做市商义务

做市是做市商的核心义务，做市即向投资者提供买卖价格，并按其提供的价格接受投资者的买卖要求。根据天津股权交易所对报价商报价的相关规定要求及实践经验，应当从三个方面健全做市商报价制度，规范报价义务：一是要求持续的双边报价，比如天交所要求报价商每次必须提供一组买卖报价。做市商应持续提供双边报价，报价包括确定的买卖价格和数量，必须在规定的时间内执行其报价下的委托单。报价数量也应当根据不同股票的平均交易量或做市商的种类确定，设定100股、200股、500股、1000股等差异化数量级别的报价数量。二是限制买卖价差。对做市商买卖价差的限制会影响做市商做市的积极性，但是这是对投资者利益的必要保护。目前，天津股权交易所买卖价差被限制在8%，台湾兴柜市场的买卖价差被限制在5%，在竞争性做市商制度下，做市商之间相互竞争使得买卖价差进一步降低。三是做市商应当平衡市场的买卖盘。当市场买盘多于卖盘时，做市商应当用自己的账户卖出证券；反之当市场卖盘多于买盘时，做市商应当买入证券，平衡实时供需。

（三）培育优质做市商

场外交易市场中做市商制度的实施必须有一批专业的投资机构参与市场交易，担当做市商职责引导市场良性运行。目前我国机构投资者中，综合类券商、保险机构和大型投资机构适合培育为场外交易市场的做市商。综合类券商具有丰富的证券交易经验，并且拥有高水平的行业从业人员。且我国证券业的监管方式在不断丰富，出台了一系列的法律法规，有利于券商的风险控制。而保险机构作为资本市场重要的机构投资者，对市场的影响力越来越大。另外，我国《保险法》对保险机构的政策也在逐步放宽，保险机构可以投资的种类

逐渐丰富。保险机构自身的不断发展壮大，使其在机构投资者中的位置愈加重要。目前场外交易市场优质做市商短缺的情况下，应当允许更多的券商、保险机构和大型投资机构参与做市。同时建立做市商退出机制。对没有能力或没有履行做市义务的做市商，依据退出机制取消其做市资格，给做市商以压力使其保持做市的活力。

（四）扩大做市商权利，提升做市积极性

为提升做市商做市积极性，需赋予做市商更广泛的权利以拓展做市商盈利渠道。可以给予做市商三方面的权利：一是信息的优先使用权。做市商在报价时，有权了解证券的全部信息，包括其他做市商的交易信息。在竞争性做市商制度下，做市商只有全面了解所负责证券的买卖盘情况，才能及时做出判断分析，继而采取合理的做市行为。二是允许做市商从事自营业务。做市商可通过自营业务灵活调整库存证券和备用现金，降低做市的库存成本。三是允许融资融券和做空。建立做市商融资融券平台，给予做市商合法、低成本、有效的融资融券渠道，以保证库存证券和备用现金存量能够满足做市要求。

（五）建立多层次信息披露制度体系，引导自愿信息披露

应当建立三个层次的信息披露制度：第一层次为法律，包括《证券法》、《商法》和《公司法》；第二层次为行政法规，例如美国 SEC 制定的 S－K 条例等相关法规；第三层次为市场规则。我国《证券法》下一轮的修改应当将场外交易市场的信息披露纳入其中。此外，证监会也需要尽快出台场外交易市场的信息披露准则，对公开转让说明书、定向转让说明书、定期报告和临时报告等信息披露文件的具体格式、内容、编制规则等披露要求做出规定，与行业协会和市场制定的自律规则共同形成多层次信息披露体系。制定公司自愿信息披露规则，规则制定的原则是弥补与上市公司信息披露标准的差距，适当增加有关公司“核心能力”的信息披露，如管理人员目标和评价、公司治理效果、盈利预测等，增加资源信息披露以提升信息披露质量。

参考文献

[1] 邓向荣等:《中国场外交易市场监管模式及路径选择》,《中国场外交易市场发展报告(2010~2011)》,社会科学文献出版社,2011。

[2] 北京道可特律师事务、道可特投资管理(北京)有限公司:《直击新三板》,中信出版社,2010。

[3] 董瑞华、王喆:《天交所的混合型交易制度——做市商制度在中国资本市场的借鉴和实践》,《产权导刊》2010 年第 1 期。

[4] 刘海龙、仲黎明:《证券市场流动性风险管理》,上海交通大学出版社,2006。

[5] 姚亚伟、杨朝军、黄峰:《流动性风险特征:基于证券市场的经验数据分析》,《上海金融》2012 年第 4 期。

[6] 邓春迅:《中国场外交易市场做市商制度发展研究》,天津财经大学硕士学位论文,2012。

[7] 徐辉、廖士光、王浣尘:《交易制度变更的流动性效应》,《上海金融》2007 年第 11 期。

[8] M. N. Massimb, B. D. Phelps, 1994, Electronic trading, market structure and liquidity [J]. *Financial Analysts Journal.*

[9] Avinash Persaud, 2002, Liquidity Black Holes [J]. UNU World Institute for Development Economics Research (UNU/WIDER), *Discussion Paper* No. 2002/31.

[10] Charles M. Jones, 2002, A Century of Stock Market Liquidity and Trading Costs [J]. *Working paper*, SSRN.

[11] Viral V. Acharya, Lasse Heje Pedersen, 2005, Asset Pricing With Liquidity Risk [J]. *Journal of Financial Economics*, Volume 77, Issue 2.

[12] Duffie, D., Garleanu, N., Pedersen, L. H., 2003, Valuation in Over-the-counter Markets [J]. *Working paper*, Graduate School of Business, Stanford University.

专题研究篇

Special Research Reports

B.8

完善新型城镇化建设的融资模式探析

姚 莉 杨伟彤*

摘 要：

党的十八大明确提出了“以新型城镇化支撑未来中国经济增长”，新型城镇化建设需要巨额资金支持，而现有的财政资金投入和地方政府融资平台的融资模式过度依赖土地财政，不具有可持续性。本文通过分析政府专项资金、市政债券、资产证券化、满足城镇化新要求的金融支持、多层次资本市场五种各具特色的未来融资模式，提出要建立多元化融资体系，完善多层次资本市场，充分发挥市场在融资中的作用，以此促进新型城镇化建设融资。

关键词：

城镇化 融资模式 多层次资本市场

* 姚莉，天津财经大学金融系教授，博士生导师；杨伟彤，天津财经大学金融学硕士研究生。

党的“十八大”明确提出要坚持走中国特色新型工业化、信息化、城镇化和农业现代化道路，并提出以新型城镇化支撑未来中国经济增长的思路。同时，中央经济工作会议指出，城镇化是我国现代化建设的历史任务，也是扩大内需的最大潜力所在，要围绕提高城镇化质量，因势利导、趋利避害，积极引导城镇化健康发展。毋庸置疑，城镇化意味着巨额资金投入，不仅需要资金启动市政、交通等固定资产投资，还要建立起与新型城镇化相配套的养老、医疗等基本服务体系。据国家开发银行推算，未来3年，我国城镇化投融资资金的需求量，至少要达到25万亿元。可以预见，在未来几十年城镇化发展过程当中，融资将一直伴随城镇化发展的整个过程。因此融资模式的完善是城镇化发展的关键所在。

一　现有城镇化建设的融资模式

第一个资金来源是财政资金的投入。在推进城镇化的进程中，财政支持是重要的一环。财政投入一直是城镇基础设施建设的重要资金来源。过去城市扩张和工业园区建设所需的土地绝大多数来自农村集体土地，这些土地通过政府征地后，进行开发和出让，为吸引工业投资者，各地招商引资政策中基本设置了用地优惠，包括低价协议出让工业用地，按投资额度返还部分出让金等。相比之下，地方财政对基础教育、保障性住房、医疗卫生、社会保障等公共服务的资金投入显著不足，尤其是没有为占城市流动人口主体的来自农村的流动人口在城市定居提供相应的公共服务。

尽管土地财政可以筹集大量经济建设急需的资金及解决建设用地，但导致耕地问题、环境问题、二元经济结构问题、资产泡沫问题越来越严重。而土地作为有限的稀缺性资源，特别是政府掌握的可以出卖的土地更有限，这种融资模式不具备可持续性。

第二个资金来源就是政府投融资平台，即在城镇化快速推进的过程中，地方政府以“土地财政”为支撑，搭建地方政府投融资平台筹集资金，为城镇化建设融资。地方政府融资平台始于20世纪80年代改革开放初期，1994年分税制改革后有所发展，1997年亚洲金融危机后经历了第一次显著增长，

2008年底，中国政府宣布了4万亿元的经济刺激计划，随后地方政府又推出了在未来几年投资逾30万亿元的投资计划，政府融资平台在全国迅猛发展。地方政府平台公司的融资主要有三种形式：一是银行项目贷款；二是发行“城投债”；三是融资租赁、信托私募等商业融资。在这几种方式中，银行贷款所占的比重最高，土地抵押是获得银行贷款的常用方式，偿债资金主要来自土地出让金、房地产开发收入和财政收入。2008年以前，地方政府投融资平台大多集中在省市级区域。随着城市化进程与城镇化的开展，融资平台不断下移。目前地方融资平台达1万个左右，预计2013年中长期平台债务到期量是2012年的1.65倍，结合市场配置与投资需求规模，预计2013年全年的城投债净供给量为1万亿元，累计发行量将达1.1万亿元①。

地方政府融资平台是受到融资约束的地方政府在城镇化和经济发展过程中的一种金融创新。一方面，城镇化进程对资源环境、基础设施、公共服务设施、社会保障等方面产生巨大的投资建设需求；另一方面，中央财政拨款与地方政府资金有限，地方政府存在自筹资金的需求。地方政府为完成投资目标、满足融资需求，在不违背体制与政策限制的前提下，建立集融资、建设、经营及债务偿还于一体的城市投融资平台，以此为载体，协助政府进行市场化融资与投资。作为一个金融高度不发达的国家，中国迄今为止的地方政府融资平台是一种次优安排。这种以土地和未来的经济增长潜力作为抵押的金融创新促进了中国经济的发展②。

但是，从财政与金融的关系看，政府设立融资平台借款，相当程度上就是政府的隐性负债，未来通过土地出让收益或其他财政收入偿还，还存在一定风险，在缺乏有效制度保障的情况下，容易形成商业银行的不良贷款，造成财政风险向金融风险转移。可以说，我国“土地财政”模式在为地方政府带来巨大的预算外收入、促进城市扩张和经济增长的同时，也越来越成为积累地方债务危机的重要因素。考虑到未来中国经济的潜在增长率下降，房地产存在泡沫，地方债务问题突出等问题，这种投融资模式的可持续性也存在较大问题。

---

① 张末楠：《需改变土地财政主导的城镇化融资模式》，《每日经济新闻》2013年4月22日。

② 王永钦：《地方政府融资平台改革与退出机制》，财经网，2013年11月12日。

二　未来融资模式的多样化

（一）政府专项资金

从发达国家的工业化进程可以看出，工业化与城市化是相伴而生的，而长期以来，我国工业化并没有带动完整意义上的城市化水平提升，城市化显著滞后于工业化。大量农民工群体构建了中国低成本竞争优势的基础，然而由于户籍制度等因素，农民工并未融入城市。我们在享受“人口红利”的同时，却错失了工业化快速提升所带来的历史机遇。新型城镇化就是以人为本，正是对以往发展模式的修正，也是对历史欠账的弥补。

因此我们需要专项资金对接相关需求。首先，为农民提供基础性公共服务，降低农民融入城市生活的成本。政府为进城农民提供住房、子女教育、医疗基本的公共服务：如把工作一定年限的农民工纳入经济适用房、廉租房的住房保障体系，落实和健全“就地入学”的管理服务机制，以全日制公办中小学为主，采取多种形式，依法保障流动儿童少年接受义务教育的权利。其次，强化农业转移人口的职业技能教育培训。中国已经处于工业化中后期，并在不断加速进入信息化阶段。在自动化和信息化并行的时代，传统的生产模式正在发生深刻变革，未来中国工业化吸收新增农业转移人口就业的能力在衰减。政府应当加强在相关领域的职业教育培训，提供与工业化升级相匹配的劳动技能，提高农民适应城市生活的生存技能。

（二）市政债券

市政债券是国际上发达国家和部分发展中国家城镇化建设的重要融资工具，从广义上来说，市政债券（Municipal bond）是指一国的地方政府或其授权代理机构发行的、以地方政府信用为保障的有价证券，所筹集资金主要用于城市公用设施的建设。根据发行主体及偿债资金来源的差异，大致可分为两类：一类是一般责任债券，由地方政府或相关部门发行，以财税收入作为偿债资金来源；另一类是收益债券，由地方政府授权机构或代理机构发行，以机构经营收益或特定项目收益作为偿债资金来源。由于地方政府发行债券有税收做保证，而且投资项目具有很好的效益，还债来源有保证，市政债券被认为是除国债以外最安全的债券。

2011年10月20日财政部印发了《2011年地方政府自行发债试点办法》，允许上海市、浙江省、广东省、深圳市开展地方政府自行发债试点，在首批试点的上海市、浙江省、广东省、深圳市之外，经国务院批准，江苏省和山东省在2013年也加入到自行发债试点的行列中。至此，我国地方政府自行发债试点已扩至6个省市。虽然发行债券的主体是地方政府，但试点的地方债仍由财政部代办还本付息，因此我国目前尚未有真正意义上的市政债券。

从历史上看，不论是发达国家还是发展中国家，市政债券的大量发行均与本国的城市化进程紧密相连。从美国南北战争结束到第一次世界大战结束期间是美国城市化快速发展的时期，城市化建设的大部分资金需要地方政府自筹，在此背景下，市政债券得到蓬勃发展，并成为美国州及州以下地方政府筹集公共资金的重要工具。

一般市政债券所筹资金主要用于公益性事业，包括公路、桥梁、机场、港口、水坝、隧道、供水设施、供电设施、供气设施、污水处理设施、环境保护设施以及学校、医院、住房建设和经济开发等，基本能够满足公共项目与社会公共服务部门大规模、长期性、低成本的资金需求。因此未来我国城镇化建设所需资金部分可由市政债券筹集。如果发行市政债券，我国目前会面临两个问题：第一个问题是缺少市场化的定价机制。试点省市发债采取招标发行方式，利率参照国债利率，目前国债收益率不能真正反映市场对资金盈利的内在要求，国债的价格不能充分反映市场的利率水平，而要以此作为判断市政债券票面利率和市场收益率的参照，其可靠性和准确性必然会受到影响。此外，债券的评级制度不发达，会对投资者不利。

第二个问题是如何避免市政债券的信用风险。目前我国地方政府的职能定位不尽合理，无法形成合理有效的监督和制约机制，一旦赋予地方政府自主发债权，可能会导致地方政府滥用发债权。由于地方债通常为地方政府主导的项目融资，所以也会面临类似国有企业经营中常见的软预算约束问题。在缺乏有效的市场约束和法律规范的情况下，由此造成的后果将十分严重，地方政府可能会因无力偿还而破产，到最后还是要中央政府承担最后的偿债责任。而避免市政债券信用风险的措施之一就是建立合理的偿债机制，如制定严格的审批制度以保证举债为地方政府基础设施建设服务，防止滥用市政债券为地方政府行政经费筹资，政府机构要保证筹集的各种债券资金专款专用，确保市政债券资金主要用于城市基础设施建设，而非弥补经常性收入的不足等。此外，实施严格的地方政府发债的预算硬约束，如地方债规模发行与债务存续期内的本地经济增长水平和地方财政收入水平相一致，不能发行超过地方政府官员任期的长期债等①。

（三）资产证券化

资产证券化是指将缺乏流动性但具有可预期收入的资产，通过在资本市场上发行证券的方式予以出售获取融资，以最大化提高资产的流动性（见图 1）。可证券化的基础资产的品种繁多，包括各类贷款、应收账款、商业票据、版税收入、租赁费、公用事业收费、证券等各类能产生可预期的稳定现金流的资产。依据不同的资产类别，资产证券化可分为不同的种类，如住房抵押贷款证券化、汽车贷款证券化、信用卡账款证券化、商业票据证券化，等等。

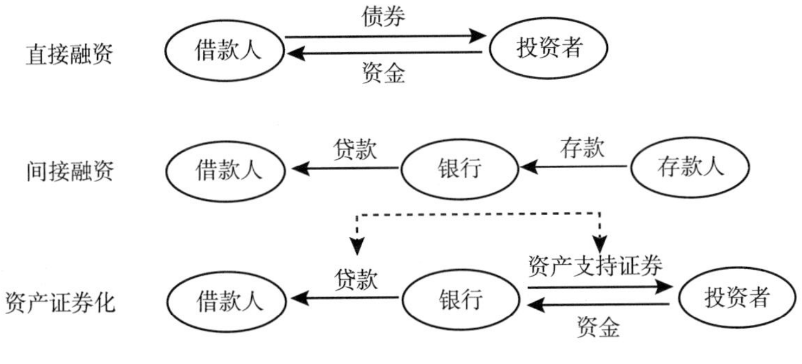

图 1　直接融资、间接融资与资产证券化

资料来源：中国经济网。

资产证券化是 20 世纪金融市场最重要的创新之一。美国是资产证券化发源地，也是规模最大、制度最成熟的市场。中国于 20 世纪 90 年代末开始尝试

① 左小蕾：《官员任期内预算硬约束应与地方债同步》，《上海证券报》2011 年 12 月 24 日。

资产证券化产品的发行，但直到2005年后才进入产品的标准化阶段。2005年3月，经国务院批准，人民银行会同有关部门成立了信贷资产证券化试点工作协调小组，信贷资产证券化试点正式启动。受美国次贷危机和国际金融危机影响，2009年后，试点一度处于停滞状态。2011年，经国务院同意继续试点，共6家金融机构发行了总计228.5亿元的信贷资产证券化产品。中国人民银行在2003年的扩大信贷资产证券化试点中，提出在尊重发行人自主选择发行窗口的基础上，引导优质信贷资产证券化产品在银行间市场和交易所市场跨市场发行，并确定扩大试点的基本原则是：坚持真实出售、破产隔离；总量控制，扩大试点；统一标准，信息共享；加强监管，防范风险；不搞再证券化。优先选取优质信贷资产开展证券化，风险较大的资产暂不纳入扩大试点范围，指导有关商业银行对通过证券化盘活的信贷资源，向经济发展的薄弱环节和重点领域倾斜。特别是要向小微企业、“三农”、棚户区改造、基础设施建设等方向倾斜。

目前，中国推出资产证券化的时机已经成熟。一是当前中国利率市场化不断推进的进程中，银行负债的稳定性趋于下降，资产负债期限错配问题凸显。同时，庞大的信贷存量、日趋严格的资本约束，均要求通过资产证券化的方式盘活存量。而资产证券化可帮助金融机构减轻资产负债表负担，提高资金流转效率；拓宽企业融资渠道，降低融资成本。二是资产证券化可将风险与收益在全社会范围内重新配置，提高社会资源的配置效率。不同部门对收益的偏好和风险的承受能力是不同的，甚至差别很大，这就为资产的重新配置提供了可能。此外，资产证券化的本质是被证券化资产未来现金流的分割与重组过程。表面上看，资产证券化是以资产为支撑，实际上是以资产所产生的现金流为支撑。因此，对被证券化的资产要求很高，如能在未来产生可预测的稳定的现金流，资产的违约率较低等。在市场化机制下，投资者作为理性经济人，必然只会投资于城镇化条件相对成熟、能够为自己带来收益的项目，而资本对这些项目的注入，在切实推动城镇化进程的同时，也能够有力地带动当地产业和经济的发展。

我国目前开展资产证券化面临的问题：

第一，缺乏足够的机构投资者。从发达国家的情况看，资产证券的主要投资者是机构投资者，包括养老基金、保险公司、商业银行、共同基金等，在国外成熟市场中，机构投资者的市场占比普遍都在70%以上。自从沪深股市诞生以来，中国就有了相应的机构投资者。真正意义上的机构投资者出现在1998年，这一年监管部门批准组建了第一批证券投资基金，这是中国机构投资者正式进入证券市场的一个标志。中国机构投资者的快速发展是在2000年以后，一个标志性事件就是监管部门明确提出要超常规发展机构投资者，然而，与发达国家相比，我国机构投资者在证券市场的比例仍然较低。

第二，信用评级业不够发达。在市场经济发达国家，信用评级已成为社会经济正常运行不可缺少的环节。资产证券化对信用评级的依赖更大，要求更高。经过长期的探索和实践，我国信用评级行业的评级技术不断提高，经营规模和盈利能力迅速增长，评级机构的整体实力持续增强。到2012年6月底，纳入人民银行信用评级统计的法人机构共78家，专业评级人员2400多人。我国信用评级业虽然有了很大的进步，但是仍然不能满足经济金融发展的需要，特别是与国际知名评级机构相比，在评级技术和内部治理上还存在差距，社会公信力还有待进一步提高。此外，缺乏被市场普遍接受和认可的信用评级机构。

第三，投资银行实力欠缺。投资银行在证券化交易过程中的重要作用体现在两个方面。首先，投资银行通过设计最可行的、成本最节约的交易结构，可降低证券化的融资成本，增大资产证券化对投资者的吸引力。其次，投资银行也是资产支持证券的主要承销商，为证券的成功发行提供保障。我国投资银行在伴随证券市场发展的过程中发挥了很大作用，但我国投资银行只有二十多年的发展历史，其在业务范围、资产规模、风险防范能力等各方面与发达国家相比都有相当大的差距，人才的匮乏导致创新业务发展缓慢。

（四）满足城镇化新要求的金融服务支持

金融是现代经济的核心，城镇化离不开金融的支持。金融对城镇化发展的支持作用主要表现在四个方面。

第一，金融支持农业现代化。农业现代化是城镇化的基础。十八大报告提出，坚持和完善农村基本经营制度，依法维护农民土地承包经营权、宅基地使用权、集体收益分配权，壮大集体经济实力，发展农民专业合作和股份合作，培育新型经营主体，发展多种形式规模经营，构建集约化、专业化、组织化、社会化相结合的新型农业经营体系。因此，在新型农业经营体系下，专业大户、家庭农场、农业合作社、农业产业化龙头企业以及科技型农业企业等新型农业经营主体将不断增多，也对金融服务提出更多的需求。

第二，金融支持城镇化的基础设施和公共服务设施建设。快速的城镇化进程把大量农村人口吸纳到城镇，随之而来的就是对于城镇交通、电力、供排水系统等基础设施需求的增加。事实上，在过去我国城镇化建设资金渠道中，银行信贷资金始终承担重任。相关数据显示，1996～2012 年，在我国城市市政公共设施建设资金来源中，中央财政、地方财政、国内贷款和自筹资金分别占 2.16%、25.6%、31.6% 和 28.6%，其中信贷资金占比最高①。值得指出的是，在城镇化建设中，政策性金融机构的作用不可替代。由于城市基础设施具有建设周期长、回收期长、非营利的特性，通过商业银行和资本市场融资相对困难较大，政策性金融作为介于财政资金直接投入与商业性资金融通之间的资金融通方式，能为基本建设提供大额、长期、低成本的信贷融资，这一点是财政资金和任何商业性金融不可取代的。就成本和风险承受能力而言，政策性金融比商业性金融具有优势；就效率和灵活性而言，政策性金融比财政直接投入更具优势，这样，通过政策性金融融资，政府可以降低城市基础设施建设融资成本，提高社会资金配置总体效率。换言之，在城市基础设施建设中，政策性金融很好地填充了财政直接支出和商业性融资之间的“中间地带”。

第三，金融支持城镇化过程中产业的发展。城镇化的前提就是产业。依靠产业，城镇化产生的集聚效应、规模效应和分工协作效应才会得以发挥。新型城镇化产业支撑体系的发展离不开金融支持，尤其是新兴产业发展和传统产业改造升级等重点领域。产业支撑体系的快速增长亟须有力的金融支持。此外，中小城镇的经济主体是大量的小微企业。小微企业大多属于劳动密集型企业，能够创造众多的就业岗位和吸引大量的农村剩余劳动力就业。大力发展小微企业和鼓励农民创业，有利于帮助农业劳动力顺利转移到城镇，并实现稳定就业

① 《金融时报》2013 年 12 月 25 日。

和生活，从而推进城镇化的发展和提高城镇化的质量。

第四，金融支持城镇化中人民生活质量的提高。在新型城镇化进程中，已经进城、但是尚未完全融入城市生活的农民，以及未来几年将要从农村进入城镇生活的农民，在个人居住、消费、创业、理财等方面将产生可观的金融需求。在现代金融服务已成为人们经济生活中不可缺少的要素的情况下，让更多的农民能认识、接受、学习和运用各种现代金融服务，培养与提高其金融意识和利用金融服务的能力，并逐步增强未来在城镇的生存、生活的能力，也是金融支持城镇化建设的重要方面。

金融机构需创新性地设计出贴近人民生活的金融产品与服务，为城镇居民和转移人口提供住房消费贷款、教育贷款、医疗保险、养老保险等全面的、多样化的金融服务，提高中小城镇人口的生活质量，促进农民稳定转移。对于住房消费贷款、教育贷款等民生消费性贷款，金融机构要加大扶持力度，适当地降低信贷门槛，提供贷款优先、利率优惠等政策，努力满足新增城镇人口的首套住房刚性需求和城镇人口子女的教育开支需求。因此在城镇化的建设中，金融机构的金融创新至关重要。

总之，在金融支持城镇化建设中，金融机构要根据不同银行比较优势和经营发展战略明确市场定位，开展差异化竞争。大型商业银行可发挥资金实力雄厚的优势定位于支持大型基础设施、大型企业发展与转型，以及房地产信贷、消费信贷等领域；地方中小金融机构应坚持面向县域、城镇社区的零售银行的市场发展定位，着力做好支持就业创业的金融服务工作，以及对中小微企业、商贸流通业、旅游业、农业产业化企业、家庭农场、农民专业合作社等的金融支持，以吸纳更多的农村转移人口就近就业①。

（五）多层次资本市场

在西方发达国家，银行、保险、证券三部分构成完整的金融体系。其中，以证券为代表的资本市场的价值尤显重要。相对于银行等间接融资渠道，资本市场本质上是一个为企业和投资者搭建的直接融资平台。资本市场作为优化资

① 刘立民、刘百宁：《拓宽新型城镇化建设融资渠道》，《金融时报》2013年7月15日。

源配置的重要平台，对引导投资、促进经济发展方式转变具有不可替代的积极作用。

新型城镇化的推进必然伴随大规模的产业结构调整，而产业结构调整的实质是部门间的要素流动和产权交易。资本市场能够从技术上和制度上有效地解决要素流动和产权交易的困难，减少产业结构调整中的经济震荡。不仅如此，资本市场还可以为城镇化过程中具有良好发展机遇的商业零售、建筑、医疗、文化娱乐等行业提供融资并购平台，推动其发展壮大和并购整合，形成蓬勃发展的行业生态。

具体来讲，应针对不同行业和不同发展阶段的企业，推荐适合的投融资服务。对符合城镇化战略和上市要求的优势企业，适时帮助其进行股份制改造。根据主板市场、中小企业板市场、创业板市场以及场外市场的不同定位，引导企业从自身规模、市场定位和产业特点等出发选择合适的上市途径。除了支持企业在主板、中小板、创业板、场外股权交易市场上市外，也鼓励中小企业通过发行企业债、公司债、可转换债、私募债等进行直接融资。

小微企业由于其规模小、盈利能力弱、抗风险能力差等自身原因，获取银行贷款的难度相对较大。相对于银行等间接融资渠道，资本市场本质上是一个为企业和投资者搭建的直接融资平台，理论上更能满足小微企业的融资需求。但能够登陆场内市场的企业大多属于各行业的佼佼者，上市门槛相对较高，未充分考虑小微企业的融资需求。考虑到小微企业的业务主要分布的局限性以及投资风险防范等，为其直接融资的场所更适合在场外市场进行。

作为场外市场的“佼佼者”——天津股权交易所（以下简称“天交所”），在推动城镇化进程中发挥了突出作用。天交所挂牌企业遍布全国100多个地级市，有超过30%的挂牌企业属于与国民经济相配套的基础产业，有超过30%的挂牌企业是科技型中小微企业，同时也有近40%的属于农业类企业，上述三类都是在城镇化进程中起到了关键推动作用的企业。天交所通过直接股权融资以及私募债券融资，同时带动银行等金融机构体系的间接融资，已经为已挂牌的400余家企业带来超过240亿元的融资。资金注入推动了企业的快速发展。包括天交所在内的其他场外交易市场，目前也承担了在城镇化进程中服务于各类中小微企业的重任，其通过融资、交易功能的完善在城镇化进程中为相关中小微企业提供配套金融服务，成为城镇化进程中不可或缺的金融资源。

场外市场是资本市场体系的基础层次，但与场内市场快速发展形成鲜明对比的是我国场外市场发展滞后。我国中小企业数量众多，地区之间发展不平衡，企业规模、成长阶段和业态模式存在较大差别，因此，未来我国场外市场建设应从市场需求出发，总体设计、分步实施，贯彻统一监管和防范风险的原则，逐渐实现分层构建。

随着股票发行制度的改革，未来我国股票发行将从核准制向注册制过渡。相比核准制，注册制发审方式具有限制较少、体现市场化选择、审核效率较高等特点。毫无疑问，这种方式将大大提高证券交易所和场外市场资源配置的效率，同时也降低筹资成本，使更多优秀的企业获得发展的机会。

三　结论

如何拓展新型城镇化建设多元化的资金来源渠道，是目前亟待关注和解决的重要问题。国内外的历史经验表明，单一的投融资渠道难以满足城镇化发展的要求，多元化融资体系的建立至关重要。此外，提高城镇化质量，其中关键一环，就是要提高城镇化进程中各种资源的配置效率。而要提高资源的配置效率，就需要走市场化道路，充分发挥市场化机制在资源配置中的决定性作用，尤其是在融资中的关键作用。基于上述考虑，市政债券、资产支持证券化等工具将在城镇化融资中发挥重要作用。同时，金融机构，特别是商业银行需要适应新型城镇化的新要求，设计更好的创新产品。此外，资本市场的完善，如建立多层次的资本市场及股票发行制度的改革，也将高效助推城镇化融资。

参考文献

[1] 巴曙松、牛播坤：《城镇化利率市场化与资产证券化兴起：来自美国经验的启示》，新浪网，2013 年 12 月 2 日。

[2] 冯奎:《融资问题将伴随城镇化发展的整个过程》, 财经网, 2013 年 12 月 7 日。
[3] 纪志宏:《完善城镇化融资机制的改革视角》, 光明网, 2013 年 8 月 31 日。
[4] 李明贤:《金融助推城镇化》,《农村金融时报》2013 年 12 月 10 日。
[5] 刘纪鹏:《对我国发行市政债券的思考》, 和讯网, 2012 年 12 月 4 日。
[6]《美国市政债券发展经验及对我国的启示》,《金融时报》2012 年 4 月 9 日。
[7]《发展市政债券是城镇化融资改革重要路径》,《中国证券报》2013 年 12 月 5 日。
[8] 时文朝:《资产证券化有助推动城镇化》,《中国证券报》2013 年 7 月 5 日。
[9] 安国俊:《市政债券是地方政府融资市场化的路径选择》,《中国金融》2011 年第 11 期。
[10] 许余洁:《以资产证券化为城镇化融资》,《中国经济报告》2013 年第 8 期。
[11] 陶然、汪晖:《中国城镇化投融资模式求变》,《东方早报》2013 年 3 月 26 日。
[12] 李建栋、李春涛:《中国市政债券政策初探》,《中国金融》2012 年第 8 期。
[13] 楼文龙:《为新型城镇化提供全方位金融服务》, 人民网, 2013 年 8 月 27 日。
[14] 何小锋:《资产证券化: 中国的模式》, 北京大学出版社, 2002。

B.9

有效推进非上市公司股权质押融资业务

——基于场外交易市场建设的思考

邓向荣　刘文强　曹 红*

摘　要：

结合我国中小企业融资难背景，对以股权交易所为代表的场外交易市场开展该类企业股权质押融资业务的意义、法律依据、业务流程、融资规模等进行了分析。着力分析中小企业经营管理不规范、银行参与积极性不高、顶层制度建设缺失与政府政策引导性不足等问题。就如何有效推进我国场外交易市场建设与提升股权交易所开展中小企业股权质押业务能力给出了政策建议。

关键词：

场外交易市场　股权质押　非上市公司　融资困境

一　股权质押对当前中小企业融资困境破解的意义

当前宏观经济形势运行不确定因素加大，风险逐渐累积，银行出于防范风险的考虑，对轻资产、高风险的中小企业采取了“慎贷”措施，这对主要依赖银行信贷支持的中小企业而言，融资困境加剧。非上市公众公司股权质押业务作为一种新的融资方式，能够盘活非上市公众公司股权资产，化解中小企业融资担保困局，缩小中小企业融资缺口。但股权作为质押担保物具有价值评估

* 邓向荣，南开大学经济学院教授，博士生导师；刘文强，南开大学经济学院博士研究生；曹红，南开大学经济学院博士研究生。

难、价格波动大、交易法律法规限制多等风险，相对于固定资产抵押或质押、第三方担保等方式而言，贷款机构开展此项业务往往心存顾虑。风险收益不匹配成为制约贷款机构开展股权质押融资业务的重要因素。

目前我国开展非上市公司股权质押业务的有商业银行、小额贷款公司、担保公司、典当行等金融机构，但其中大部分业务仅发生在商业银行和场外交易市场中挂牌的中小企业之间。原因有二：一方面，是因为在场外交易市场中挂牌企业的股权能够获得公允定价和交易流通，商业银行不会过度担心质押股权估价风险或者呆坏账处理风险，因此放宽了股权质押融资企业资质的审核条件。另一方面，场外交易市场会对挂牌企业经营进行监管，确保中小企业规范经营，所以银行有理由认为挂牌企业具有一定优势基础，也愿意向其发放信用贷款；特别地，一些股权交易所会与商业银行签订战略合作协议，内容主要是在场外交易市场挂牌的中小企业在资金短缺的情况下，可以通过股权质押方式向相应商业银行借贷融资，从而形成场外交易市场促进自身发展、挂牌企业解决融资困境、银行获取贷款利润的“多方共赢”的局面。

目前，我国场外交易市场的发展还处于起步阶段。而国外发达国家或地区在通过多层次资本市场，为中小企业提供融资支持方面积累了丰富的经验。近年来，我国各地相继建立了股权交易所（中心）、股权托管登记中心，它们正在成为我国多层次资本市场的重要组成部分。股权交易所（中心）等机构在探索以股权质押为中小企业融资方面逐步积累了一些经验，但也暴露出一些问题，对这些问题进行成因分析，并借鉴国外成功经验，探索如何加快场外交易市场建设，推进以股权交易所（中心）等机构为载体的场外交易市场非上市公众公司股权质押业务，建立与中小企业融资对接的资本平台，具有重要意义。

二　我国场外交易市场开展股权质押融资业务的情况

所谓的股权质押融资是指借款人以自身或他人合法持有的股权这一无形资产作为标的物出质给金融机构等贷款人作为履行还款义务的担保，而向贷款人申请贷款的融资行为。对于中小企业来说，以往债权融资的主要渠道是通过不动产抵押获取银行贷款。由于相当多的中小企业，特别是科技型中小企业实物资产抵押不足，致使不能充分有效地利用这一融资途径，解决企业发展中的资金缺口。各地政府为帮助这些中小企业获得资金，提出利用企业股权质押进行融资。在股权交易所进行中小企业股权托管登记，银行机构把股权质押作为向企业提供信贷服务的保证条件来实行放贷，使得企业的静态资产变为动态资产，对盘活整个国民经济的存量资产起到了积极的作用。

（一）开展中小企业股权质押业务的法规依据及业务流程

股权质押并非是新型的金融创新产品，追溯到20世纪90年代，国内已经有银行开展了上市公司股权质押融资业务，只不过当年的业务主体是上市公司，而非上市公众公司是被排除在外的。直到2008年9月，国家工商行政管理总局根据《中华人民共和国物权法》、《中华人民共和国担保法》等法律的规定，制定并通过了《工商行政管理机关股权出质登记办法》，此办法明确规定了非上市公众公司股权出质原则与登记程序，全国中小企业股份转让系统细化了工作细则，各地股权或产权交易市场制定了适宜本地区实际情况的具体工作细则。

在国家工商行政管理总局颁布了《工商行政管理机关股权出质登记办法》之后，我国场外交易市场获得了大力发展的机会，全国范围内的中小企业股权质押融资业务如雨后春笋般蓬勃发展起来，主要业务流程如下：

（1）持有某公司股权的股东（以下简称"出质人"）向股东所在公司发出通知，出质人将其持有的公司股权质押给银行（以下简称"质权人"），这些股权必须是在股权交易所办理股权登记托管的非上市公众公司股权。

（2）出质人、质权人在签订书面质押合同后，应及时到工商行政管理机关办理股权质押设立登记，申请人向工商行政管理机关办理质押登记后，应向股权交易所出具相关证明，之后即可在交易所办理完成质押股权的冻结手续，同时取得《质押股权冻结登记确认书》。

（二）各地股权交易市场开展中小企业股权质押业务情况

目前，除西藏地区外，全国各地相继建立起了股权交易所（中心）和股权托管登记中心，天津股权交易所是全国第一家成立的股权交易所。各地股权交易所及股权托管登记中心竞相开展非上市公众公司股权托管、融资业务，也已把股权质押融资作为规范管理股权和促进中小企业发展的重要手段，业务量逐年攀升。但限于股权交易市场建设起步晚，数据的可获得性差，因此本文将重点介绍如下几个具有代表性的股权交易所（中心）及股权托管登记中心开展业务情况。

1. 天津股权交易所

2008 年 9 月，天津股权交易所作为国内首个 OTC 市场，注册、落户于天津滨海新区，该所的成立贯彻了国务院关于《天津滨海新区综合配套改革试验方案》的精神，落实“以金融体制改革为重点、办好全国金融改革创新基地，加快健全资本市场体系和金融服务功能，为在天津滨海新区设立全国性非上市公众公司股权交易所创造条件”的文件要求，其业务核心是借助成熟资本市场成长经验，通过组织开展非上市公司股权融资、挂牌交易，探索建立中小企业、科技成长型企业直接融资渠道，促进非上市公司熟悉资本市场规则，完善公司治理结构，提升核心竞争能力，实现健康快速成长。天交所的成立具有里程碑意义，通过建立和完善市场孵化和筛选机制，源源不断为主板、中小企业板、创业板及境外资本市场培育和输送优质的上市企业储备资源，为构建具有投资价值、极具活力又高度稳定、集中统一的非上市公司股权市场不懈努力，成为主板市场、中小企业板及创业板市场的必要补充和重要基础支撑，引领中国迈向成熟的多层次资本市场。

天津股权交易所的市场特色为“小额、多次、快速及低成本”，为成长型中小微企业提供了特色股权融资模式。首先是融资金额，一般每次融资不超过 5000 万元，考虑到企业挂牌后的增发，以及带动的银行授信额度增加和股权质押融资，企业的总融资额度还是比较可观的；同时中小企业按需融资，资金的使用效率也较高，有利于市场的理性建设与发展。其次是融资时间，不存在繁琐的层层审批程序，通过专业化的服务为企业高效的股权融资服务，一般项目从启动到完成融资平均用时 3 个月左右，努力将企业的融资时间成本降到最低。再次是融资方式灵活，企业可以一年内通过天津股权交易所实现多次股权融资，融资效率较高。最后是融资成本，天津股权交易所对市场中介机构的收费进行合规、有效的管理，有效控制企业的融资成本。

截至 2014 年 2 月底，包括广东、天津、河北、江苏、湖南、山东、浙江、山西、福建等地在内的13个省37个地市相继制定了支持本地企业到天交所挂牌融资的鼓励政策。截至2014年2月底挂牌企业共423家，挂牌企业覆盖28个省市，私募债9只，注册报价商99家，总市值350亿元，平均市盈率10.07。

在开展股权融资质押业务方面，天交所积极发展合作伙伴，截至目前已与遍布全国多省份地区的多家银行建立业务联系，具体已与27家银行的60家总分行签约和建立战略合作关系，其中主要银行有：中国农业银行、中国工商银行、中国建设银行、交通银行、天津银行、中国民生银行、中国光大银行、中信银行、上海银行、兴业银行、招商银行、浙商银行、渤海银行、深发展银行、泉州农商行、厦门银行、海峡银行、南安农商银行、顺德农商行、宁夏银行、天津滨海农商银行、龙江银行、中国银行、浦发银行、中国邮政储蓄银行、广州银行、广发银行等。其中与13家银行总行签约，分别是上海银行、天津银行、渤海银行、深发展银行、中国民生银行、泉州农商行、兴业银行、南安农商银行、中国光大银行、顺德农商行、宁夏银行、天津滨海农商银行、龙江银行。天交所已与国内24家券商建立联系，其中签约券商有4家，分别是湘财证券、国泰君安证券、西藏同信证券、渤海证券。

截至2014年2月，天交所共为407家挂牌企业进行了挂牌前私募，共募集资金36.54亿元，平均每家企业募集资金897.79万元；97家挂牌企业办理了184次股权质押贷款融资，共计融资33.78亿元，平均每家企业3482.47万元。相关数据显示，企业的股权质押业务开展势头良好，2013年全年实现股权质押融资19.39亿元，突破了前四年的总和，占天交所市场综合融资总额的53.7%，可见股权质押业务占据了半壁江山，年均增长率212%[①]。

天津股权交易所在中小企业股权质押融资的实践方面做了有益的探索，针对企业的需求以及银行、担保公司的业务偏好，将股权质押的业务类型进行了细分，根据企业资金使用性质、所处行业特性和企业实际运营、财务指标等方面的情况为企业提供多样化的融资方案。天交所为企业提供全流程贴身服务，定期主动收集企业需求，通过对企业需求的深入分析，判断适合企业自身需求

① 天津股权交易所网站和天津股权交易所研究发展部：《业务数据和信息统计快报》，2014。

的股权质押产品，并为企业对接银行或担保公司资源，促进企业与银行或担保公司达成最终意向。在企业与银行或担保公司合作过程中，天交所实时跟进，辅导企业准备办理相关手续，督促企业履行信息披露义务。同时，天交所主动开发银行、担保公司、融资租赁公司、信托公司等与股权质押业务密切相关的金融机构，积极探索多种类型的股权质押融资模式，帮助金融机构拓展业务渠道、创新业务类型。

2. 齐鲁股权托管交易中心

截至2012年底，齐鲁股权托管交易中心已同6家银行建立了战略合作关系，同德州和枣庄两市签署了共同发展场外交易市场的战略合作协议。截至2013年12月20日挂牌企业240家，融资总额100亿元，市场市值175亿元，托管企业339家，展示企业1561家，中介机构223家。截至2013年12月开展中小企业股权质押业务共37单，企业的行业分布大部分在制造业，帮助企业融资9.96亿元，企业平均融资为2691.89万元，占总融资①的比例为34%。

3. 重庆股份转让中心

截至2013年12月10日，重庆股份转让中心挂牌企业107家，总市值98.8亿元，总股本35.87亿股。中小企业股权质押方面，截至2013年6月底实现股权质押贷款融资达9亿元②。

4. 上海股权托管交易中心

截至2013年12月20日，上海股权托管交易中心挂牌企业114家，总市值约34亿元，总股本11.45亿股，推荐机构会员74家，专业服务机构会员120家。截至2013年8月，该中心已帮助中小企业实现股权融资共计11.2亿元，引导银行向企业发放股权质押贷款、信用贷款共计5.2亿元③，股权质押贷款已成为该中心帮助挂牌中小企业解决融资难问题的重要途径④。

5. 武汉股权托管交易中心有限公司

截至2013年12月18日，武汉股权托管交易中心有限公司股权挂牌交易

---

① 融资方式包括：私募股权投资基金、供应链融资、信托计划、股权质押融资、融资租赁、投联贷、“金诚信”中小企业集合贷款计划、私募股权融资。

② http://rz.smegx.gov.cn/rongzizixun/rongzixinwen/article1374563099.html.

③ http://www.scbiomed.com/HTML/2013-10-10/6353.html.

④ http://www.china-see.com/my_indextrue.jsp.

企业为138家，挂牌企业的总股本为35.78亿股，其总市值约为274.57亿元；共为39家公司办理了65笔股权质押融资业务，质押股权24.21亿股，完成股权质押融资总金额54.35亿元①。

6. 广州股权交易中心

截至2013年10月30日，广州股权交易中心挂牌企业覆盖广东省主要地级市，有58家挂牌企业通过股权质押实现融资10.037亿元。

综合来看，各地股权交易所及股权托管登记中心开展的包括中小企业股权质押融资在内的业务是破解中小企业融资难问题的有益探索，拓宽了该类企业的融资渠道，为其发展注入了新活力，为当地的经济发展做出了重要贡献，确实发挥了场外交易市场有效支撑主板市场的功能，在一定程度上践行了金融服务于实体经济的历史使命，对我国建立多层次的资本市场是极具意义且是不可或缺的重要环节。其中像天津股权交易所作为国内最早成立的股权交易所，在我国场外交易市场建设历程中具有里程碑式意义。该所一方面有国家给予的政策优势，譬如2006年的《国务院关于推进天津滨海新区开发开放有关问题的意见》（国发〔2006〕20号）、2009年的《天津滨海新区综合配套改革试验金融创新专项方案》、2012年3月天津市滨海新区政府印发的《十二五时期综合配套改革试验规划》、2012年4月天津市人民政府发布的《关于大力支持小型微型企业发展的若干意见》等一系列的政策；另一方面凭借自身较为完善的组织架构、较为合理的制度设计、规范的市场运作、专业化的服务与良好的市场信誉，为企业量身定做一套包括股权质押融资业务在内的多种股权融资服务模式，特别是在中小企业的股权质押融资方面作用突出，成为了其他股权交易所及股权托管登记中心开拓市场学习的范本。

三 我国场外交易市场开展股权质押融资业务面临的问题及原因分析

场外交易市场开展的股权质押融资业务，在一定程度上提供了解决中小企

① http：//www. china - wee. com/news/12/993. aspx.

业资金短缺问题的一种思路，是银行对中小企业提供金融支持的一种探索。股权出质登记抵押融资业务的有效推行，构筑起了社会存量资金与创业资本的金桥。调研发现，中小企业对通过股权质押融资方式来破解融资瓶颈的做法极为认可，而且有迫切的需求。但从目前执行的情况看，与预期差距较大，主要是以下几个方面的问题使得股权质押融资业务的开展较为缓慢。

（一）中小企业自身问题多，难以有效利用股权质押融资工具

场外交易市场开展股权质押业务的主要困难在于中小企业自身的弱点，相对于大企业来说，中小企业资产价值低，底子薄，市场竞争力弱，抗风险能力差，经营管理不规范等；加上中小企业经营者缺乏对新兴股权质押融资方式的了解，客观上影响了股权质押业务的开展。

1. 抗风险能力差，市场竞争力弱，企业价值波动大

一方面，中小企业抗风险能力弱。通常情况下中小企业存在注册资本低、企业规模小、固定资产较少等问题，因此，银行等金融机构认为，相比于抗风险能力强、还款能力好的大企业，中小企业的盈利能力和还款能力弱，如果放贷将面临更多的风险，仅能获得和放贷给大企业相似的利率，风险收益的不匹配使银行对中小企业采取“惜贷”策略。

另一方面，中小企业价值波动相比大企业更大。由于中小企业存在生产规模、管理水平及资本积累等方面的劣势，和资金雄厚、生产技术先进的大企业相比，其市场竞争力弱，经营生产处于不利地位，市场前景不明朗。一旦宏观经济形势恶劣，中小企业将先被淘汰，企业生命周期短，稳定性差。即便中小企业欲以自身股权质押贷款，但银行无法对企业股权价值作出准确评估，也就无法为其办理股权质押融资业务。

2. 经营管理不规范，难以通过银行信贷审查

中小企业中有相当一部分是起源于家族经营的小店或作坊，其经营管理存在两方面问题：一是管理的随意性强，中小企业多数没有专门的组织管理机构，所有者也是管理者，无法实现管理的制度化、规范化、程序化；二是内部组织结构简单，缺乏专门的财务机构设置，无专门的财务人员，账务不清，信息不公开，信用水平低。尽管在场外交易市场上挂牌的中小企业，受场外市场

的监督，其组织机构和财务管理已有改观，但其信息披露意识差，甚至故意隐瞒信息，透明度低，难以通过银行信贷审查，股权质押也无从谈起。

3. 中小企业经营者观念守旧，对股权质押融资新兴业务持观望态度

股权质押融资业务最初从上市公司开始，直到2008年国家工商行政管理总局出台《工商行政管理机关股权出质登记办法》后，非上市公司股权质押业务才逐渐兴起，而市场对新事物的接受还需要一个过程。特别是在小微企业，所有者也是经营者，在经营理念上趋于保守，缺乏开拓的勇气：一是对股权质押融资认知存在一定偏差，认为其会动摇自己对公司的所有权；二是不愿意将自己公司的信息过多向外界披露，刻意回避需要披露相关信息的股权质押方式，以致公司面临融资困境时，首先想到通过亲友借款方式融资。

从目前场外交易市场股权质押业务开展的实际情况看，挂牌企业中使用过股权质押融资方式的企业数量占全部挂牌企业数量的比例还很低，但是也出现了很乐观的趋势：多数使用过股权质押方式脱离资金困境的企业，当再次面临融资困境时会二次选用该方式。这说明股权质押方式在逐渐得到市场认可。因此，可以通过加强宣传，在场外交易市场推进中小企业股权质押业务。

（二）银行态度保守，开展股权质押贷款积极性有待进一步提升

银行目前仍然以大中型企业为主要客户群，对中小企业股权质押融资业务积极性不高，整体放贷规模偏小。一方面是股权质押融资作为金融创新工具，无论是银行还是中小企业对此都缺乏足够的了解，加上场外交易市场股权质押方式本身存在的障碍，使许多银行尚在权衡其风险收益性，以致迟迟不愿开展。

1. 囿于中小企业质押股权特殊性，银行面临质押股权价值波动的市场风险

传统的实物担保资产的价格波动远小于股权价格波动的频率和幅度。通常情形下，股权设质与股权转让遵循相同的程序，对于质权人而言，若接受股权设质就意味着接受了出质人手里股权的市场风险。股权的特殊之处是不管是股权被质押企业存在的经营风险，还是宏观外部因素的不利影响，最终都会体现在股权价格的变化上，所以在设立股权质权时，往往以当事人或第三人（如资产评估机构）的预期价值为基础，而预期值常会与实际状况相背离，这些

不利因素使得股权价值难以准确、合理评估，质权人承担着其债权得不到充足担保的风险，使其担保功能减弱，影响了银行开展非上市公众公司股权质押的贷款业务积极性。

特别对小企业来说，在没有有效监管的情况下，他们通常的做法是隐瞒自身的经营、财务等负面信息，所以该类企业面临的市场经营风险更大些，当资不抵债的情形出现时，股权价格存在下跌风险，此时转让股权所获得的价款不足以清偿债务的可能性剧增。虽法律明确界定质物变价后的款项难以支持清偿债务时，债务人继续清偿不足部分，但囿于中小企业的客观现实，贷款人所追讨的成本往往难以覆盖收益。

2. 场外交易市场挂牌企业数量有限，银行可选择的优质股权范围小

银行在开展股权质押融资业务时，首先会考察质押股权的质量，也就是审核质押股权公司的质量，选择经营稳定、盈利能力强、抗风险能力强、信用好、股权价值波动小的企业股权，对于抗风险能力差、信用低、股价波动大的企业不予考虑。银行一般会要求企业并用其他固定资产进行担保，以将股权质押风险降至最低。由于场外交易市场挂牌企业的质量相对较好，所以银行会倾向于认为挂牌企业股权质押风险小，放贷可能性就会提高。

目前股权质押的实际操作是，各商业银行与某股权交易所（市场）签订战略合作协议，就该股权交易市场内的企业开展股权业务。但是就我国场外交易市场的基本情况来说，包括全国中小企业股份转让系统以及上海、天津、武汉等地股权交易所在内的场外市场挂牌交易的全部企业数量有限，所以银行可以选择的质押股权范围也很有限，大多开展股权质押业务的银行其股权质押业务笔数不多，单笔放款额度也不大，业务难以做大。场外交易市场挂牌企业数量少在客观上限制了银行开展此项业务的空间，以致银行出于成本收益考虑不愿配备专门的人力、物力去开拓股权质押这一风险高、空间小的业务领域。

3. 银行体系内部严格的信贷管理制度约束，股权质押创新业务受冷淡

场外交易市场股权质押贷款业务开展受限于银行体系内部严格的贷款管理制度。在实际业务开展中银行反映，银行管理层缺乏创新意识，尚未创新银行体系内部风险合规的管理理念，省级分行开办新贷款业务需要报批总行。部分银行把股权质押贷款划归于信用贷款，这就存在通过风险控制审核困难，也有部分银行囿于其内部较为严格的贷款担保制度，要求在办理企业股权质押贷款时必须辅以其他实物资产作为担保抑或有担保机构承担连带责任，这些银行管理因素会最终影响股权质押贷款业务的开展，阻碍场外交易市场的发展步伐。

4. 传统固定资产担保的优先受偿权，开展股权质押担保业务风险更高

根据《担保法》有关规定，担保债权相比普通债权具有优先受偿权，从质权人角度看，传统固定资产担保的风险远小于股权质押融资的风险。尤其是出质公司资不抵债面临破产清算时，以不动产、动产作为抵质押的贷款受偿权优先于以股权质押的贷款受偿权，待以质押股权清偿时，股权已几乎无价值，谈及质权也毫无意义。所以在股权交易所挂牌企业的质押股权保障度降低，风险高，引致银行在开展股权交易所的企业股权质押业务时有所顾虑。

当前虽然部分金融机构特别是银行机构开展了中小企业的股权质押的贷款业务，不可否认该类融资方式得到了中小企业及部分金融机构的追捧。但出质股权种类不同，担保功能也有差异，以上市公司股票出质的，其流通性、变现性强，担保功能较强，风险较低；以股权出资出质的，其流通性、变现性较差，担保功能较弱，风险较高。因此，开展场外交易市场股权质押贷款业务，银行面临比其他担保方式更大的风险。

（三）场外交易市场机制不健全，股权质押业务难开展

尽管相比于其他机构或个人为平台或者中介来说，在场外交易市场开展股权质押业务具有价值评估及监管的优势，但是场外交易市场机制设计不健全、自身发展不成熟等因素影响着股权质押业务的有效推进。

1. 场外交易市场缺乏有效的股权定价机制，质押股权价值难以准确评估

重置成本法、市场法、收益现值法是目前银行评估公司质押股权价值时所采取的方法，质押的股权价值会因不同的评估方法而相差很大。对于在沪深股市的上市公司来说，银行机构还可以依据股票交易市场的价格研判股权的价格走势。尽管在股权交易所等机构挂牌的中小企业股权也有报价，也可以进行场外交易，但是这种股权报价多是协商产生的，并没有专业的评估公司给出挂牌的合理报价，所以该报价不能客观反映场外市场供求关系，以至于挂牌交易股权常处在一种有价无市的状态。另外，股权交易供求市场活跃度低，致使非上

市公司股权无法依托市场形成有效的股权定价机制，给市场对非上市公众公司股权价值的合理、有效的评估造成较大的困难。

在进行股权质押时，银行仅会将挂牌企业股权价格作参考，更多的是依据自己的经验评估股权价值，然后在该评估值上按一定比例打折扣（一般在30%～50%）给企业贷款。有效股权定价机制的缺失客观上使得质押股权价值难以被准确、合理评估，若股权价值被过低评估，出质人难以获得需求融资额度；若过高评估股权价值，会引发出质人的质权无法得到有效、合规的保障，这些不利因素在一定程度上使得中小企业股权质押融资业务开展及规模扩张受到限制。

2. 场外交易市场缺乏配套的信用评级机构，难以辨别质押股权企业优劣

就股权质押融资流程而言，贷款方会先对企业股权优劣进行甄别，所以会特别考察质押股权的企业质量，尤其是其信用情况，良好的信用是市场经济下企业融资的前提条件。尽管目前全球存在以标准普尔和穆迪为代表的很多专门信用评级公司，可以对国家主权、大型企业的信用情况进行评级，具有权威性和广泛实用性，但是我国的信用评级体制相对落后，不但没有统一、有效的信用评级系统，也没有适用于不同对象的信用评级规则与制度。目前有中央银行开展了企业和个人的征信业务，但是金融应用领域不多，一般都是各金融机构以自己的实际经验总结的一套客户信用评级体系。囿于中小企业信息不公开、中小企业情况各异等原因，在场外交易市场更是缺乏针对中小企业进行信用评级的专门机构。即便有一些专业评估机构，但在场外交易市场监管缺位的情况下，市场评估机构的评估结果难以保证客观、公允、有效，因此也难以用作衡量中小企业优劣资质的参考，客观上影响了股权质押业务的开展。

3. 场外交易市场对挂牌企业持续监管机制缺位，股权出质面临道德风险

和其他类型的质押融资行为相比，股权质押是很特殊的融资行为，质押股权价值会因企业在经营期的行为而产生波动，因此质权方接受了出质方的质押股权后至股权质押业务终止前，需要对公司真实的资产管理、财务状况、生产经营、人员更替及股权变动等诸多重大信息及时掌握，为合理、有效地判断公司今后的发展前景奠定基础。一般而言，证券交易所对上市公司都有严格的信息披露制度，上市公司的信息披露相对及时、规范，所以质权方能较好掌握上市公司相关信息。

尽管目前场外交易市场建立了信息披露制度，但是没有持续有效的监管机制，以致挂牌企业自身不会主动披露公司的真实经营情况及重大交易情况，甚至延缓发布或者根本不发布重要信息，导致质权方难以全面、有效掌控企业生产经营、资产管理及财务状况等重大信息，所以也无法准确判断企业经营的真实情况，更不能对股权价值进行持续、准确的评估。尤为重要的是，信息披露制度等监管机制的缺失，极易引发出质企业的道德风险。股权质押的道德风险是指企业在以质押股权方式融资后，出于利己目的而损害质权方利益的风险，比如企业实际控制人可能通过关联交易而掏空股权公司资产，降低既有质押股权价值，使质权方在对出质人进行追偿时蒙受损失。

4. 场外交易市场股权转让机制效率低，质押股权面临处置风险

在股权质押融资业务开展过程中，当提供融资的机构遇到企业难以正常偿还贷款融资时，那么处置出质股权的利得能够保障债权人免受损失。上市公司的股权处置相对较为简单，可以在主板市场上进行转让交易；场外交易市场挂牌的非上市公众公司股权处置则相对比较麻烦。尽管我国允许非上市公众公司的股权转让业务在股权交易所以挂牌的形式开展，但目前股权交易所建设刚刚起步，尚未形成统一的非上市公众公司股权的转让市场。市场规模小、流动性差、活跃度低、法律法规限制多，缺乏有效的股权转让机制，因此，质押股权事实上较难以场外交易市场作依托进行自由转让，这极大程度地增加了质权人股权处置风险。[①]

（四）股权质押与转让法律法规不完善，政策引导性不足

目前我国尚没有关于非上市公司股权质押与转让的统一法律规定，实际操作中以《物权法》、《担保法》及相关部门规章为依据，主要对股权出质登记、股权托管、股权转让做了相关规定，但是这些规定或是执行性差，或是缺乏平台依托，致使质押股权面临各种法律政策风险。

---

① http：//www. hzcqjy. com. cn/cqjy/view/news. jsp？ unid =7A3DA1A807F1BB0D24E8 AD612F4DF5F7.

1. 股权出质登记制度审查及执行力不够，加大了股权质押处置风险

根据《物权法》第260条规定，股权出质需要到工商管理部门办理质押登记业务。该规定首次明确工商行政管理部门是办理非上市公众公司股权出质登记的政府职能部门。对此，2008年国家工商总局颁布的《工商行政管理机关股权出质登记办法》，进一步对股权质押登记实际操作做了明确说明，对股权出质登记的登记范围、申请人、所需材料、办理程序等事项都作出了具体规定，股权出质登记开始制度化。此外，该办法还明确了股权进行质押登记备案的法律效力，即企业的股权质押登记后，该股权被锁定，不允许进行重复抵押或者转让，最大限度地保护了质权人利益，降低了金融机构开展股权质押贷款业务的风险，提高了股权质押登记的公信力，自此全国范围内股权质押业务开始蓬勃发展。

但是，工商部门审核申请办理股权出质登记的股东材料信息的真实性条件是必须拥有非上市公众公司所有股东的登记信息。但现实是工商行政管理部门在办理非上市公众公司注册登记业务时，出于操作方便，一般只对公司的前三位股东进行登记，备案其他股东。究其原因是该类部门的人力与财力是相对有限的，若登记所有股东的信息，工商部门的登记工作量是巨大的，需要耗费大量的经费建立庞大的股东管理信息库。相关部门对股权质押法律法规的执行力不够，可能为日后股东间就质押事实产生分歧埋下隐患，加大质押股权处置风险。

2. 股权质押托管制度缺乏专业机构支撑，质押托管公信力待提升

一般来说，开展股权质押登记业务，需要先由出质人到托管机构进行预登记，然后才由出质人和质权人共同申请股权质押登记。股权托管应该是由有公信力的第三方专业机构对委托公司股东名册进行管理的民事行为，从而为工商行政管理部门开展非上市公众公司的股权出质登记提供依据。根据《担保法》规定“以有限责任公司及非上市股份有限公司的股份出质的，质押合同自股份出质记载于股东名册之日起生效”。以上法律法规在执行中出现两个问题。

一是第三方专业股权托管机构缺失。据了解，目前大多数非上市公众公司股权尚缺乏统一专业的机构进行托管，而是由地方政府部门自行决定，包括工商部门、政府其他部门、证券机构、产权交易机构等。如某些地区，工商行政部门兼管股东名册托管与登记业务，托管机构也是质押登记机构，即是由托管机构根据股权状况，决定是否出具股权质押登记证明书，并有协助法院冻结、解冻质押股权的义务。由于工商部门是非专业托管机构，不能实现有效监管质押登记公司股权变动，质权人的权益不能得到很好的维护。另有一些地方政府将产权交易中心或者股权交易所作为股权托管机构，由于上述场外交易市场本身负责对挂牌企业进行监管，所以对其进行股权托管既顺理成章也有效可行。但是这些实际经验并未写入法律法规，更无法进行推广应用，致使专业股权托管机构的不明确变成了制约股权质押融资业务推进的重要障碍。

二是托管主体不明，托管效力及股权质押登记效力受影响。由于股权质押托管机构没有法律确认其主体资格与监管权力，也就难以保证托管的有效性。股权质押实际操作过程中最大的问题是股东名册登记制度在非上市公众公司（主要是中小企业）中使用受到制约：有的公司尚未建立起有效的股东名册制度，有些公司即使建立了后来又废除了；有的公司缺乏遵守诚实信用原则意识，未将股权出质的事实登记在股东名册上，或者在出质时登记在股东名册上，而事后又进行删改等①。所以，中小企业股东名册不但未充分披露信息，而且缺乏必要的公信力与公示力。这极有可能使股权质押登记流于形式，起不到保护质权人权益的作用，成为股权质押业务开展的重要制度障碍。

3. 关于股权可转让条件的法律法规多而分散，质押股权面临权利瑕疵风险

虽然场外交易市场的股权质押尚不涉及股权转让，但如果出质方违约、无法还款，需以质押股权折算抵债时，贷款人必然要面临如何处置、转让股权的局面。目前我国尚未有专门针对股权转让的法律法规，相关规定限制散见于各类法律中，实际操作中主要以《公司法》、《物权法》、《担保法》为主要依据。如《担保法》第75条第1项规定，“依法可以转让的股份股票”方可以设立质押，并分别对有限责任公司、股份有限公司、国有股权、外商投资公司的各种可以质押情形做了明确规定，可转让性是对股权可否作为质押标的物的唯一限制。

但就可转让性本身而言，相关法律法规对此作了较为详细的限定。如

① 段颖冰：《在产权交易机构内大力开展非上市中小企业股权质押融资业务》，《江苏科技信息》2009年第7期。

《公司法》第72条规定，股东在向股东以外的人转让股权时，需经其他股东过半数同意；第147条规定，“发起人持有的本公司股份，自公司成立之日起三年内不得转让……公司董事、监事、经理应当向公司申报所持有的本公司的股份，并在任职期间内不得转让”。此外，在涉外股权上，《外商投资企业法》明确规定外商投资企业的投资者可在企业注册成立后遵循合同签订内容或法律允许的期限注资，指的是注册资本授权制——实际注资并不是获得股权的前提，质权人存在外商投资企业的股东可能出现以未缴付出资部分的股权来设定质权而引发风险。此外，一些公司股东内部签订了关于股权转让的限制规定，这些规定甚至写进公司章程，成为具有法律效力的文件，事实上增加了股权质押权利审核的难度。因此，在转让处置上，贷款方必须弄清楚股权转让的法律限制，降低后续处置风险。

另外，按国家相关法律规定，股权质押必须办理出质登记，所以股权出质登记条件成了质押股权转让的又一限制。按照2008年颁布的《工商行政管理机关股权出质登记办法》规定，不予办理质押登记的情形有：质押登记备案未注销登记、已经被人民法院冻结、公司章程规定不得转让等情形不予办理质押登记，最大限度地保护了债权人和债务人的权益。但是还存在两个问题：一是该部门规章的法律位阶低，发生质押纠纷时难以有效发挥作用；二是在实际操作中，工商部门在办理质押登记时只尽到形式审查义务，贷款方在进行股权质押审核时，必须详细查清待质押股权情况，以免承担股权质押公司刻意隐瞒重复质押、冻结等不良信息带来的风险。

四　以“政府引导、市场参与”为原则有效推进非上市公司的股权质押融资业务开展

目前我国场外交易市场开展的中小企业股权质押融资业务，确实在一定程度上对探索解决中小企业的融资难问题是一个有益尝试。各地方政府为当地的股权交易所及股权托管登记中心给予了大力政策支持，充分发挥这些场外交易市场破解中小企业融资瓶颈功能，中小企业可以获得快速、高效、周到的资金服务，从而使中小企业的发展更上一个台阶。但看到成绩的同时，我们必须保

持清醒的头脑，挖掘我国场外交易市场在开展中小企业股权质押业务中存在的问题，这些问题亟待解决，否则会限制该类市场的发展，使金融支持实体经济发展的功能受到限制。所以，一方面政府相关职能部门务必要实现思路的转换，尤其要形成合力，以进一步加快完善相关制度建设为重点，使得在场外交易市场上开展中小企业股权质押融资贷款这一金融创新工具的作用得到有效发挥，引导股权质押融资业务的市场参与者积极参与其中；另一方面包括银行、股权交易所及股权托管登记中心、中介机构、中小企业在内的市场参与者务必规范自身的经营、管理，共享市场发展带来的红利。政府与市场参与者应着力从以下几个方面展开工作。

（一）政府相关部门应以完善制度建设工作为重点，促进股权质押融资业务开展

1. 政府主管决策部门亟待提升监督管理职能，做好完善相关法律法规工作

针对实际运行中对中小企业股权质押融资业务缺乏必要审批和登记的统一监督管理现象，国家有关职能部门应加快做好政策文件的修订工作，强化原公司的审批部门做好审批申请股权质押工作，强化拟开展股权质押的公司注册所在地的工商管理部门行使股权质押的登记与监管职能，修改《公司法》中关于股份转让质押的条款规定，将《担保法》中有关权利质押中涉及股份质押、股票质押的内容单独列出，对中小企业在场外交易市场开办股权质押进行审批登记程序和限制条件等做出明确的界定。

2. 工商行政管理等部门应明确职责，确保股权质押工作开展顺利

中小企业的股权质押融资业务牵涉到资产评估机构、工商行政管理局和公证处等部门，前者作为独立的法人企业，易受经济利益的影响，而开展好股权质押工作的前提是股权价值评估的真实性；后两者作为国家行政机关，它们为企业办理好股权质押的公证、登记，是质押工作进行的有力保障。因此，三个部门必须在各自的职责范围内进行通力合作、共享信息，做好场外交易市场开展股权质押业务。

3. 有效推进股权转让二级市场的快速、健康发展

对越来越多的中小企业开始通过场外交易市场进行股权质押融资这一现

实，国家有关部门应加快探索制定扶持企业股权转让二级市场的政策，做好构建并完善市场体系的工作，探索提高企业股权的流动性、拓宽变现渠道。一方面，主管部门应针对地方政府已建立的股权交易所及股权托管登记中心实行相关的中小企业股权转让的交易制度，但规定了不同的托管股权范围与具体方式来分割市场且缺乏全国性的统一交易机制的现实情形采取有效措施。国家相关部门如能加快总结地方实践经验并出台有关的法律法规，构建和完善好非上市公众公司的股权转让体系，将能够有效提升企业股权流动性和拓宽变现渠道。一旦全国层面上的中小企业股权转让体制机制形成，那么该类企业的股权质押转让困境也将破解，相继形成合理的股权定价机制、价格发现机制，使得质押股权的定价与评估显得更加合理，这样中小企业股权质押融资的生态环境将得到彻底改善。另一方面，主管部门应加快推进各地区建立、完善产权（股权）交易市场与拍卖机构合作机制建设，使企业股权的转让、流动程序更为明确，在审批与登记管理部门的共同努力下推动企业股权的正常流通。如果借款企业无法如约还款，那么质权银行有权在上述交易机构将质押股权转让变现，确保银行顺利推动股权质押贷款业务发展。

4. 相关部门可通过银企见面会等形式大力宣传股权质押相关政策

从目前现状来看，许多中小企业尚不明确《工商行政管理机关股权出质办法》中的有关规定，例如工商部门不收取任何费用在5个工作日内办理企业股权出质登记的相关手续。针对此种情形，各级政府职能部门应及时向企业、银行等转发已出台的政策、规定。另外，探索由银监局、人民银行及工商行政管理部门形成的分工协作机制，办好银企见面会、研讨会等会议，在电视台及门户网站进行实时公布，以达到向银行及企业共同宣传股权质押的相关最新政策的目的，实现政府主管部门、企业及银行的三方通力合作，形成有效对接机制来共同推动非上市公众公司股权质押融资业务的开展。

5. 有关职能部门应强制实施非上市公众公司的股权登记托管制度

当前开展非上市公众公司股权质押融资的主要障碍是股权不规范管理，股东信息登记不完整或失真。所以国家相关部门应及时出台相关政策，强制推行登记托管制度，规定必须由专业机构（场外交易市场的股权登记中心）来集中托管非上市公众公司的股权，而且针对目前各地股权交易所及股权托管登记中心遍地开花的格局，政府相关部门应大力整顿、规范好这类机构，做好统一颁布股权登记托管业务细则工作，使其执业行为规范。这不仅能够提升其管理非上市公众公司股权的能力，又夯实了非上市公众公司进行股权质押融资的基础及提高了股权流动性，为该类企业的上市交易奠定了基础，极大地保障了股东权益。

6. 政府职能部门需加快服务创新步伐，推动中小企业股权质押融资

政府面对中小企业的生存、发展困境，首要的就是解决融资难的问题，相关部门应积极探索拓展中小企业直接融资渠道，探索复制创业投资基金的模式，由中央财政从专项经费中拨付部分资金，与地方政府资金及社会资本出资一起设立投资基金，其管理应当按照政府引导、市场起决定性作用的原则，政府委托场外交易市场的股权登记托管机构经营与管理投资基金日常业务，探索由股权登记机构配合其他金融机构做好登记企业的选择与甄别工作以达到有效进行市场分层的目的，通过审核的企业可按达成的期限、利率从该基金获得股权质押贷款，帮助中小企业解决融资难的问题。

7. 政府决策部门应加大对中小型金融机构的政策倾斜与支持力度

目前大型商业银行注重给大企业投放贷款无法在短期内改变，所以对开展中小企业的股权质押融资业务动力不足。而区域性商业银行、城市商业银行等银行机构可以较好地填补这部分的空白，因为我国的金融生态环境以及上述这些机构的自身定位和特点，决定了中小企业是它们的主要客户对象，它们有动力拓宽自身的业务渠道——开展股权质押融资业务。所以政府决策机构应该加大对中小型金融机构的政策倾斜与扶持力度，着力改善它们的金融生存环境，从制度上完善该类银行机构开展中小企业股权质押业务，做好对它们的引导工作，发挥好它们填补大型商业银行对中小企业融资不足空白的作用。

8. 银行应探索联合政府相关部门建立企业信用信息数据库

探索由银行联合商务、工商行政管理、税务、质量监督检查等政府经济管理部门共同构建统一的企业信用信息数据库来有效合规地管理企业，开展企业信用等级评估与认定工作，实现为金融机构放贷业务提供可靠的参数，进而打消银行在场外交易市场上开展中小企业股权质押融资的疑虑，达到银行、企业、其他中介机构互利共赢的目的。

9. 政府监管部门应探索建立多层次的监管体系，做好信息披露工作

按照由易到难的监管原则对场外交易市场信息进行披露，以规范形式为出发点，逐步落实将信息披露延伸到公司内部治理的各个方面。可以从以下几点来尝试构建统一的监管体系，首先加快做好各市场技术平台的统一工作，包括股权质押业务在内的信息披露平台、交易系统及股权托管登记平台等，由中国证监会来执行统一监控工作，以便证监会可以实时掌控各市场上挂牌企业的经营、运作情况；其次是探索由各地证监局来监管区域股权交易市场；再次是证监会通过各地区的证监局来实现对区域股权交易市场的间接监管，特别是风险较大的中小企业股权质押业务；最后可遴选出发展势头较好的区域性股权交易市场，由监管部门经过协商与考核后可以转换为全国性的场外交易市场的分市场，从而进入到全国场外市场的监管序列，接受证监会的直接监管。当然还可以探索更多的间接监管方式来监管场外交易市场，第一，探索建立场外交易市场的自律协会并出台相关的行业自律规范防止恶性竞争；第二，进一步加强对中介机构的规范管理，以便对场外市场进行间接监管。总而言之，信息披露是建立统一体系下的场外交易市场监管模式的工作重点，实现以建立统一的信息披露平台为切入点。中国场外交易市场要想实现类似于美国纳斯达克市场的规模和影响力，必须借鉴美国纳斯达克市场建立的统一报价系统经验，探索在统一信息披露平台的基础上来构筑统一的交易平台①。

（二）股权质押融资的市场交易主体应着力做好的工作

股权质押融资的市场交易主体：质权人（通常为银行）、出质人（公司的股东）、券商、担保机构、股权交易所、资产评估组织等应进行通力合作，为开展有效的中小企业股权质押业务而努力，形成多方共赢的良好局面。

1. 质权人应做好出质人的资格审查工作

当出质人将股权作为质押标的物质押给质权人时，质权人务必要求出质人配合开展出质人及债务人的主体资格审查，可着重从以下几方面进行：第一，质权人应从工商管理部门调查、确认出质人及债务人的主体资格是否有效存

① 党印：《构建统一的信息披露平台是场外市场监管体系突破口》，《证券日报》2013 年 11 月。

续；第二，质权人应审查出质股权在工商管理部门登记的出质人和所有人是否为同一主体，做好确保出质人确实存在处分该股权权利的工作；第三，质权人应着力审查债务人和出质人是否存在涉嫌违法经营而被吊销营业执照等记录；第四，质权人要审查出质人的股权取得途径，要确定经过股权转让程序处理所取得的股权是否合法、有效，出质人是否已经依照合同规定完成了全部转让价款的支付行为等；第五，若债务人与出质人不是同一个主体时，应该明确这两个主体之间是否存在关联关系。按照新《公司法》第十六条的规定，“公司为股东提供担保并须经股东会或股东大会决议通过”，所以，当出现公司为股东提供担保的情况，那么债权人务必要向公司查验经股东大会批准的股权质押事项的决议原件，并妥善保留好相关复印件。

2. 确保股权质押程序合法有效

第一，必须严格遵守《物权法》的规定。《物权法》第 226 条第 1 款规定：“以其他股权出质的，质权自工商行政管理部门办理出质登记时设立。”所以在签订股权质押合同时，出质人、质权人等必须严格遵循相关法律规定，按时到相关部门办理合规的出质登记手续，确保法律上股权质权的设立。

第二，做好审阅出质人与债务人公司章程工作。为避免担保决议事项不符合法律规定而无效，债权人应勤勉尽职地做好审查出质人章程工作，明确其所提供担保符合章程规定与否，是否严格按照相关章程履行了相应手续，将因担保决议无效而引发的股权质押合同效力无效风险降至最低。

3. 探索建立股权质押的评估体系与中介组织

当前各种类型的中小企业积极活跃在股权交易市场上，但是中小企业自身的缺陷导致股权质押融资的风险较大。因此建议探索以股权交易所及股权托管登记中心牵头资产评估机构、银行机构、工商行政管理部门等机构落实好建立该类企业股权质押融资业务的盈利性、流动性、安全性等多维度的指标评估体系工作，加快形成具有市场公信力、权威性、独立性的中介评估机构组织，从一定程度上将债务人、质权人的风险降到最低。

4. 建立合理控制及防范风险机制，加强风险防范

首先质权人应加大对质押股权的审查力度。在开展股权质押融资贷款前，银行等金融机构应该充分调查、了解及分析借款人和被质押股权所在公司的经营管理水平、财务状况等，科学论证企业的融资目的和投资项目，量化预测好借款人未来还本付息的能力和进行股权质押的实力。质权人应通过合规、有效地审查鉴别出有实力的企业和有价值的股权，为该类企业开展好股权质押融资服务，实现金融机构与中小企业的互利双赢的良好局面。其次质权人应加大对股权出质公司的监督力度。应进行量化分析，确保出质股权的保值和增值，防范与规避出质股权价值下降的风险，所以务必要对股权被质押单位的经营行为进行必要的、适当的监督和限制。这方面是需要股权出质时的金融机构、出质人以及被出质股权的企业共同做好签订相关的合同工作。

5. 银行应加大自身转型力度与转变风险管理理念

商业银行作为股权交易所的战略合作伙伴，应该做好自身发展的战略转型。打破以往靠存贷利率的“剪刀差”赖以生存的机制，借着国内正大力发展“科技银行”这股东风，借鉴“科技银行”的部分业务创新模式与风险管理理念，在风险可控的前提下，积极探索发展场外交易市场的“股权质押”融资这一系列产品，优化业务流程与考核机制，积极与相关机构展开合作，鼓励银行工作人员积极投入到这项业务中来。此外，商业银行可探索政府主管部门、联合基金、保险、券商、企业年金等机构共同出资构建风险资金池，当挂牌企业还款触发违约条款时，这支“风险基金”负责受让其股权，进行风险处置。

6. 股权交易所等机构应加强对中介机构的筛选与管理工作，其应规范自身发展，树立公信力与权威性

一方面，在参与场外交易市场的股权质押、交易等业务中，股权交易所等机构亟待做好注册制或者会员制的工作。由场外交易市场审查拟参与股权质押、交易等业务中介机构的财务实力、业务能力、管理水平及经营业绩等指标，通过审查的中介机构应予以注册，而且该类机构须将参加各种业务交流与培训常规化与制度化，以提升其服务能力，确保开展业务的服务质量及政策把关具有统一性。在涉及具体业务操作时，场外交易市场应做好推荐与挂牌企业自主相结合的选择中介机构的工作，使中介机构之间的竞争性增强，以达到规避“内定”所带来的市场风险。同时为了确保中介机构执业的规范运作，中介机构组织的主管部门或行业管理机构应加强与场外交易市场的监管部门及自律性组织共同制定、发布包括股权质押等相关业务在内的指引及文书格式，从制度上确保中介组织的执业行为得到规范[①]。另一方面，资产评估、担保、信用评级等中介机构应加大自身的规范发展力度。我国的中介机构要在政府的引导下，加快运作规范的步伐，积极参与建立统一的行业标准，为形成政府机构参股的民营、外资及国有控股多种成分并存的中介机构发展格局而做出自身的努力，提升中介机构自身的市场公信力与权威性，真正做到独立、客观、公平及公正开展业务，进而得到广大投资者的认同，为解决场外交易市场上中小企业质押股权流动性差的问题而努力，共享市场发展带来的红利。

7. 中小企业应大力加强自身的规范化建设，为扩大自身股权质押业务的规模奠定基础

中小企业存在市场前景不确定性较大、日常经营管理不到位、商誉差等缺陷，其中财务管理方面纰漏尤其突出。首先，这些企业必须对自己的主业明确，建立产权明晰、权责明确、科学管理的现代企业制度，明晰自身的股权机构。其次，必须要积极优化财务组织，建立健全规范的财务制度。企业应该着眼长远，重视会计人员能力的培养和职业道德水平的提高，提高财务信息的透明度。再次，该类企业的形象好坏关系到在股权交易所能否顺利展开股权质押融资业务，因为良好的企业形象可以吸引银行等金融机构开展贷款业务。虽然现实中一些中小企业注重形象宣传，但是想通过短期让企业形象有质的飞越是不现实的，所以企业不能够急功近利，企业应该主动、积极地参加包括各级经济与信息化委员会、金融办等部门组织的银企对接会，股权交易所举办的路演活动，使金融机构能够更清楚地了解企业。最后，中小企业亟待重视自身的经营信誉及做好危机管理工作，因为经营信誉不但代表着客户对企业过去经营绩效的总结，也是企业经营者的职业道德与经营道德等的综合体现，更是能够给企业经营者、股东带来未来收益的无形资产。所以，中小企业在自身的发展过程当中应明确企业的核心价值观及经营理念，做好战略定位，为在场外交易市场上开展股权质押奠定基础；在日常的经营管理中需要遵守行业规则，急需化

① 唐有良、冯俨祯：《中部地区场外交易市场体系建设的对策研究——2012 年度中国证券法学研究会年会（天津）论文》。

解企业在营销产品的活动中存在的诚信缺失问题，并做好强化危机管理环节工作，用诚信树立商德及用企业信用培育竞争力，凝聚企业员工及客户信任，进而使企业的市场及发展能力得到保障；在中小企业生产经营与资本运营的过程中，通过分析外部环境发展变化的趋势，提前布局，做好应对各种可能出现的危机的准备，并尽可能通过一切可以利用的渠道将企业的损失降到最低①。

参考文献

［1］夏斌：《我国场外股权交易市场发展研究》，社会科学文献出版社，2012。

［2］曾慧敏：《对全国性场外交易市场发展的几点建议》，《中国证券期货》2013 年第 3 期。

［3］刘纪鹏、喻强：《加快发展我国统一的三板市场》，《中国金融》2011 年第 3 期。

［4］林建宏：《股权质押制度研究》，法律出版社，2005。

［5］黄琪琦：《我国场外交易市场的体系和制度构建》，复旦大学硕士学位论文，2012。

［6］李学峰、刘洋：《场外交易市场、私募股权基金与中小企业融资——基于博弈论的分析》，《南方金融》2009 年第 6 期。

［7］张灿：《我国多层次资本市场中的场外交易市场构建分析》，天津大学硕士学位论文，2010。

［8］李中亚、董慎秋：《中小企业股权质押融资存在的问题及对策》，《产权导刊》2011 年第 12 期。

［9］阙紫康：《多层次资本市场发展的理论与经验》，上海交通大学出版社，2007。

［10］顾功耘：《论天津股权交易所的制度构建》，上海人民出版社，2009 年。

［11］徐洪才：《中国多层次资本市场体系与监管研究》，经济管理出版社，2009。

［12］BRYAN A. GAMER. Black's Law Dictionary（9th edition）［M］. Thomson Reuters, 2009.

［13］JOSEPH A. MCCAHERY AND ERIK P. M. VERMERLEN. Corporate Governance of Non-listed Companies［M］. Oxford University Press, 2008.

① http：//www. studa. net/qiyeyanjiu/090226/09262548. html.

B.10

中小企业私募债券的融资特点、风险与监管措施

——基于两类债券市场的比较

罗红梅　秦敦辉*

摘　要：

本文分析了中小企业私募债券的融资特点、风险特征及其在沪深交易所市场和场外股权交易市场的差异。中小企业私募债券在两类市场上都体现了发行门槛低、高风险高收益、转售受限的融资特点，同时都存在违约风险大、流动性差的风险特征。通过比较，交易所市场管理更成熟，中小企业私募债券的风险暴露更充分；场外股权交易市场融资更有效率，也更需要政府积极扶持与合理监管以化解融资中的市场失灵风险。

关键词：

中小企业私募债券　交易所市场　场外股权交易市场

一　研究背景

中小微企业数量众多，吸纳了80%以上的城镇人口就业，贡献了过半的GDP和税收，在我国经济面临转型的背景下，这些最需要资金支持的企业，由于信用等级低，信息披露不规范，很难通过公开发行证券进行融资。2012年5月，上海证券交易所和深圳证券交易所先后发布了中小企业私募债券业务

---

* 罗红梅，天津财经大学2012级金融学博士生，齐鲁工业大学商学院讲师；秦敦辉，中德住房储蓄银行天津和平支行行长，经济师。

试点办法（以下简称试点办法），对解决中小微企业融资难的问题探索了全新的道路。试点办法中界定中小企业私募债券，是中小微企业在中国境内以非公开方式发行和转让，约定在一定期限还本付息的公司债券。中小企业私募债券的出现可以自下而上地弥补资本市场对最底层经济服务的短板，是当前最具创新意义的债券品种。

我国债券市场沿着先为金融企业融资、后为非金融企业融资，先为大企业融资、后为中小微企业融资，先采取公募发行、后放开私募发行的路径发展。这种发展顺序与企业的发展规律正好相悖。资本市场的倒金字塔结构使得市场配置资源的力量过于向交易所集中，很多企业在发展初期没有得到场外交易市场的支持，为了上市才改制，为了上市才去改善公司治理结构，企业缺乏逐步成长为公众公司的过程。为了弥补这种缺陷，社会各界一直呼吁应尽快建立并完善多层次的资本市场体系。在这种背景下，“新三板”、天津股权交易所以及其他区域性股权交易市场应运而生。据粗略统计，目前国内已成立或正处筹备期的场外股权交易市场已超过了 20 家。在沪深交易所推出中小企业私募债券的试点办法后，场外股权交易市场也作了大胆尝试。

中小企业私募债券在一年多的试点期间，实质上沿着两条路径展开，一条是在沪深交易所备案发行并在相应的综合电子平台或证券公司转让（以下简称交易所市场），另一条是在场外股权交易市场完成融资转让（以下简称场外股权交易市场）。因此，本文在分析中小企业私募债券所体现的固有融资特点及风险特征时，重点对交易所市场及场外股权交易市场进行对比，分析中小企业私募债券在两类市场所体现的融资特点、风险特征，基于两类市场融资效率及风险差异的基础上提出相应监管举措的建议。

本文如不特指，交易所市场的数据来源于中国证监会网站及沪深交易所网站，时间范围从 2012 年 6 月第一只中小企业私募债券发行至 2013 年 6 月。场外股权交易市场选取了天津股权交易所、浙江股权交易中心、齐鲁股权交易中心和前海股权交易中心，这四家市场中小企业私募债券的数量多于 5 只、开展时间也较早，有一定的市场代表性，数据来源于四家场外市场的网站，时间截至 2013 年 12 月。

二　中小企业私募债券的融资特点及两类市场的比较

（一）中小企业私募债券的融资特点

中小企业私募债券在国外又称为高收益债券、垃圾债券。法律界认为私募主要表现为两个特点：注册豁免、转售受限①。我国中小企业私募债券也借鉴了国际上通行的市场化发行方式，突破了原有的审批限制，与其他债券相比主要有以下融资特点。

1. 发行门槛低

发行门槛低首先体现为中小企业私募债券的发行条件宽松。根据试点办法，发行人为符合工信部标准的中小微企业（暂不包括房地产企业、金融企业及在沪深交易所上市的企业），对净资产和盈利能力没有硬性要求，也不需债券评级和担保。其次体现为发行流程简单。中小企业私募债券采取在沪深交易所备案的发行制度，不需要通过证监会及国家发改委的核准、审批。备案时间短，在10个工作日之内符合要求的企业就可取得备案通知书，即可开始发行。发行人可选择一次发行或分期发行，两个或两个以上的发行人还可以采取集合方式发行。以上措施极大地简化了发行流程，为发行人在短时间内募集资金提供了便利。

2. 高风险高收益

高风险来源于中小微企业的高经营风险，又叠加了市场化的运作风险。中小企业私募债券采取了以市场需求为主导的备案发行制，不设行政许可，交易所并不对发行人的经营风险、偿债风险、诉讼风险以及私募债券的投资风险或收益等做出判断或保证，完全交由投资者判断。加上中小企业私募债券的发行门槛低，运营状况并不好的企业也符合发行条件，增加了债券的违约风险。高风险伴随高收益，中小企业私募债券的收益只有覆盖住风险，才能吸引投资者

---

① 万勇：《美国私募发行证券的转售问题研究——兼论我国非公开发行证券转售制度的构建》，《证券市场导报》2006年第9期。

参与。现行的试点办法规定，中小企业私募债券的发行利率不得超过同期银行贷款基准利率的3倍。

3. 转售受限

中小企业私募债券的转让是在合格投资者之间进行的，转售受到限制。试点办法中规定“每期私募债券的投资者合计不得超过200人”，首先，从购买人数上对转售受限作了界定。其次，“发行人应当以非公开方式向具备相应风险识别和承担能力的合格投资者发行私募债券，不得采用广告、公开劝诱和变相公开方式”。借鉴美国SEC1982年实施的RegulationD，从信息披露及募集方式的角度对转售限制进一步界定。“确认参与私募债券认购和转让的投资者为具备风险识别与承担能力的合格投资者”。中介机构“应当了解和评估投资者对私募债券的风险识别和承担能力，充分揭示风险”。

（二）两类债券市场融资特点比较

中小企业私募债券的融资特点决定了其不同于股票及其他债券的特征，是一种非标准化的债券品种。该债券在发行主体、票面要素、增信措施及中介机构等方面的差别因交易所市场和场外股权交易市场的不同而放大。

1. 发行主体比较

交易所市场的发行主体首先是符合工信部要求的中小微企业，其次该市场还存在大量的潜在主体。2013年3月25日，银监会下发《中国银监会关于规范商业银行理财业务投资运作有关问题的通知》。《通知》对银行理财资金的投向、风险拨备提出明确要求。商业银行有动力将项目贷款打包成中小企业私募债券，然后通过理财产品购买。

场外股权交易市场除了上述企业外，小额贷款公司、地方政府的融资平台公司也借助这个市场发行了小贷公司定向债及民生工程类私募债。小额贷款公司只贷不存，股本规模制约了贷款规模，向银行融资也受到资信及银行规避风险的限制；地方政府的融资平台公司参与这个市场也反映了被压抑的融资诉求。场外股权交易市场的发行主体展现了更多的自发行为。

2. 票面要素比较

两类市场在中小企业私募债券的发行利率及期限上相差不大，交易所市场

表 1　两类债券市场票面要素比较

项目		交易所市场	场外股权交易市场
发行利率	平均利率(%)	9.15	9.00
	最高利率(%)	13.50	10.70
	最低利率(%)	5.50	6.35
	样本数量(家)	162	15
发行期限	平均期限(年)	2.49	2.27
	最高期限(年)	3	5
	最低期限(年)	1	0.17
	样本数量(家)	168	21
发行规模	平均规模(亿)	1.18	0.48
	最高规模(亿)	3.5	1
	最低规模(亿)	0.1	0.1
	样本数量(家)	168	20

注：为了保持样本的一致性，样本数量剔除了场外股权交易市场中的地方政府融资平台公司样本。

的利率更高，期限更长一些（见表 1）。中小企业私募债券向上的利率受制于中小微企业的盈利能力，向下的利率又要覆盖债券本身的风险，两类市场的最高发行利率都没有触及同期银行贷款利率的 3 倍上限，最低与贷款利率相当。平均 8% ~ 9% 的票面利率，相对于其承担的风险，对投资者来说并没有体现高收益的特点。

场外股权交易市场中小企业私募债券的平均融资规模为 0.48 亿元，不到交易所市场的一半。中小微企业现实融资需求有可能就几百万元，与交易所市场动辄上亿元的发行规模不匹配，场外股权交易市场更能满足中小微企业的一般融资需求。

3. 增信措施比较

信用增级（以下简称增信）是为提升证券的信用评级采取的技术手段，能在短时期内起到较好的融资效果。中小企业私募债券通过增信获得更高的信用评级，达到降低融资成本、拓展筹资机会、增强债券流动性的目的。增信可分为外部增信和内部增信，外部增信指依靠第三方提供保证，内部增信指依靠资产库自身为防范信用损失提供保证。①

① 张帅、杨小玄：《中小企业私募债券信用增级措施的现状与创新》，《当代经济》2013 年第 4 期。

试点办法中没有硬性规定中小企业私募债券的发行必须增信，但为了提高债券发行的成功率，有很大一部分企业采取了相应措施。从可得的数据上看，交易所市场中有51家中小企业私募债券及19家场外股权交易市场的债券采取了外部增信措施（见表2）。内部增信措施零星分布在个别中小企业私募债的发行公告里，就不再统一列表了。

表2　两类债券市场外部增信措施比较

外部增信措施	交易所市场	场外股权交易市场
第三方担保占比(%)	94.12	63.16
资产抵押、质押占比(%)	5.88	10.53
综合增信措施占比(%)	0	26.32
商业保险、信用风险缓释工具等其他措施	0	0
样本数量(家)	51	19

注：①为保持样本性质的一致性，场外股权交易市场没有统计地方政府融资平台公司私募债券；②综合增信措施指既包括采取了第三方担保也包括资产抵押、质押措施。

从整体来看，外部增信措施集中到第三方担保，资产抵押、质押及相关组合上，缺少商业保险、信用风险缓释工具等其他创新型增信措施。两类市场中资产抵押、质押的占比都是最低，反映了中小微企业合格的可用于抵押、质押的资产较少，不得不靠其他措施增信的现实。交易所市场中的第三方担保措施占据了绝对优势。试点初期，大量国有性质的企业发行中小企业私募债券，它们可轻松取得国有性质的母公司担保，借助第三方力量就可达到较好的发行条件。相比而言，场外股权交易市场的三类外部增信措施比较平均，特别是中小微企业积极采取综合增信措施，尽量通过资产抵押、质押降低融资成本，再通过第三方担保补齐差额部分，体现了更好的增信灵活性。

从内部增信措施上看，交易所市场里的中小企业私募债券进行了积极的探索，出现了一系列的创新发展模式，如投资人回售选择权、上调利率选择权、债转股条款等，这些条款增加了投资的灵活性，提升了债券的信用水平。场外股权交易市场20家样本中，有1家中小企业私募债券采取了上调利率选择权措施，4家中小企业私募债券采取集合发债形式，其中包括2家企业集合发债、1家企业分期发债。内部增信与外部增信相比更能节约成本，但需要企业自身占有更多的资源，如中小微企业的股票没有挂牌、知名度不高、流动性不强，就很难实施债转股增信。

4. 中介机构比较

中小企业私募债券的市场化运作方式，决定了中介机构扮演更为重要的角色。试点办法中提到的中介机构包括证券交易所、证券登记结算机构、承销机构、受托管理人、增信机构。从承销机构类型上看，根据表3的数据，全部是证券公司，券商经办中小企业私募债券的收益相对较低，积极性也会受到影响，交易所市场的中介机构延续股票市场的运作模式，各司其职，直线化、流程化地完成中小企业私募债券的发行和转让。

表3　两类债券市场承销机构类型比较

承销机构类型	交易所市场	场外股权交易市场
证券公司占比(%)	100	51.72
其他承销机构(%)	0	48.28
样本数量(家)	169	29

场外股权交易市场的中介机构面对不同层次的投资者和发行方式起到不同的作用，表现出更高的机构效率。根据表3的数据，承销机构类型更为广泛，包括投资公司、银行、信托公司，担保公司甚至也参与了承销业务。这些承销机构的运营成本低，在券商不盈利的情况下，它们可以盈利；这些机构凭借与区域内企业的紧密关系，更容易开拓市场，整合发债所需资源的能力更强，也更有利于债券顺利发行。在我们调查的一家场外股权交易市场中①，把投资者分为A到F类，认为A、B、C类的投资者均为专业机构，对风险的识别和控制均能有效掌控，对其定向发行私募债券，可以不聘请协助发行机构，备案发行时只需要基本的营业证明和备案文件；在增信机构达到一定标准后，认为协助发行机构和增信机构的作用有所重叠，可取其一，以减少发行成本。场外股权交易市场通过更精细的“分类管理、分层服务”以达到更高的服务

① 详细内容见前海股权交易中心2013年12月发布的《前海股权交易中心梧桐私募债业务规则(试行)》。

效率。

通过以上分析发现，中小企业私募债券的融资特点有别于其他标准债券。金融工具非标准化，对利率、期限、规模等条款进行灵活而个性化的设计；发行对象小众化，只在合格投资者之间进行，转售受限，与公开方式相比，通过私募发行，节省的时间和成本可以抵消债券价格的适当溢价。场外股权交易市场与交易所市场相比，表现出更多被压抑主体的融资需求，体现了更多的市场自发行为；融资规模和中小微企业的资金需求更为匹配；在增信措施上体现了更好的灵活性，但囿于资源有限，有些增信手段无法实施；为了节省成本，中介机构的类型更为多样，机构功能有交叉重叠之处，只选择其中一个机构，体现了“小额、多次、快速、低成本”的服务宗旨。

三　中小企业私募债券存在的风险及两类市场比较

（一）中小企业私募债券存在的风险

中小微企业本身蕴含巨大的经营风险，它们发行的私募债券只能在合格投资者之间协议转让和流通，风险不易分散且多重叠加，两类市场共同体现了以下风险特征：违约风险大、流动性差。其中，违约风险大，也会造成流动性困难，同样，流动性差，也加重了中小企业私募债券的违约风险。

1. 违约风险大

违约风险也称信用风险，是指借款人不能履行约定，不能按时、足额支付债券利息或偿还本金的可能性。我国信用债券市场发展二十多年来，还没有实质性的违约事件出现，中小企业私募债券作为市场化的融资品种，违约风险引人注目。温州企业江南阀门有限公司于2012年8月发行了中小企业私募债券，期限为2年。一年之后，2013年8月初，主承销券商为避免发生公开违约事件，与投资者沟通后全额回购了所发行债券。随着更多的私募债相继进入兑付期和回售期，部分企业可能出现兑付困难的局面，实质性违约事件极有可能在中小企业私募债券中出现。

中小企业私募债券的违约风险由系统性和非系统性两大因素引起，相应地分为不可分散和可分散违约风险。系统性因素包括：发行企业的性质、发行方式、宏观经济周期等；非系统性因素主要由市场运作不规范、化解违约风险的市场化工具缺失等因素组成。

违约风险大首先由发行主体的企业性质决定，中小微企业的数量众多，但存续年限多低于5年，存在较大的经营不确定性；其次中小微企业发行私募债券时在信息披露方面，对发行人的资信评级未做严格要求，同时也未强行要求提供担保，市场化的发行方式决定了违约风险相对较高；借鉴成熟市场的经验，从长时期看，高风险债券的违约风险与宏观经济周期密切相关，且波动幅度更大。这些系统性因素引发的违约风险在发达和发展中市场普遍存在，也是高风险债券的最主要风险特征。

违约风险大还有一部分是非系统因素引起的。我国中小企业私募债券发展时间短，还有很多操作不规范的地方，缺少市场化解违约风险的措施及违约风险出现后的偿债机制，这些市场隐患加重了违约风险，随着证券市场及经济环境的日趋完善，这部分违约风险是可以缓解的。

2. 流动性差

流动性是指资产能够以一个合理的价格顺利变现的能力。包含变现时间的长短和变现价格的合理性。两类市场的中小企业私募债券的流动性都比较差，一级市场发行成功的比例不高、二级市场转让受限，投资者不能顺利通过债券的买卖获得投资收益，抑制了投资的积极性。从交易所市场2013年9月底的数据来看，备案的中小企业私募债券的数量超过310家，发行成功的只占67.5%，最后发行的比率并不是特别高。中小企业私募债券只能以协议转让的方式流通，只能在合格投资者之间进行，交易并不活跃，大部分中小企业私募债券的投资者选择持有至到期。

中小企业私募债券流动性差的原因主要是价格问题，即债券的风险和收益不匹配。一方面，中小企业私募债券9%左右的票面利率，对于投资者来说，相对于其承担的风险，有些偏低，他们投资于地方政府融资平台的公司债券，有政府兜底，利率更高，两相比较增加了投资中小企业私募债券的机会成本。另一方面，现阶段中小企业私募债券的发行成本相对于其盈利能力过高，且并不比其他融资渠道成本更低，这也影响了中小企业私募债券的流动性。其次是投资者的原因。监管层基于私募债的特点和风险可控的考虑，对投资人的数量和质量都有严格的规定，如单只债券持有人数量不能超过200人，转让对象必须是符合条件的合格投资者，即使是符合要求的机构投资者也仅有少数账户可以投资于私募债，这些举措虽然有一定的合理性，但也在某种程度上制约了市场的流动性。

（二）两类债券市场的风险特征比较

中小企业私募债券在两类市场中都表现出了较强的违约风险和流动性风险，但由于融资市场的不同，融资特点有较大差异，风险特征也各有不同。交易所市场主要表现了与中小企业私募债券不对接的风险，场外股权交易市场主要体现了中小企业私募债券运作中的市场失灵风险。

1. 交易所市场与中小企业私募债券不对接的风险

不对接直观地表现为交易所市场隐性发行标准高。在沪深交易所颁布的具体实施条例中，中小微企业备案发行的隐性标准高，与中小微企业的资金需求不对接。如“办理中小企业私募债券的目标企业的年营业收入达到一定规模，以企业年营业额收入不低于发债额度为宜”。根据这一条例，结合已发债的规模，中小微企业的营业额平均在1.18亿元以上，单营业额收入一项标准就挡住了大量的中小微企业。而在场外股权交易市场，平均融资规模只有4800万元，更接近中小微企业的融资需求。再看条例“中小企业私募债券办理的目标企业能获得大型国企或者国有担保公司担保”。从29家可查的数据中发现，73%的企业选择了国有企业作担保，只有27%的企业选择了民营性质的企业作担保，与银行贷款相比并无明显的直接融资优势。从前面的分析中也可以看出，交易所市场中小企业债券的发行期限和规模都有大中型企业融资特点的影子，与中小微企业的融资需求不对接。

不对接的主要原因是交易所市场与中小微企业的信息结构不对称，为缓解市场的违约风险，交易所市场在制度设计上，需要中介机构相互制衡，同时要求中介机构承担更多的责任，最终的费用却都要落到发行人头上，无形中增加了企业的融资成本。如对受托管理人的界定，试点办法中规定，“发行人应当为私募债券持有人聘请私募债券受托管理人。私募债券受托管理人可由该次发行的承销商或其他机构担任。为私募债券发行提供担保的机构不得担任该私募债券的受托管理人”。为保证受托管理人为投资者的最大利益行事，受托管理人与担保机构不能同为一家，受托管理人“预计发行人不能偿还债务时，要求发行人追加担保，或者依法申请法定机关采取财产保全措施”，面对额外的风险，受托管理人要么增加中介费用，要么不涉足这项业务。

2. 场外股权交易市场运作中的市场失灵风险

场外股权交易市场开展中小企业私募债券业务是在自发状态下实现的，作为理性经济人，是综合考量收益与风险后作出的利益最大化选择。随着场外股权交易市场的增多，为了争夺企业资源，抓住更多的机会，在优化自身运作效率的同时，个体的最优并没有带来集体的最优，或在市场化不完全的情况下，由于自身的资源限制，无法通过市场合理配置资源，场外股权交易市场在运作中小企业私募债券中更多地表现为市场失灵风险。

个体最优并没有带来集体最优。为了争夺企业资源，场外股权交易市场发债的限制和审批都很松，甚至突破监管政策，让退出类的地方融资平台公司发行中小企业私募债券。38 家在场外股权交易市场发行的中小企业私募债券中，有 9 家为地方政府融资平台公司债券，占到 23.68%。制度设计不规范，投资者利益很难保证。如在场外股权交易市场中，为了节省中介成本，出现了担保公司与承销机构为同一家的情况，这在交易所市场的试点办法中是明文禁止的。中小企业私募债券在多个市场开展，串联加并联的市场结构极易导致风险的传导，这些为提升场外股权交易市场个体效率的措施反而给整个债券市场带来负的外部效应。

场外股权交易市场自有资源有限，无法合理配置资源。比较突出的是中小微企业普遍面临增信成本高的难题，在交易所市场发行的中小企业私募债券，选择国有企业作担保，变相降低了增信成本。如选择市场化的外部增信措施，中小微企业往往会选择担保机构，在这个过程中需要向担保公司提供优质反担保物，缴纳年化 1.5% ~4% 的担保费，其他外部增信措施如资产抵押、质押、商业保险、信用风险缓释工具却由于自身及外部环境的限制，无法有效实施。外部增信成本高受到中小微企业自身及外部环境的影响，内部增信的局限主要源于中小微企业占有的资源有限。如“嵌入投资者选择权”的债转股条款，如果企业根本没有发行股票或股票的流动性不好，这项内部增信措施就很难实施。单纯依靠场外股权交易市场，中小微企业在私募债券融资中遇到的问题很难彻底解决。

中小企业私募债券首选在沪深交易所试点，主要是基于风险可控的考虑，作为传统的场内市场，沪深交易所是全国的大中型企业融资平台，有一套成熟的管理体制。场外股权交易市场则是最近几年刚刚兴起的。最早成立的是2008年的天津股权交易所，随后重庆、上海、湖南、山东、湖北等省市的区域性股权交易中心在2011年以前获准成立，2012年，《关于规范证券公司参与区域性股权交易市场的指导意见（试行）》发布，明确了券商参与区域性股权市场的角色，区域性股权市场逐渐成为场外市场发展的重点，2012年以来的增速更为明显。交易所市场开展中小企业私募债业务，存在较大的信息不对称，缺少对中小微企业的渐进培育，与原有的直接融资模式没有根本性差异。场外股权交易市场分布在全国各地，存在较大的地区差异和局限，它们开展同一项业务却执行了各自的标准，提升了服务效率，却增加了整个市场的风险。两类债券市场传递的风险共性及差异都是需要关注的。

四　中小企业私募债券的监管措施

中小企业私募债券试行一年多以来，监管措施主要是沪深交易所的试点办法及各场外股权交易市场的实施细则，针对中小企业私募债券的监管与这个市场的发展一样，也处在摸索阶段。借鉴欧美的中小企业证券监管模式，其大都通过立法对关键内容进行监管。最典型的是美国，相关监管制度见于1933年颁布的《证券法》、1982年的Q条例、1990年的144A规则，2010年才刚刚完成受限股票和债券在交易商或经纪的柜台转售，且分别通过ORF（OTC Reporting Facility）系统和Trace系统向FINRA（前NASA与纽交所的市场监管部门的重组）报备，并接受其监督[1]。在上述监管措施的变迁中，遵循的是“便利筹资者”与“保护投资者”之间的均衡，这对我国中小企业私募债券的监管制度构建提供了前车之鉴。

① 金永军：《美国中小企业证券制度研究及启示》，《上海金融》2012年第2期。

（一）基于便利筹资者的监管措施

基于便利筹资者的监管理念意在提高中小企业私募债券的融资效率，在不减弱投资者保护的前提下，不断放宽限制性条件便利筹资者。监管措施应鼓励竞争，降低各主体的参与门槛，建立统一的监管框架，并通过完善外部环境增强中小企业私募债券的流动性，不断缓解违约风险。

1. 鼓励竞争，建立统一监管框架

在其他条件一定的情况下，中小微企业的融资需求与融资价格及融资的便利性密切相关，如果中小微企业私募债券的融资成本高、参与门槛高，这个市场就会失去吸引力。效率来源于竞争，各类市场的加入，有利于提高竞争效率；随着竞争意识的增强，潜在的资金需求者及供给者也会被充分挖掘，如私募债的通道业务，流动性也会随之改善。

充分有序的竞争离不开统一的监管框架。美国中小企业发行的证券主要由SEC受理备案，在DTC进行集中登记托管，不在交易所挂牌上市，在各交易商和经纪商的柜台分散交易，成交数据通过ORF和Trace系统向FINRA报备，并接受其自律监管。我国针对各地区域性场外股权交易市场的法规主要是《国务院关于清理整顿各类交易场所切实防范金融风险的决定》和《关于规范证券公司参与区域性股权交易市场的指导意见（试行）》两个文件，区域性场外股权交易市场主要受各地方政府的监管，在摸索中开展中小企业私募债券业务，随着更多市场的加入，必然会加重竞争的无序或无效，增加市场运作中的不规范，加剧债券的违约风险，当前建立统一的中小企业私募债券监管框架就显得极为迫切。

2. 完善外部市场环境

推动利率市场化的深入发展，会极大地改善中小企业私募债券的外部环境。亚洲高收益债券市场近10年来保持快速增长，其中一个重要原因是债券的价格能反映相应的风险，高收益债券的平均收益率为9.9%，政府债券的平均收益率仅在2%～4%徘徊①，高风险溢价弥补了债券的高风险，利率市场化

① 张自力：《全球高收益债券市场的发展：格局演变及监管借鉴》，《上海金融》2012年第2期。

减少了投资高风险债券的机会成本，进而为高收益债券的发展提供良好的环境。投资中小企业私募债券的吸引力不高，资金的价格不能市场化地反映风险是重要原因。

鼓励金融创新，分散非系统性的违约风险，增强中小企业私募债券的流动性。鼓励产品创新，通过信用衍生工具和产品设计重构信用风险，把信用风险缓释工具卖给愿意承担风险的投资者。允许中小企业私募债券可质押，放大投资者的杠杆以增加债券吸引力。中小企业私募债券作为非标准化的产品，为中介机构的产品创新提供了广阔平台；鼓励金融机构创新，扩大可以经办中小企业私募债券的中介机构的范围，不断解除场外股权交易交易市场的限制：包括股东人数限制、地域限制、不能拆细、不能连续交易、不能采取做市商制度等。

（二）基于保护投资者的监管措施

基于保护投资者的监管理念意在化解中小企业私募债券的投资风险。美国在私募债券发行、交易制度的设计时采用了两种思路考虑风险，一是基于144 A规则从私募债券的转售端控制风险；二是基于144 A规则从购买方控制风险，主要对合格机构投资者和信息披露进行规定，实用性强于144 A规则。借鉴上述思路保护投资者的监管措施主要从建立合格投资者制度和信息披露制度展开。

1. 建立合格投资者制度

沪深交易所的试点办法已明确了合格投资者的类型，包括合格机构投资者和合格个人投资者，区域股权交易市场的实施细则对投资者类型划分更为详细，但试点办法中明确规定每期私募债券的投资者合计不得超过200人。而美国SEC1982年实施的RegulationD中把私募债券的投资者分成两类：合格投资者、非合格投资者但认购者或其受托者具有商务或财务专业背景。第一类投资者收集信息及承担风险的能力较强，不受数量限制，第二类投资者数量不能超过35人。我国中小企业私募债券的违约风险大、流动性差与合格投资者制度不完善是有关系的。

对收集信息及承担风险的能力较强的合格投资者，在积极扩大范围的同时，还需要考虑它们的不同风险偏好。低风险的合格投资者主要是银行、保险以及其他风险规避型投资者，高风险高收益部分的中小企业私募债券将会有基金公司、创投公司以及其他风险偏好型的投资者参与认购交易。合格投资者制度的建立也有赖于产品风险的分级，让有风险承受能力的人买有风险的产品。对非合格投资者但认购者或其受托者具有商务或财务专业背景的，则应严格限制投资者数量，并对转让数量、期限、方式及报告制度从严监管，从购买端控制住风险。

2. 建立信息披露制度

对投资者保护的认识还在于对私募概念不同深度的理解上。美国最早也是以投资者人数来界定私募的，1953 年在 SEC v. Palston Purina co. 一案中判定私募的唯一标准是特定购买人是否依据《1933 年证券法》中的信息披露规则受到保护。[①] 中小企业私募债券对信息披露的要求低于公募债券，但信息披露同样重要。特别是当前场外股权交易市场中的市场失灵风险与没有统一的信息披露制度是有关的。美国 PORTAL 市场（私募证券转让市场）2007 年 8 月推出了私募债券的集中议价系统，系统中的所有合格机构买方都可以看到其他合格机构买方的报价和交易情况。2010 年以后，交易商或经纪商分散交易的数据通过 ORF 和 Trace 系统向 FINRA 报备，这种分散交易、集中报告、集中登记托管和结算的制度为私募债券的信息披露打下了更坚实的基础。而我们的场外股权交易市场各自为战，今后应实现场外股权交易市场的互联互通，通过一个界面可以浏览全国所有的挂牌企业，既完善了信息披露，也放大了挂牌企业的广告效应，有利于吸引多种风险偏好的投资。

中小企业私募债券的监管是一项系统工程，不是简单地罗列就能解释清楚的。发达国家特别是美国关于私募债券的监管已比较成熟，借鉴它们的监管思路，结合我国的市场环境及中小企业私募债券的发展状况，才能设计出合理的监管框架。美国私募债券的发展是在强大的交易商及经纪商的柜台交易基础上实现的，与美国不同的是我国的交易所市场运作时间较长，管理上相对成熟，而场外市场发展缓慢，力量很弱，且受多方限制。中小企业私募债券在交易所

① 万勇：《美国私募发行证券的转售问题研究——兼论我国非公开发行证券转售制度的构建》，《证券市场导报》2006 年第 9 期。

市场的风险暴露比较明显，监管上应多注重风险的防范，但应鼓励场外股权交易市场的多方探索，通过一定程度的竞争，发现中小企业私募债券市场的内生创新机制，以化解流动性风险，缓解违约风险，达到风险防范与融资效率的监管均衡。

五 结论

从国际经验看，中小企业私募债券的出现是市场发展到一定阶段的必然产物。我国当前经济的转型及快速发展，也为中小企业私募债券提供了良好的经济基础。交易所市场和场外股权交易市场在中小企业私募债券融资特点、融资风险上既有共同特征，也存在差异。中小企业私募债券在两类市场上都体现了发行门槛低、高风险高收益、转售受限的融资特点，同时都存在违约风险大、流动性差的风险特征。交易所市场管理更成熟，中小企业私募债券的风险暴露更充分；中小企业私募债券在场外股权交易市场的融资更有效率，也更需要政府积极地扶持与合理地监管以化解融资中的市场失灵风险。

另外，中小企业私募债券试点区域逐步增加，交易所市场的发行数量却并没有随之增长，大多数仍集中在首批试点的六省份，中小微企业的融资是否体现了更多的地域属性？鼓励中小企业私募债券在场外股权交易市场试点，而不是交易所市场，是否更符合中小微企业的融资规律？以上问题还有待进一步探索。

参考文献

[1] 万勇：《美国私募发行证券的转售问题研究——兼论我国非公开发行证券转售制度的构建》，《证券市场导报》2006 年第 9 期。

[2] 张帅、杨小玄：《中小企业私募债券信用增级措施的现状与创新》，《当代经济》2013 年第 4 期。

[3] 前海股权交易中心：《前海股权交易中心梧桐私募债业务规则（试行）》，2013 年 12 月。

［4］金永军：《美国中小企业证券制度研究及启示》，《上海金融》2012 年第 2 期。
［5］张自力：《全球高收益债券市场的发展：格局演变及监管借鉴》，《上海金融》2012 年第 2 期。
［6］陈杰：《美国场外市场的制度变迁及对我国的借鉴》，《武汉金融》2011 年第 7 期。

B.11

关于私募股权投资基金推动我国中小企业发展的若干问题思考*

郑意民　马晓培　李 俐**

摘　要：

在经济全球化深入发展的今天，我国中小型企业仍然面临融资难的问题，但私募股权投资基金的出现犹如一支强心剂为占据中国半壁江山的中小型企业增添了新的生命力。本文剖析了私募股权投资基金作为解决中小企业融资的重要渠道，在推动中小企业规范化过程中所遇到的问题，并提出了相应对策。

关键词：

私募股权　中小企业　投资基金

引　言

私募股权投资基金（Private Equity Fund，PE）兴起于美国，发展于欧洲大陆和英国，如今在全世界已经形成一股热浪。与银行贷款、公开发行股票一起成为拉动企业融资的三驾马车。在我国，中小企业作为国民经济的重要增长点，是推动国民经济可持续发展的一支重要力量。截至2010年，我国中小企业已占全国企业总数的99%以上，创造的最终产品和服务价值相当于国内生产总值的60%。但是在当下，80%的中小企业缺乏资金，30%的中小

* 国家社科基金项目（项目编号：13BJY172）：城镇化进程中县域经济与县域金融服务协同发展研究。

** 郑意长，天津财经大学外语系副教授；马晓培，天津财经大学金融系；李俐，天津财经大学金融系。

企业资金匮乏，而作为中小企业融资主要渠道的银行却由于较高的审核门槛、复杂的批准程序，以及较低的通过率成为了扼制中小企业发展的瓶颈。因此，私募股权投资基金在为投资者提供一个高效率增值平台的同时更是为解决中小企业融资难发展不规范等一系列问题做出了有利的探索。

一　私募股权投资基金是解决中小企业融资的重要渠道

（一）私募股权投资基金的特点

私募股权投资基金是以非公开发行的方式向特定投资者或机构募集资金，并把资金投资于处于发展期或成熟期但未上市的企业（多为中小型企业或高科技企业）股权中，参与其管理，帮助其运行，在后期通过卖出股权来获利的投资工具。作为非上市公司募集股本资金的基本手段和重要方式，它不仅能为企业提供期限较长的权益资金，而且还有可能为企业带来管理、技术、市场和其他需要的专业技能，有利于改善公司的治理结构，提高管理和技术水平。但是，相对于其他融资方式，私募股权融资有着自身的特点。

1. 非公开方式

私募股权投资基金区别于公开募集，公开募集股份即公募必须得到证券管理部门的核准或者依法登记后向社会大众公开募集。而私募股权投资基金采取非公开发行的方式，购买人数、发行规模等都受到相应的限制。很少涉及公开市场操作，一般无须披露交易细节，其股权的转让和退出都由资金管理人私下操作。

2. 多为权益性资本

从投资的分类上看，投资的方式有股权投资和债权投资。通过私募股权投资募集到的多为权益性资本，很少涉及债权投资。反映在金融工具上，多采用普通股或可转让优先股的方式，私募股权投资基金资金的提供者一般不参与融资企业的决策管理。例如在 2002 年 6 月摩根士丹利私募股权投资基金投资蒙牛的案例中，蒙牛与摩根士丹利的股份数量之比是 9.4%∶90.6%，但投票权是 51%∶49%。确保了蒙牛管理团队在企业中享有绝对多数表决权。

3. 其实质是一种集合理财的方式

私募股权投资基金是将募集到的资金集中在一起投资于未上市企业，通过出售股权获利这一特定目的和用途的资金集合，其实质为集合理财。私募股权投资基金一般采取封闭式管理方式，管理期限为 5 ~ 10 年，在封闭期间，投资者不能任意抽回资金，所以其具有投资期长、预期收益高等优点。对于非上市企业来说，通过私募股权投资基金融资是一种比较稳定的融资方式。

（二）私募股权投资基金解决中小企业融资若干问题

1. 解决中小企业银行贷款难的问题

提供了全国 80% 的城镇就业岗位的中小企业，完成了中国 65% 的发明专利，75% 以上的企业技术创新，80% 以上的新产品开发。但却面临资金匮乏，融资渠道单一等困局。中国人民银行在 2013 年 1 月对中小企业融资渠道的调查显示，我国中小企业融资的 98.7% 来自银行贷款，但由于中小企业的规模小、资金少、资信等级低、抵押品缺乏、监控成本高、发展前景不明确等先天不足，往往造成银行对中小企业的贷款设立较高的高门槛。一般会对中小企业贷款在基准利率上再上浮 30% ~40%，这无疑对中小企业的融资更是雪上加霜。而私募股权投资基金增加的是所有者权益而不是债务，因此私募股权投资基金会优化企业的资产负债结构，提高企业的抗风险能力。而且，私募股权投资基金是一种中长期投资，最长期限可达 10 年之久，融资后私募股权资金提供者将成为融资企业的全面合作伙伴，他们关心的不是项目短期的盈利性和安全性，而是长期的成长性。

2. 解决中小企业资本不足问题

清科研究中心统计显示，2013 年三个季度共新募集完成 42 只可投资于中国大陆地区的私募股权投资基金，投资金额共计 41.46 亿美元；三个季度中国私募股权投资市场共发生私募股权投资案例 109 起，其中披露金额的 92 起案例共计投资 33.10 亿美元。私募股权投资基金的出现无疑是给占据中国半壁江山的中小企业注入一支强心剂，以其低门槛、简核准程序、少融资成本、高通过率成为中小企业的“救命稻草”。进入 21 世纪后，异军突起的中国经济在世界舞台上昂首阔步，一个高科技项目、一个创业团队、一笔不大的创业资金掀开了像百度、搜狐等具有中国特色的公司帷幕，两三个人、七八杆枪，正是因为不断得到风险投资基金（私募股权投资基金的一种表现形式）的支持，这些当年的小公司才能一路扶摇直上，创造了中国网络市场一个又一个奇迹，而这些投资者们也赚了个盆满钵溢。

3. 解决中小企业内源融资不足

内源融资作为中小企业融资的一个重要渠道，有着融资费用低、效益高的优势。在国外，中小企业内源融资占有绝对比例，西方主要发达国家的中小企业内源融资基本上占其融资总额的55%以上，其中美国、英国达82%以上。但我国中小企业资金少，自身积累严重不足，内源融资的比例只有30%左右，随着中小企业在国民经济中地位的提高，这种通过自身资本积累的方式寻求自我滚动发展的模式已经不能适应其发展，中小企业还需要新的服务和制度创新。从1984年中国引进风险投资概念至今，私募股权投资已走过29个春秋，在国际私募股权蜂拥而至的同时，本土私募股权投资也在茁壮成长，私募股权投资基金整体规模已经超过公募基金一倍。私募股权投资基金已经成为中小型企业解决内源融资不足问题的重要方式。2002～2011年私募股权投资基金数目及额度如图1、图2所示。

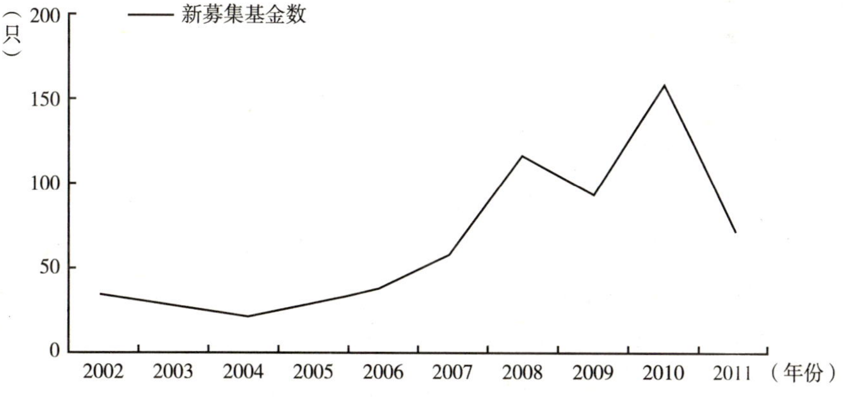

图1　2002～2011年私募股权投资基金数目

资料来源：清科数据库（2012）。

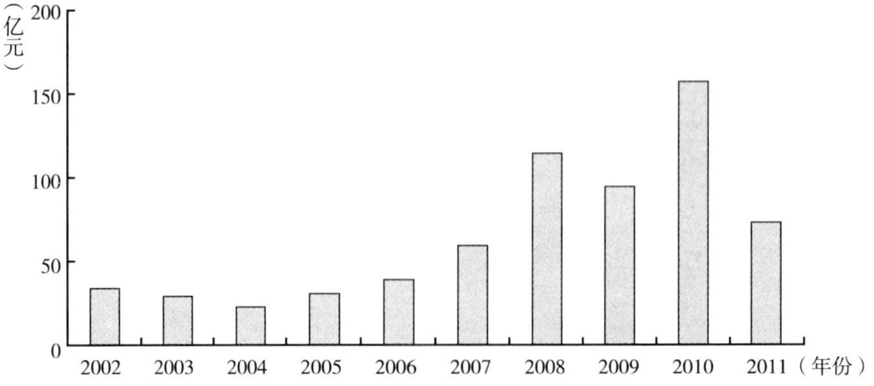

图 2　2002～2011 年私募股权投资基金额度

资料来源：清科数据库（2012）。

二　私募股权投资基金推动中小企业规范化发展的途径

（一）私募股权投资基金有助于完善企业公司治理结构

私募股权投资基金作为投资者和被投资企业的中间人，直接参与公司的管理。我国中小企业大部分是“家族式”的治理结构，所有者、管理者、决策者有很大的重叠。公司董事会、监事会、管理层界限模糊，责任划分不明确，治理结构不健全。而私募股权基金有相应的措施可以帮助企业改善这些问题。

1. 降低信息不对称的风险

投资者为了掌握企业实际的运营情况，一般要求在董事会至少有一个席位，并且对公司重大事项享有参与权和一票否决权；另外，基金管理者通常会制定契约制约经理人的控制权。这些控制权通常包括：董事会席位、重大决策表决权、禁售资产出售、控制权转让的限制、企业重大支出限制、发行新证券限制、强制赎回等权利。有了这些限制条款以后，企业家做出任何重大决策都要经过基金管理者的监督和同意。

2. 签订“对赌协议”，激励管理层增强企业管理

签订“对赌协议”，激励管理层增强企业管理。例如：摩根士丹利、鼎晖投资和英联投资在投资蒙牛时曾签订一份协议。协议约定：如果蒙牛管理层没有实现蒙牛的高速增长，开曼公司（牛根生在开曼群岛注册的壳公司，间接控股蒙牛企业）和毛里求斯公司（牛根生在毛里求斯注册的壳公司，直接控股蒙牛企业）账面上剩余的大笔投资现金要由投资方完全控制；如果蒙牛管理层实现蒙牛的高速增长，一年后，蒙牛系可以将A类股（1股有10票投票权）按1拆10的比例转换为B类股（1股票有1票投票权），届时蒙牛管理层可以实现在开曼公司的投票权与持股比例一致。最后，蒙牛管理层提前完成了任务，获得了控股权和随后的融资。

3. 私募股权投资基金对企业的注资是分阶段进行的

每一次的注资都以上一次企业的实际经营情况为标准。若企业业绩达到要求，注资将按约定发放；若没有达到要求，就暂缓注资，必要条件下，可以中断，从而对企业施加直接的压力，提高管理层的重视程度。

（二）私募股权投资基金有助于完善企业的财务管理制度

中小企业中相当一部分都是私营、民营企业，决策者大部分没有经过系统的财务管理学习，对财务管理的概念非常模糊，缺乏对企业全局财务状况的清晰认识。有的公司的出纳会计基础薄弱，甚至没有会计从业资格证书，做账全凭自己的感觉，造成账目混乱、核算正确率差等严重问题。公司的财务状况对公司的发展至关重要，是企业一段时间经营成果的全面展现，若是财务制度不健全，那么中小型企业就永远都是中小型企业。

私募股权投资基金在前期的尽职调查中，会对企业的方方面面进行详细调查，进而根据企业的情况提出建议。我国中小企业的财务管理制度大部分都不太合格，通过尽职调查，企业一方面可以了解到自身的缺陷，另一方面也可以从私募股权管理团队学到宝贵的财务管理知识和经验。

私募股权投资基金提供的增值服务有助于企业进行财务管理制度的建设。例如，云月投资是一家专注于中国本土市场的国际私募股权投资公司，到目前已有13年的历史。广州英爱贸易有限公司是一家从事婴幼儿服饰，并集设计、生产、销售高品质婴幼儿用品和代理国内外多家知名母婴用品品牌于一体的专业公司。根据我国目前的情况，婴幼儿产品市场有很大的潜力，况且英爱产品质量受到行业认可，所以有很大的发展空间。2012 年，云月投资选中了英爱公司。经过对英爱公司的调查，云月投资发现，英爱公司的创新能力很强，但是财务管理机制不健全，账务报表混乱，数据也有核算不准确的地方。最后，云月投资拿出了一系列的措施，帮助英爱公司完善了财管制度。

目前，英爱公司已经成为中国婴儿服饰的领军企业，有超过 650 个销售网点，在全国一、二级市场的高端商场覆盖率达 50%。

（三）私募股权投资基金有助于企业完善营销模式

相比大企业来说，中小企业紧贴市场，能够敏锐地注意到消费者的需求动向变化，进而投其所好，“原创”出很多新产品。但是它们不一定就是最大的“获利者”。因为产品不仅要生产出来，还要将其推向市场。而传统的中小企业的营销渠道过于狭窄，主要局限于固有的关系网络，而且营销方式单一，营销理念落后，创新度不够。有的企业制定营销战略时，一味参考其他大公司，忽略了企业自身的实际情况，造成理论与现实“脱轨”；又或者，有的公司制定了营销战略后，不能够很好地去实施。因此，营销模式对企业的发展十分重要，对扩大企业的市场份额意义重大。

私募股权投资基金运用专业化的管理团队帮助企业构建新的营销模式，打开市场，塑造品牌。例如，私募股权投资基金投资蒙牛乳业股份有限公司的案例表明其帮助企业在营销模式创新上作用独特。1999 年牛根生成立注册了“内蒙古蒙牛乳业股份有限公司”，到 2003 年，蒙牛已经成了家喻户晓的名牌产品。短短 4 年的时间，蒙牛从新生企业做到业界翘楚，这背后，私募股权投资基金功不可没。投资蒙牛的私募团队是摩根士丹利、鼎晖投资和英联投资，它们不仅为蒙牛带去了资金，而且为蒙牛制定了出色的市场营销方案。蒙牛在之前采用的营销模式走的是传统路线，不注重广告营销和娱乐营销，而私募股权投资基金结合中国时事，抓住大众的兴趣点，采用动态的营销模式，成功地塑造了“蒙牛”品牌。2003 年 3 月伊拉克战争期间，蒙牛率先进行事件营销，此后，又与央视协商建立了一个应对新闻突发事件的快速反应机制，以确保蒙牛能在第一时间赢得商机。“非典”期间，蒙牛集团加大广告投放，并加大了公益广告的力度。2003 年 3 月蒙牛利用获得“航天员专用牛奶”称号的这一机会，进行大规模“举起你的右手，为中国喝彩”的公关活动。2003 年 11 月，蒙牛夺得中央电视台的广告标王，再次成为社会关注的焦点。

分析蒙牛的每一次公关活动，尤其是借助“神舟五号”成功飞天的“航天员专用牛奶”公关活动，其成功的原因在于蒙牛的营销抓住了公关策划的四大精髓。产品的核心优势和品牌的核心价值、始终警惕转瞬即逝的市场机会、感性路线与理性路线的完美结合、认识到执行是保证公关成功的关键。

通过前后营销模式的对比，可以发现，蒙牛后期采用的营销模式较之前有很大的创新性。紧跟时代，在重大事件中基本都能看到蒙牛的身影，在全国性的平台上做广告，树立“正能量”的负责任的企业形象，始终不脱离大众视线。在“神舟五号”公关活动之后，又有许多以神舟五号或航天员为素材的广告，比如波司登羽绒服、喜之郎果冻等，但蒙牛成功地抓住了先机，因为人们永远都对“第一”印象深刻。

私募股权投资基金在投资之前会对企业进行尽职调查，包括企业的利润率、产品周转率、产品市场占有率等细节，再结合市场情况帮助企业制定合适的战略规划，利用其全球资源，在技术引进、人力资源、资金支持、市场开拓等方面培养被投资企业的创新能力和管理能力。这样，一方面，通过尽职调查，企业可以发现自己之前存在的问题；另一方面，从私募股权投资基金的管理模式、战略规划、人力资源管理、营销模式等方面学习如何提高自己的核心竞争力。正所谓“授之以鱼不如授之以渔”的道理。企业可最终实现可持续发展。

三　私募股权投资基金在推动中小企业发展中遇到的难题

（一）中小企业直接融资数量有限

目前，我国资本市场发展还不完善，为保护投资者的利益，企业发行股票上市的门槛仍然很高。2009 年 10 月 23 日，我国创业板市场正式启动，创业板虽然定义为中小企业服务，但上市门槛高，运作严，能够在创业板上市的中小企业可谓万里挑一，创业板的推出不能从根本上解决中小企业的融资难题。

另外，我国中小企业很少能满足规模、产业方向、机构担保等发债资格与条件，发行债券的机会微乎其微。

（二）分批次投资，注资不是一步到位

私募股权投资基金在投资中小企业时，其投资一般是一种渐进式的投资，即先注入部分资金，待企业发展前景明朗后再追加投资，如果发现情况不乐观，就会马上停止注资。但是中小企业增值的过程不是一蹴而就的，私募股权投资基金在注资后并不能得到立竿见影的效果。这种分批次的投资方式，一方面会使企业为得到后续注资而采取饮鸩止渴等一系列为追求短期利润而不理智的行为；另一方面中小企业在遇到困难的情况下私募股权投资基金抽走其投资会给这些中小企业带来更大的风险。

（三）私募股权投资者在投资时提出苛刻条件

当私募股权投资基金成为投资明星时，也有人说它是“蝗虫”、“门口的野蛮人”。因为私募股权投资基金的本质毕竟是追求利益的，它并没有那么高尚，私募股权投资基金投资人总是会提出苛刻条件，如采取压低被投资企业的股权价值，与目标企业经理层签署所谓的“对赌协议”等。2006 年太子奶集团与某私募股权投资集团签订了一份对赌协议，协议规定：在收到投资后的前三年太子奶集团利润增长超过 50%，就可降低三家私募股权投资集团的股份份额，如果完不成 30% 的利润增长，以李途纯为首的管理层将把股权转让给私募股权投资集团。这些条件都增加了企业被贱卖的风险，往往给企业带来不小的压力。

（四）监管缺失

我国目前并没有专门的法律条文对私募股权投资基金进行明确详细的定义，《公司法》、《证券法》、《合伙企业法》以及《信托法》等法律文件只是为私募股权投资基金采取公司制、有限合伙制或信托制的组织形式提供了依据，但实质上都没有明确它的合法地位，私募股权投资基金在我国像是“不清不楚”的存在，相关法律条文缺失造成了其处于无人监管的状况。由于缺

乏明确的法律规定，人们经常把私募股权投资和非法集资混淆，有的人认为自己是合法的借钱经营但被认定犯罪，也有人打着私募、创投的旗号骗取他人钱财。例如，轰动一时的浙江“吴英案”，吴英曾向11个放高利贷的人集资7.7亿元，一审以集资诈骗罪判处其死刑；“汇乐集团特大诈骗案”中，浙江黄浩等人成立“汇乐集团”，打着私募股权的旗号，3年内骗取了1.9亿元资金，供自己及其团伙挥霍。因为案件涉及的金额较大、人员较多，在社会上引起了很大的反响，一定程度上使人们对私募股权投资产生误解，不相信一切私募股权投资，认为其本身就是一种骗人的把戏。这严重削弱了私募股权投资基金在推动中小企业发展过程中所起的积极作用。

（五）退出渠道不畅通

退出是私募股权投资基金运行机制中的核心环节，私募股权在选择投资项目的时候，非常看重最后的退出环节。私募的退出方式一般有公开上市（IPO）、兼并收购、企业清算等方式。国外成熟的资本市场已经形成了集IPO、柜台交易、产权交易、并购市场等为一体的资本市场，给私募股权投资基金提供了正规而又便捷的退出渠道。而目前，我国的资本市场发展尚未成熟，再加上有关政府部门对私募股权投资基金的定位不清晰，监管机制“地域性”太强，导致行业缺乏统一的监管标准，进而造成私募股权退出渠道狭窄。我国私募股权投资中小企业的退出方式目前以IPO为主要退出方式，但由于目前我国上市制度还不太完善，多数私募股权投资基金选择让企业绕道在海外上市。长此以往，非常不利于国内私募股权投资基金行业的健康发展和我国资本市场的健全完善，还有可能形成“恶性循环”。

四　私募股权投资基金推动中小企业发展的思路

（一）拓宽我国私募股权投资基金来源渠道，增加有效供给

清科集团研究中心数据显示，2008年，私募股权投资基金中本土资金不到外资资金的三分之一，金额上仅约为八分之一。相比外国相对成熟的私募股

权投资基金，中国进驻这一领域时间较晚且规模较小，亟须建立一个以政府资金为主导，包括境外资本、保险基金、社保基金、企业年金、企业资金及社会闲杂资金在内的多元化资金来源体系的蓄水池，放宽这一领域的准入条件。2011 年 6 月 29 日，全国社会保障基金理事会副理事长王忠民正式宣布，社保基金将出资 100 亿元入股中国人保。一直被视为引领市场投资风向标的社保基金，开始进驻这一领域。2010 年 6 月 29 日，清科研究中心数据显示，国企参与了超过半数的 2010 年完成募资的新基金，参与金额占比高达 69%，私募股权投资基金的投资来源有逐年扩大之势。

（二）增强中小企业融资的专业判断能力

选择私募股权融资时要寻求专业机构的帮助，私募过程专业化要求很高，而且需要的财务技术往往与企业日常的财务技术有所不同，在这种情况下，依靠中小企业自己的财务人员难以胜任，应聘请经验丰富的财务顾问，给企业全方位，专业化的服务，提供税务策划、投资方的推荐、财务咨询等服务。同时，中小企业在选择私募股权投资基金机构时，不应只考虑提供资金的多少，成本的高低，而忽视投资公司的管理经验。我国中小企业目前发展的关键已经不是规模扩张，而是核心竞争力的培育和发展。中小企业也应该抓住私募股权投资基金融资的宝贵机会，在引入资金的同时引入管理经验，改善治理结构。曾获得四家风险投资公司联合投资的网上钻石销售商——九钻网，其创始人陈斌在介绍经验的时候就着重指出，中小企业在融资时不能只看重钱，应该考虑投资者的整体背景以及对创业者所处领域是否有帮助，应该考虑投资公司提供增值服务的能力。

（三）加快本土私募股权投资基金的发展

目前我国私募股权投资基金无论从资金实力还是管理经验方面，与国外私募股权投资基金还有一定的差距，长此以往将使我国资本市场丧失主导权，不利于本土中小企业的发展，也会加大我国中小企业融资的难度，甚至会影响我国经济社会的发展，所以应该大力扶持本土私募股权投资基金的发展，注重体现中国特色，走一条适合中国企业发展的私募股权投资基金的道路，掌握企业融资和并购市场的主动权，根据经济社会的发展需要，做出更有利于发展的产业选择，避免外资私募股权投资掌控中国市场。

（四）在签署投资协议时注意双方的有进有退

投资者与被投资者本身就是利益与矛盾的统一体，投资方往往希望得到一些使自己的投资毫无风险的条款，中小企业在引资过程中有些条款是不可以接受的，比如蒙牛乳业在2002年10月第一次引入私募股权投资基金时，蒙牛管理团队所持有的股票在第一年只享有战略投资人所持股票1/10的收益权，而提供私募股权资金的三家投资机构享有蒙牛90.6%的收益权，只有完成约定的“表现目标”这些股票才能与投资人的股票实现同股同权。对于这样的条款，中小企业要慎重衡量得失，在签订协议时注意有进有退。

（五）进一步明确股权投资基金的合法地位

我国需要尽快建立监管框架，出台管理办法，确立私募股权投资基金的合法性；规章制度要以保护投资者的利益为首要目标。有以下两点建议：①构建和规范投资者准入制度。规定资产达到一定额度，有相关的知识和经验的个人才能参与私募股权投资。②建立基金管理者准入制度。基金管理者的能力高低关系到私募股权投资基金的发展和最后的盈利水平。另外，管理者的道德也不能忽视，因为投资者不会直接参与公司的管理，而是通过私募基金这个中介机构来监督企业的日常运作，这就会有潜在的道德风险，所以需要建立相应的准入制度，让那些合格的管理者进入市场。与此同时，还需要逐步建立健全风险控制机制。包括防范操作风险和管理风险，明确投资比例、退出机制、信息披露等事项，规定监管机构可通过对企业的能力评估程序，加强对投资运作的监管，预防系统性风险。

（六）建立多层次的股权交易市场，形成顺畅的退出机制

长期以来，企业上市后退出一直是私募股权投资基金的主要退出方式，但由于上市的较高门槛，能够通过该种方式顺利实现退出的情形少之又少。而在2008年后逐渐兴起的场外交易市场，为私募股权投资基金的顺利退出提供了

新的渠道。特别是目前已经成为场外交易市场领导者的天津股权交易所，截至2013年底，天津股权交易所挂牌企业共实现直接融资约62亿元，这其中大量的私募股权投资基金贡献了重要力量。而吸引私募股权投资基金参与天津股权交易所业务的动力就来源于天津股权交易所为其提供了股权流通交易的平台，使股权的顺利退出成为可能。可以预见，以天津股权交易所为代表的场外交易市场将逐渐成为大量私募股权投资基金实现股权顺利退出的重要渠道。

虽然私募股权投资基金在我国发展的时间很短，但这种融资方式作为中小企业融资的一条隐形通道正在发挥越来越重要的作用。随着社会经济的发展和相关法律的出台，这条隐形通道必然会成为连接投资者与广大中小企业的阳光大道。

参考文献

［1］张晶晶：《私募股权基金对我国中小企业发展的影响及前景分析》，《商场现代化》2008年第32期。

［2］王笑媛：《我国中小企业财务管理中存在的问题及对策》，《中国市场》2013年第33期。

［3］孙丽英、代桂勇：《中小企业营销队伍建设存在的问题和对策》，《山东青年政治学院学报》2013年第164期。

B.12

完善多层次资本市场化解中小企业融资难题

姜雪冰　韩伟芳　程仁义　兰　颖*

摘　要：

中小企业是我国经济最具活力的组成部分，对促进经济增长、实现可持续发展、转变经济发展方式、落实国家战略具有不可替代的作用。而现阶段中小企业融资面临多方困境，本文从资本市场角度来分析中小企业融资难题，分析资本市场在中小企业融资方面的优势，并探索当前我国多层次资本市场服务中小企业所面临的问题，进而给出相关建议，如降低中小企业进入资本市场的门槛，明确各层次资本市场的职能、定位及交易制度，制定完善的转板机制，建立健全资本市场监管体系等。

关键词：

融资渠道　多样性融资需求　准入制度

中小企业在国民经济发展中有着举足轻重的分量。一方面，在我国，根据国家发展和改革委员会中小企业司统计，当前我国中小企业占全国企业总数的99%，创造的最终产品和服务价值相当于国内生产总值的60%，所缴税额占国家税收总额的50%，伴随着中小企业的稳步发展，其提供的城镇就业岗位已达总数的75%以上；此外，中小企业的数量增加速度已达每年7%～8%，其吸收劳动力，提振县域经济发展，优化经济结构与创新科技发展等诸多功

* 姜雪冰，天津财经大学金融系讲师；韩伟芳，天津财经大学金融学硕士研究生；程仁义，浙江省临安市农村信用合作社联社岛石信用社，助理经济师。兰颖，天津农商银行，中级经济师。

能也日益增强，这些均对缓解当前就业压力，实现区域、城乡协调发展，促进国民经济高质量增长，维护全国经济稳定和社会繁荣等具有不可替代的作用；另一方面，中小企业的发展又陷入“瓶颈”，其发展最大的阻碍来自难以克服的融资问题，虽然中小企业创造了60%的GDP，但可以从银行拿到的贷款额度不足商业贷款总数的1/4，2013年第一季度，这一比例又下滑了近10个百分点，加上生产成本增加，中小企业的资金缺口已超过30%。尽管资本的力量可助推企业价值的实现，但中小企业却普遍缺乏资本。因此，建立多层次资本市场满足中小企业多样化融资需求，利用其相对成熟的市场化配置机制，引导分散的社会资源及大量资金注入中小企业也就成为当下刻不容缓的一项任务。

一　中小企业融资难的表现

（一）融资渠道狭窄

从融资主体的角度可将融资渠道划分为内源融资与外源融资两种，内源融资主要包括：企业自留资金（未分配利润）或自有资金；外源融资主要包括银行贷款、债券、股票股权、游离于正规金融之外的民间借贷及政府财政支持。表1是中美中小企业融资渠道的占比对比。

表1　中美中小企业融资结构对比

单位：%

融资结构	内源融资	外源融资			
	自留资金	银行贷款	债券	股票	其他
中国	60	20	0.30	0.60	19.10
美国	30	42	5	18	3

资料来源：许伟、朱未萍：《中小企业融资与场外交易市场建设》，《财会月刊》2012年第1期。

由表1数据可以看出，与美国中小企业融资结构的对比中，我国中小企业融资结构存在较为极端的一面：内源融资中过于依赖自留资金；外源融资中银行贷款的比重最大；债券、股票直接融资工具对中小企业融资的贡献度极低，两者之和不足1%；在我国，外源融资中的其他融资渠道主要为民间借贷以及从场外交易市场获得的资金，现阶段我国场外交易市场发展滞后，因此以民间借贷为主。可以说，我国中小企业可利用的较为有效的融资渠道主要有自留资金、银行贷款及民间借贷，这与美国中小企业可借助资本市场上的金融产品融资相比，融资渠道较为单一。

（二）融资方式受限

1. 内源融资

中小企业内源融资中，以企业未分配利润为主。对企业来说，内源融资成本低、风险小，且有其独特的自主性与灵活性，但对中小企业来说，自留资金相当有限，对满足其持续发展及扩大生产的要求远远不够，近两年来，中小企业的发展与21世纪迅猛发展时期相比差距明显，整体利润率不到3%，这就造成企业能利用的自留资金少之又少，与处于发展壮大期的大量资金需求相比，只能是杯水车薪。

2. 外源融资

（1）银行贷款

在我国现有的金融体系中，银行业一支独大，作为资金供需的主要中介部门，银行信贷也就自然成为了中小企业可利用的主要融资渠道，但事实上，银行提供给中小企业的借贷金额远远不及国有大中型企业。中小企业数量大、分散性及信息披露程度低无疑也加重了银行业的贷款审查成本及贷后管理成本，以利润最大化为目标的银行业金融机构尤其是大型商业银行对中小企业借贷领域少有涉足。虽然近几年，在国家支持县域经济的发展、完善县域金融体系的政策引导下，各地中小金融机构如雨后春笋，纷纷设立，但由于其抗风险能力有限，贷款产品种类少，对中小企业提供的大多是短期流动性贷款，依然无法满足中小企业的资金借贷需求。

（2）债券、股票等融资工具

在中小企业私募债开闸之前，由于其自身条件限制，未能达到企业债的发行标准。自2011年私募债推出后，试点区实际操作过程中为防范风险，对发债的标准也做出了一定的规定，大部分中小企业仍很难达到私募债的发债要求。在我国，多层次资本市场尚未完善，股票等融资工具的发行门槛对众多中小企业来说是望尘莫及，自创业板及中小板推出后，实质上只有那些发展较为成熟的中型企业才有资格在资本市场上融资。

（3）民间借贷等其他融资渠道

民间资本的大量闲置与低效运转是地下钱庄等非正规金融发展的主要原因，其提供的资金供给往往期限短、利率高，对中小企业来说，利用这样的融资方式只解近渴难解远忧。而政府财政支持的资金供给覆盖面小，无法惠及所有企业，仅依靠财政扶持也无法实现企业自身的良性发展，企业的可持续发展必须将其置身市场竞争当中才能实现。

（三）融资成本较高

在中小企业现有的可利用的融资方式中，内源融资的融资成本最低，但其数量有限。而目前我国金融体系中银行业独占鳌头，中小企业对银行的依赖性较高，但一方面由于单个中小企业规模小，每次借贷的资金量较少，银行对每笔贷款的审核无论金额大小均需经过一系列调查评估，因此银行更愿意将资金借给资金需求量较大的国有大中型企业；另一方面由于中小企业所能提供的抵押资产较少，对银行来说，担保资产价值不大，对借贷所产生的风险不足以弥补；再者，中小企业往往自身经营运作不规范，抵御风险的能力较弱，财务制度不健全，信息披露尚有待提高，这些因素导致中小企业的信用度较低，即使银行放贷，中小企业的财务成本也是一笔不小的负担。在民间借贷方面，虽门槛低，程序简便，但融资成本足以使中小企业望而却步。

（四）融资辅助体系存在缺陷

1. 信用体系及信息披露系统

虽然我国已有新华信等40多家信用征信机构，银行系统也相应建立了企业的信用诚信档案，已具有大量的企业信用资料与信息，但各个信息平台并未联网，没有形成一个共同的平台，缺乏健全的信用体系及信息披露系统，这就造成了融资市场上的信息不对称，中小企业的发展状况、成长潜力及最基本的财务状况、经营风险等无法准确传达到市场当中，资金供给方在无法准确判断自己所面临的风险时，中小企业想要获得融资自然就难上加难。

2. 担保体系

我国的担保就市场定位来看，包括政策性担保、互助性担保、商业性担保，政策性担保机构已遍布省、市、县，但商业性担保和互助性担保机构并未得到相应发展，其占比较低。在担保体系中以政策性担保机构为主难免出现政府决定项目的现象，由于风险分散机制的缺乏，中小企业在进行融资的过程中往往需要进行多重担保，这无疑对中小企业融资又增加了困难。

二　多层次资本市场对中小企业融资的优势分析

充分有效地利用资本市场，是中小企业发展的一个关键点。从国内外各国企业发展的经验来看，能够做强做大的企业往往都是能够与资本市场充分有效融合的企业。以地产开发行业为例，非上市地产开发商在经济势头旺盛时，需要从借贷市场上获得资金来置地，而此时，资金的成本也随经济势头一样很高，而对上市地产商来说，在经济势头较旺时，可以利用上市公司的平台增资扩股，也可以利用自身股票在资本市场上的利得来拿地；在经济回落时期，上市公司依旧可以增发股票来融资，股票价格虽然降下来，但此时的地价也相对便宜，使得公司的运营成本自然得到对冲。资本市场对企业发展的支持作用当然不仅仅限于此，对应中小企业建立多层次资本市场，使得中小企业的发展程度与相应层次的资本市场相融合，对其解决融资难题及实现未来企业价值最大化有着深远的意义。

（一）提高资金融通效率

1. 多层次资本市场能够满足中小企业多样化的融资需求

根据企业的规模及管理水平，企业生命周期可以大致分为四个阶段：初创期、成长期、成熟期及衰退期（并购重组转型期），各阶段的融资需求也有其特点，不同的融资需求对应不同层次的资本市场的资金供给。而中小企业往往处于生命周期的初创期与成长期，并且可以进行进一步的细分。处于初创期的企业，经营风险高、规模小、未来发展的不确定性大，要获得生存及发展需要投入大量资金研发产品。而对银行来说，对初创期企业的借贷风险太大，企业创立期固定资产有限，抵押资产不足，即使企业获得银行融资，必然对应较高的财务成本，给企业造成沉重压力。此时在资本市场上引入天使基金或风险投资意义重大。

成长期阶段的企业扩大生产，固定资产购置、人员引进、经营管理费用增加，对资金的需求量猛增。由于进入传统的资本市场难度较大，因而进入场外交易市场进行资本运作，获得风险投资，成为企业较为有效的融资渠道。当中小企业步入成熟期后，市场份额逐步扩大，规模较大，经营较为稳定，固定资产较多，盈利能力较强。此时的企业往往已经发展成大中型企业，此时可以通过较高层次的资本市场融资完善财务结构。

如图 1 所示，企业各成长阶段与资本市场相融合，在初创阶段可引入天使基金 VC，在成长阶段引入 PE、风险投资或夹层基金进入场外交易市场进行资本运作，在成熟期进入高标准的主板市场，以接力的形式，实现小微企业到中小企业再到大型企业的转变。

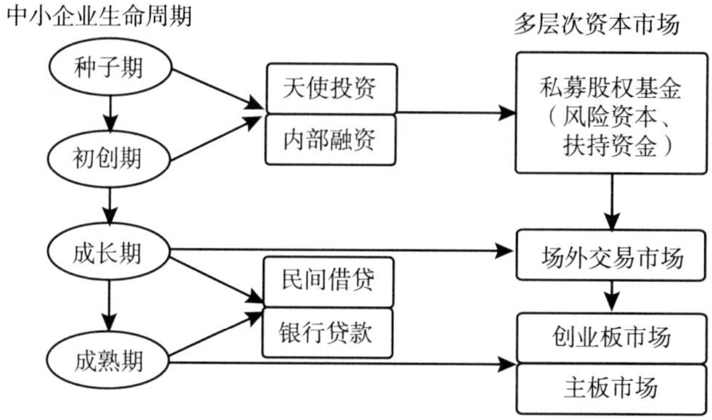

图 1　中小企业发展与资本市场各层次关系示意图

资料来源：洪瑞春：《多层次资本市场体系构建研究》，北京交通大学硕士学位论文，2012。

2. 多层次资本市场能够满足不同投资者的投资需求

多层次资本市场为投资者提供多层次的金融产品，对应资本市场上不同收益与风险组合的投资产品，不同风险偏好的投资者可以依据自身资产规模及分析风险的能力做出自己的选择。典型的风险偏好型的投资者投资 PE，PE 的进入，不仅可以解决中小企业的融资难题，对企业的可持续发展、公司治理及高管利益都大有裨益。此外，多层次资本市场的建立会为风险投资提供退出渠道。风险投资投资于初创期与成长期的中小企业，一方面，风险大、收益高，投资者以期通过企业上市等退出渠道获得高额收益；另一方面，亦可帮助中小企业实现由初创期到成长期甚至到成熟期的转变。

（二）优化融资结构

短期资金的融资风险较小、融资成本较低，长期资金的融资风险大，相应的融资成本较高，此外权益性融资与债务性融资也各有其特点，不同类型的企业结合管理者的考虑，为保证内部资金的流动性及收益性的平衡和资金利用效率与融资成本的平衡，企业注重如何形成最佳的融资结构。而目前，我国的中小企业除有限的内源融资外，银行等金融中介成为其最主要的融资渠道，但由于中小企业所能提供的抵押资产少，对银行来说，担保资产价值不大，对借贷所产生的风险不足以补偿，另外，中小企业往往自身经营运作不规范，抵御风险的能力较弱，财务制度不健全，信息披露也有待提高，这些因素导致中小企业的信用度较低。受稳健性经营原则的制约，银行能够为中小企业提供的多数为短期资金借贷，对长期资金“惜贷”情绪较高且借贷成本过高，而多层次资本市场能够满足中小企业中长期的资金需求，另外中小企业现有的外源融资渠道中，因其进行权益性融资的条件不够，债务性融资比例极高，建立多层次资本市场有效降低市场准入门槛，为中小企业提供多元化的融资渠道，有利于其融资总成本与总风险的平衡，弥补中小企业现有融资渠道的缺陷，优化融资结构，形成健康合理的资金结构，而合理的资金结构又是融资能力的重要指标，这样达到动态平衡，不仅拓展了融资渠道，也对融资渠道进行了疏通，最终形成一种资金的良性循环。

（三）优化融资辅助体系

多层次资本市场的建立，特别是场外交易市场的完善，有助于优化金融生态，吸引众多的金融机构及更多的机构投资者，活跃资本市场，有效分散风险，提高商业性担保及互助性担保在担保体系中的比重，将投资者的资金更好地引入到具有创新能力、高质量及发展潜力巨大的中小企业，为中小企业提供更好的金融服务；有利于中小企业的信息披露及外部监督，在促进中小企业有序规范发展的同时，加快建立信用体系，为中小企业通过其他方式融资提供条件，带动银行业对中小企业的支持，通过示范效应，为中小企业拓宽融资渠道，提供更多融资方式的选择。以天津股权交易所为例，一方面，通过规范挂牌企业信息披露，强化公司治理情况等手段，提升挂牌企业规范性；另一方面，采取多种措施积极协助挂牌企业解决融资问题，天交所与银行签署合作协议，促进企业向挂牌企业提供综合授信；推出股权质押融资服务、定向增发服务、私募债券发行服务等专项服务，切实解决挂牌企业融资问题。

三　多层次资本市场服务中小企业面临的制约因素及原因分析

（一）缺乏足够的参与主体

当前，我国多层次的资本市场已粗具雏形，但参与其中的中小企业在总量上仍然较少，缺乏足够的参与主体。就中小企业而言，由于其家族色彩和内部治理的先天不足，观念和体制上的障碍使多数中小企业对改制和规范有着本能的排斥，因而不愿进入场外交易市场。而对投资者来说，当前金融形势动荡，未来预期不明朗，短线投资占上风，加之本身对中小企业的投资风险较大，投资者缺乏参与热情，过剩的民间资本未能流向缺乏资金的中小企业。更重要的是国家层面上的政策导向，仍采取行政方式大力扶持“官办”市场，打压那些具有活力的、受到中小企业欢迎的、本身又高度自律规范的“非官办”市场，使得很多中小企业对这些新兴市场心存疑虑，也就造成了广大的场外交易市场缺乏足够的参与主体。

（二）监管体系存在缺陷

我国中小企业数量多，分布广，统一监管必然无法达到控制风险的目的。而多层次的监管体系未能建立，国家对资本市场的政策变动频繁，使得中小企业面临很大的政策性风险，而此时，若缺乏高效率的监管，很容易出现审查疏漏，信息披露不严格等问题，更严重的是内部交易及股价被操纵的情况出现，进而扰乱资本市场的秩序，监管成本增加，中小企业本身抗风险能力弱，在不规范的市场环境下，竞争处于劣势。

（三）市场机制尚未发展成熟

我国多层次资本市场的市场机制尚未发展成熟。一方面，资本市场的运行与其他市场一样，主要依靠市场机制，行政机制处于辅助地位，但在我国仍然是本末倒置的现象，以行政机制为主对市场进行干预和监督，致使国有企业成为资本市场服务的主要对象，忽略了广大民营中小企业；另一方面，审核制导致发行主体资格长期受到限制，而市场化程度较高的成熟证券市场往往采用注册制，注册制度下，证券主管机关对证券发行人发行有价证券事先不做实质条件的限制，发行人在发行证券时，只需全面、准确地将投资者判断证券价值、投资价值所必需的重要信息和材料充分地公开，其价值判断与形成完全置于市场机制中，由投资者自行判断；此外，注册制的建立也需要完善的价值发现体系，在投资者缺乏价值发现能力的情况下，市场上的各类证券咨询机构及证券公司等成为分析信息、价值发现的主体，此类机构为获得最大收益往往暗箱操作，发布虚假信息，诱导大众预期，频频出现股价高估、中小投资者受骗的现象，而真正具有投资价值的、高成长性的中小企业在混乱的市场价值发现体系中被投资者忽略。

四　建立多层次资本市场的相关建议

经过多年发展，我国多层次资本市场已粗具雏形，第一层次为以上海证券交易所及深圳证券交易所构成的主板市场；第二层次为深圳证券交易所内设立的中小企业板市场及创业板市场，即二板市场；第三层次为场外市场，包括“代办股份转让系统”（新三板）、天津股权交易所及其他区域性股权交易市场。总的来说，我国的资本市场体系呈现“倒金字塔”结构。截至2013年底，在沪深主板市场上市的企业达1439家，其中沪市主板959家①，深市主板480家，中小企业板上市的企业为716家，创业板仅为379家②。这与国际上成熟的资本市场体系相悖，资本市场以主板市场为主流，创业板市场因起步晚，所占份额极小，场外交易市场为企业股权融资及股权转让提供了平台，但市场结构割裂，各地组织交易机制差异大，信息沟通渠道不畅，缺乏统一的监管及法律制度，并且交易活跃度不足，份额较少。多层次资本市场各方面仍需完善，下面笔者就该问题提出相关建议。

（一）明确资本市场各层次的定位及职能

我国资本市场虽具层次性，但实质上各板块的性质较为模糊，功能性分工不明确，使其层次性形同虚设，明确定位和职能是完善我国多层次资本市场的前提及首要任务。

1. 主板市场

由沪深交易所构成的主板市场，应与其他成熟资本市场体系中的主板市场类似，是资本市场的最高层次，应有最严格的上市门槛、监管制度及信息披露要求，定位于发展较为成熟的大型国有企业、民营企业及海外企业，交易工具应为高度证券化的股票、债券、股指期货等。主板市场是为处于成熟期阶段的企业进行融资及股权交易的市场，也是众多私募股权投资基金及风险投资的退出渠道。

2. 二板市场

目前我国二板市场包括中小板及创业板。其中中小板是在深交所内设立的与主板法律法规、发行上市标准相同，但相对于主板市场独立的中小企业板块，其独立性体现在运行、监察、代码、指数等方面。但现行的中小板块实际

---

① 上海证券交易所官网，http：//www.sse.com.cn/。

② 深圳证券交易所官网，http：//www.szse.cn/。

上是主板市场的子板块，发行上市标准及监管制度与主板几乎没有区别，只是在上市公司规模方面做出了限制性规定，其定位本质上是规模较小的成熟企业。中小企业板应将其定位于具有高成长性、业绩突出的中小企业，中小企业板的上市标准应显著低于主板市场。2009 年 5 月正式启动了深圳创业板，创业板应定位于具有高创新能力、高成长潜力的规模较小的企业。二板的总体职能定位应该是为中小企业及创新型企业提供融资渠道，为天使基金 VC 提供退出渠道。

3. 场外市场

我国的场外市场主要包括“代办股份转让系统”（新三板）、天津股权交易所及其他区域性股权交易市场。场外交易市场的定位与职能应重点放在众多达不到场内市场上市标准的中小企业，旨在通过为挂牌企业提供股权、债券转让和融资服务使其实现自身价值，成为我国上市资源的“孵化器”和“蓄水池”，为风险投资者提供投资渠道。

（二）明确各板市场的差异性

1. 准入制度

在保留现有沪深主板市场的上市标准的基础上，多层次资本市场各板上市标准要有明显的梯度区分，在净资产、年税后利润和市值等财务要求方面，标准要逐层降低，例如美国纳斯达克全国市场首次公开发行，其对有形净资产的要求为 600 万到 1800 万美元，对小型资本市场的要求则为 500 万美元。对比我国的中小企业板，其上市标准与主板几乎相同，按层次划分并不应将其划分为二板，实质上应归属于主板市场，梯度性不明显，众多中小企业仍然望尘莫及。在创业板设立后，为使二板市场功能更加突出，应将中小企业板上市标准降低，但要高于创业板上市标准。在场外市场方面，各场外交易市场并不对企业的财务方面做出较高要求，为那些未能取得上市资格的中小企业提供股份交易平台。

2. 交易规则

简化的交易规则对较低层次的市场活跃度、存活及发展都有较为重要的意义，简化的交易规则在降低交易成本的同时还能吸引更多的中小企业上市交易。对应低层次的资本市场，应设定合理的交易规则，相对主板市场，中小企业及创业板的交易规则应简化，这样才能吸引更多的企业。

3. 交易制度

主要针对场内市场与场外市场的划分而设定不同的交易制度，在沪深证券交易所仍采用现行集合竞价、连续竞价的交易制度，在场外市场则适时引入做市商制度，提高场外市场的交易活跃度，在更低层次的市场也可采用一对一的谈判定价。其中需要说明的是竞价制度所需的信息更透明，流动性良好、交易规模较大的市场适宜采用此种交易制度，而做市商制度实行双边报价，并在该价位上接受公众投资者的买卖要求，以其自有资金和证券与投资者进行证券交易。买卖双方不需要等待交易对手出现，只要有做市商出面承担即可达成交易。做市商在不断的买卖中加速交易及增加市场流动性，能够有效解决买卖双方交易的不匹配问题，因此其适用于企业规模较小、信息披露不充分的小盘股市场。

4. 上市成本

各板市场的准入标准以阶梯状的形式逐层降低的同时，对不同层次市场的上市成本及费用也应逐层降低，尽量简化中小企业的上市程序，降低综合评估、规范重组、正式启动三阶段所需服务费用，挂牌费也逐层降低。

（三）建立及完善转板机制

随着企业进入低层次的资本市场，融资问题得到解决的同时，公司治理、财务管理、盈利模式等方面都得到有效提高，企业不断发展壮大，在现有的低层次的资本市场，由于其规模和主营业务的发展变化，盈利能力和获利水平达到更高层次，已与企业的融资需求不相匹配，需要到高一层次的板块上市融资。相反，若企业在现有资本市场上未能得到良好发展，反而状况恶化，满足不了当前板块要求时，就需要降到较低层次的板块。资本市场各层次板块能容纳的上市企业数量是有限的，就像蓄水池一样，有新的水流注入，也应有池水流出，这样才能维持其动态平衡。综上，这就需要建立转板机制，为企业在不同层次间的转变创造条件并进行有效监管，也是为中小企业在各层次资本市场的接力式发展创造前提条件。

资本市场的转板应是自愿申请与强制转板结合。首先，自愿申请转板主要应用在企业升板行为中，但也不排除例外情况出现，其次，强制性转板主要应用在企业降板行为中，若企业的经营状况、风险方面无法支持其现处板块的上市标准，则应被证券交易机构强制终止上市，转入较低层次的板块进行证券交易，状况恶化严重者则应对其采取退市的方式。此外，应当在各层次市场间建立“绿色转板通道”，即简便、快捷的转板途径或渠道。例如在具备任何一个交易所上市条件的前提下，场外市场的公司无须重新审核，可直接向该交易所递交上市申请，但转板的前提是该企业全面具备了两大交易所在规范性、盈利能力、股权分散程度等方面的条件。

（四）建立多层次的监管体系

现阶段，我国资本市场的监管模式为，由中国证监会负责实施对证券机构、上市公司的监管，负责维护证券市场的稳定与安全，防范化解系统风险，对上市公司的信息披露、交易行为等进行监管。对应资本市场的层次性应建立多层次监管体系，实现由集中向分层、由单一化向多元化的监管模式转变。最高层次为证监会，对整个资本市场进行监管；第二层次为地方性的监管机构，对其所在区域范围内的资本市场实行监督；第三层次为自律组织，可由各交易所或证券协会自行监督其会员的经济活动。在具体操作上减少政府干预，层次越低的板块所受约束相对越少，例如处于新三板的中小企业就可以通过行业自律或上交财务报告的形式来实现监督管理及约束。但也应注意要完善和建立相应的法律法规，不仅仅局限于证券等方面，还应有较为完善的合理的民商法及民事追究制度，这样一方面节约监督成本，扩大各板市场容纳的企业数量，另一方面提高中小企业活跃性，给中小企业的发展创造更大的空间。

此外，在各层次资本市场的设立及完善上要有更加明确的规划及步骤；在金融创新方面，顺应多层次资本市场的发展，丰富金融产品的层次性，完善金融市场机制及服务模式；加强金融基础设施建设，建立完善信息库，疏通信息沟通渠道，完善产品登记、托管、交易、清算及结算系统，重视技术及基础设施层面的建设，提高市场透明度及运行效率；将防范金融风险贯穿于多层次资本市场建设及完善的始终。从多方面改善金融生态环境，为处于弱势地位的中小企业创造良好的发展及竞争环境，解决其融资难的发展瓶颈，助推县域经济发展，为国民经济发展奠定坚实的基础。

参考文献

[1] 史建平：《中国中小企业金融服务发展报告（2010）》，中国金融出版社，2011。
[2] 曾繁振：《国际化背景下中国多层次资本市场体系及其构建研究》，中共中央党校博士学位论文，2012。
[3] 袁树民、刘文国：《多层次资本市场与中小企业融资》，《会计之友》2008年第2期。
[4] 徐洪才：《中国多层次资本市场体系与监管研究》，经济管理出版社，2009。
[5] 杨琼：《中小企业融资与区域化资本市场发展》，《商业现代化》2009年第5期。
[6] 许伟、朱未萍：《中小企业融资与场外市场建设》，《财会月刊》2012年第1期。
[7] 黄东坡：《完善多层次资本市场缓解中小企业融资难》，《会计之友》2012年第10期。
[8] 洪瑞春：《多层次资本市场体系构建研究》，北京交通大学硕士学位论文，2011。

B.13

微型金融对小微企业的支持力度比较研究*

高晓燕　惠建军　张婧瑜**

摘　要：

本文运用VAR模型，通过格兰杰非因果检验，结合脉冲响应函数及方差分解方法，实证分析了我国微型金融对小微企业的支持力度以及影响的差异性。实证结果表明：我国微型金融对小微企业发展的支持效应滞后且力度有限。相比较而言，直接融资方式对小微企业发展的支持力度较强，而间接融资对小微企业的支持力度远远不能满足小微企业的发展需要。因此，要进一步拓宽小微企业融资渠道，强化间接融资对小微企业发展的支持力度，引导不同的金融机构在微型金融服务中合理定位，同时大力发展为小微企业服务的直接融资市场，形成多渠道、多元化的微型金融服务体系，更有效地支持小微企业发展。

关键词：

微型金融　小微企业　VAR模型　支持力度

一　引言

小微企业作为我国国民经济和社会发展的重要力量，在促进经济增长、缓

* 国家社科基金项目（项目编号：13BJY172）：城镇化进程中县域经济与县域金融服务协同发展研究；天津市高等学校创新团队：《小微企业的创新发展机制及国际比较研究》。

** 高晓燕，经济学博士，天津财经大学经济学院金融系教授，硕士生导师。惠建军，天津滨海产权研究院，天津财经大学金融学博士研究生；张婧瑜，天津财经大学经济学院金融系研究生。

解就业压力、优化产业结构、推动科技创新等方面扮演着重要角色。但目前我国小微企业面临筹资难、融资成本高、风险大等问题，导致小微企业生存、发展过程中缺少必要的金融支持。数据显示，我国中小微企业数量占全国企业总数的99%以上，提供了80%以上的就业岗位，完成了70%以上的技术创新，创造了60%以上的国内生产总值、一半以上的出口和财政税收，然而，我国小微企业融资结构中通过银行贷款获得所需资金的仅占11.41%，有71.81%来源于企业自身的内部积累。我国小微企业对国内生产总值和就业的贡献度与其受到的金融支持力度并不成正比，因此进一步拓展小微企业融资渠道，完善我国小微金融服务体系，支持小微企业持续发展，是社会普遍关注的焦点和亟待解决的问题。

二　相关文献综述

目前，研究小微企业融资难的原因及对策的相关文献较多，专家学者从不同角度对小微企业融资难的具体原因和困境所在进行了定性分析。从小微企业自身来看，姜重安（2012）指出，生产经营规模小、经营方式单一、缺乏核心竞争力，管理模式、财务制度不规范，自身信用不足，缺乏抵押物，融资具有“小、频、急”的特点，是小微企业融资难的主要原因。林毅夫和李永军（2001）通过羊群效应和前景理论分析，认为银行愿意向大企业提供贷款而不愿意向小微企业贷款是小微企业融资障碍的主要原因。何建聪（2011）指出，当前小微企业承担的税负较高，各种费用种类较多，收费标准较高，以及缺乏相应的政策扶持是导致银行除信贷风险外惜贷的重要原因。张玲等（2011）认为，现阶段，我国资本市场尚未成熟，缺少多层次、能够为广大小微企业融资服务的资本市场，多数小微企业由于自身发展水平较低，既达不到进入资本市场的标准，也达不到通过银行间市场发行中小企业集合债券的标准，难以通过债权和股权融资等直接融资的渠道获得资金。

针对小微企业融资难的现状，国内学者提出了一系列解决小微企业融资难的对策。曹风岐（2001）认为，当前最重要的是建立完善的中小企业信用担保体系，建立担保机构风险补偿机制、资信评级制度、担保基金和再担保基金制度，使信用保证业务向着规范化和法制化方向发展，解决小微企业贷款难的问题。巴曙松（2012）认为，建立适合小微企业经营特点的成熟、完善的金融服务体制和机制还有很长的路要走，依托大银行体系的改造，充分发挥中小金融机构的积极作用，促进面向中小企业的直接融资，加快金融体系改革、放宽市场准入条件、推进利率市场化进程，是解决小微企业融资问题的必由之路。郭新明（2012）认为，金融机构需要进一步加大金融产品与服务创新，探索发展多元化的小微企业融资路径，进一步完善财税政策，更好地服务于小微企业发展，更好地支持实体经济发展。

虽然国内学者在理论方面采用定性分析做了大量的研究，然而，由于相关数据很难获得，国内关于微型金融支持小微企业发展力度定量分析、实证研究的文献很少，大多采用调查问卷方式或者只针对微型金融服务的单一方面在特定区域内搜集数据进行实证研究。徐玉侠（2011）基于商业银行视角，以较少的实际数据对商业银行支持小微企业的相关情况进行分析，提出商业银行要对小微企业实行专业经营，创新产品，转变针对小微企业的风险防控思路，以“售后服务”代替“贷后管理”等破解小微企业融资难的举措。何健聪（2011）以辽宁省阜新蒙古族自治县和兴城市小微企业作为研究对象，以实地调查中得到的数据为依据，从“开源”和“节流”两个角度，分析了金融政策和税收政策对小微企业发展的影响，并提出政府应降低银行准入门槛，在全国大型银行中确定一个专门用于小微企业贷款的比例；鼓励民间资本开办为小微企业服务的小银行；建立股权交易信息平台，实现融资信息对称等政策建议。

除了关于商业银行对小微企业支持的实证研究外，其他有关微型金融支持小微企业发展的实证分析很少，也未对支持小微企业发展的各种微型金融服务进行综合比较实证研究。因此，以具有代表性的实际数据，将我国目前多元化金融服务对小微企业发展的支持力度进行比较研究，深入分析各种微型金融服务对小微企业发展的支持力度大小及差异性，不仅可以丰富我国微型金融对小微企业支持的理论研究，也可以为下一步出台相应的支持政策提供借鉴，从而完善我国多元化、全方位微型金融服务体系，更好地促进小微企业的发展。

三 实证研究分析

（一）变量的选取及数据说明

为了定量研究我国小微金融对小微企业的支持力度，一方面，本文选取了内资企业中个体户、个人合伙、私营企业以及小型有限责任公司的固定资产投资完成额之和作为小微企业发展状况的指标，这一指标既反映了企业规模的扩大，又反映了企业数量的增多，记为 PFI。另一方面，针对目前我国的微型金融实际服务情况，微型金融服务的供给者主要包括部分商业银行、农村信用社系统、村镇银行、小额贷款公司等间接融资形式，以及场外交易市场股权融资、私募股权和风险投资、小企业私募债券融资等直接融资形式，因此选取了涉及各个层面的金融服务指标，分别为：主要金融机构、农村金融机构、外资银行的小微企业贷款余额（*X*1）、小额贷款公司新增贷款余额（*X*2）、代办股份转让系统交易金额（*X*3）、私募股权和风险投资的投资额（*X*4）以及小企业私募债券筹资金额（*X*5）[①]。鉴于我国小微企业与微型金融的系统性统计工作开展得较晚，本文根据现有的数据选取了 2010 年 1 月至 2013 年 9 月 PFI、*X*3、*X*4、*X*5 的月度数据，*PFI*、*X*1、*X*2 的季度数据（数据来源万德数据库），同时运用 X－12 方法对数据进行了季节调整和对数处理。

（二）VAR 模型的建立

本文采用能够体现变量之间动态关系的 VAR 模型，并结合格兰杰非因果关系检验、脉冲响应函数和方差分解方法来研究多元化的微型金融对小微企业的支持力度。由于 *X*1 与 *X*2 只有季度数据，*X*5 只有 2012 年 6 月至 2013 年 9 月的数据，因此时间较短的时间序列不适于建立多变量的 VAR 模型，也会严重降低模型的自由度，使所建模型不稳定，得出错误的结论，因此我们用小微企业的固定资产投资完成额 PFI 分别与微型金融服务的各项指标（*X*1、*X*2、*X*3、*X*4、*X*5）建立适当的 VAR 模型。由于数据的平稳性与否直接关系到模型的建立以及格兰杰非因果关系检验的可靠程度，因此首先用 ADF 方法对所有的时间序列数据进行平稳性检验，检验结果可知所有序列一阶差分后是平稳的，因此 *LNPFI*、*LNX*1、*LNX*2、*LNX*3、*LNX*4、*LNX*5 都是～I（1）的，即一阶单整的（见表 1、表 2）。

① 由于目前民间借贷、典当等小微金融服务还缺乏系统性的统计，本文指标对此尚未包含。

表 1　水平序列平稳性检验（ADF 检验）

	检验形式	ADF 统计量	1% 临界值	5% 临界值	P 值	是否平稳
LNPFI	含漂移项和趋势项	-2.410192	-4.800080	-3.791172	0.3593	不平稳
LNX1	含漂移项	-1.477992	-4.004425	-3.098896	0.5147	不平稳
LNX2	含漂移项	-3.054384	-4.057910	-3.119910	0.0542	不平稳
LNX3	含漂移项和趋势项	-3.27657	-4.22682	-3.53660	0.0860	不平稳
LNX4	含漂移项	-1.086395	-4.057910	-3.119910	0.6868	不平稳
LNX5	含漂移项和趋势项	-2.990324	-4.728363	-3.759743	0.1662	不平稳

表 2　一阶差分后平稳性检验（ADF 检验）

	检验形式	ADF 统计量	1% 临界值	5% 临界值	P 值	是否平稳
DLNPFI	含漂移项	-4.816685	-4.057910	-3.119910	0.0028	平稳
DLNX1	含漂移项	-3.532418	-4.057910	-3.119910	0.0427	平稳
DLNX2	含漂移项	-6.150139	-4.057910	-3.119910	0.0003	平稳
DLNX3	含趋势项和漂移项	-4.727932	-4.886426	-3.828975	0.0127	平稳
DLNX4	不含漂移项和趋势项	-2.393447	-2.754993	-1.970978	0.0213	平稳
DLNX5	不含漂移项和趋势项	-5.568717	-2.740613	-1.968430	0.0000	平稳

为使建立的 VAR 模型具有经济理论含义，之后采用了 EG 两步法进行协整检验，检验结果表明 *LNPFI* 与 *LNX*1、*LNX*2、*LNX*3、*LNX*4、*LNX*5 均具有协整关系，即两变量之间有长期的关系，因此可以建立 VAR 模型对它们之间的动态关系进行研究。将 LNPFI 分别与 *LNX*1、*LNX*2、*LNX*3、*LNX*4、*LNX*5 变量建立 VAR 模型，根据 AIC、SC 等五个指标最优的标准，选取最优滞后阶数，建立 VAR（P）模型，并用特征方程的根来判断其平稳性，通过 AR 根检验可知所建立的 VAR 模型所有单位根的模都小于 1，因此所建立的 VAR 模型是平稳的。

（三）格兰杰非因果关系检验

在所建立的 VAR 模型的基础上，为研究我国微型金融对小微企业的发展是否存在影响，判断多元化的微型金融服务的各项指标的变动是否会引起小微企业固定资产投资完成额的变动，应进一步对变量进行格兰杰非因果关系检验，检验结果见表3。

表3　Granger 因果检验结果

原假设	F统计量	P值
LNX1 does not Granger Cause LNPFI	0.19799	0.8928
LNPFI does not Granger CauseLNX1	12.1499	0.0177
LNX2 does not Granger Cause LNPFI	0.27671	0.6103
LNPFI does not Granger Cause LNX2	6.66666	0.0273
LNX3 does not Granger Cause LNPFI	2.22140	0.4610
LNPFI does not Granger Cause LNX3	738.874	0.0276
LNX4does not Granger Cause LNPFI	5.421083	0.0665
LNPFI does not Granger Cause LNX4	9.379803	0.0092
LNX5 does not Granger Cause LNPFI	3.592072	0.1660
LNPFI does not Granger Cause LNX5	6.828474	0.0329

由检验结果可知，小微企业固定资产投资完成额变化率对主要金融机构、农村金融机构、外资银行的小微企业贷款余额，小额贷款公司新增贷款余额，代办股份转让系统交易金额，私募股权和风险投资的投资额以及小企业私募债券筹资金额的变化率是有显著的Granger影响的，但小微企业在主要金融机构、农村金融机构、外资银行的贷款余额，小额贷款公司新增贷款余额，代办股份转让系统交易金额，私募股权和风险投资的投资额以及小企业私募债券筹资金额的变化率对其固定资产投资完成额的变化率无显著的Granger影响，即只存在单项因果关系，小微企业的发展能够显著地促进微型金融服务的发展，而微型金融市场融资变化并不是小微企业发展壮大的主要原因，这说明我国当前的微型金融服务整体上对小微企业发展的支持力度不足。

（四）脉冲响应分析

格兰杰非因果关系检验仅说明了一个变量是否有助于解释另一个变量，没有判断出变量之间的作用程度和方向如何，而脉冲响应分析描绘了一个内生变量的冲击给其他内生变量所带来的影响。因此为进一步分析微型金融服务对小微企业的发展是否存在支持效应，即分析小微企业固定资产投资完成额（LNPFI）对小微企业在主要金融机构、农村金融机构、外资银行的贷款余额（LNX1），小额贷款公司新增贷款余额（LNX2），代办股份转让系统交易金额（LNX3），私募股权和风险投资的投资额（LNX4），小微企业私募债券筹资金额（LNX5）中某一变量受到意外冲击时的反应程度及其反应方向，建立 VAR 模型，作出了 LNPFI 与各变量间的脉冲响应图，如图 1 ~ 图 5 所示。

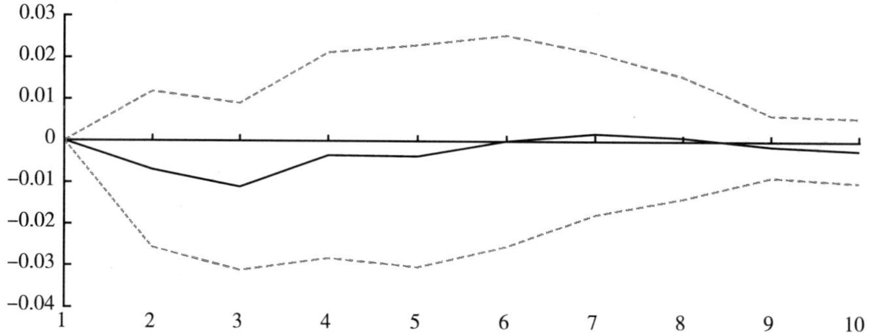

图 1　主要金融机构、农村金融机构、外资银行的小微企业贷款余额（LNX1）结构冲击引起小微企业固定资产投资完成额（LNPFI）的响应函数

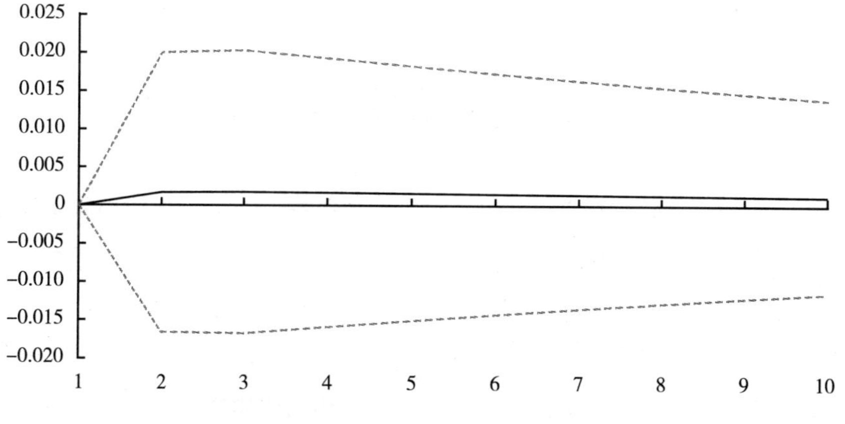

图 2　小额贷款公司新增贷款余额（LNX2）结构冲击引起小微企业固定资产投资完成额（LNPFI）的响应函数

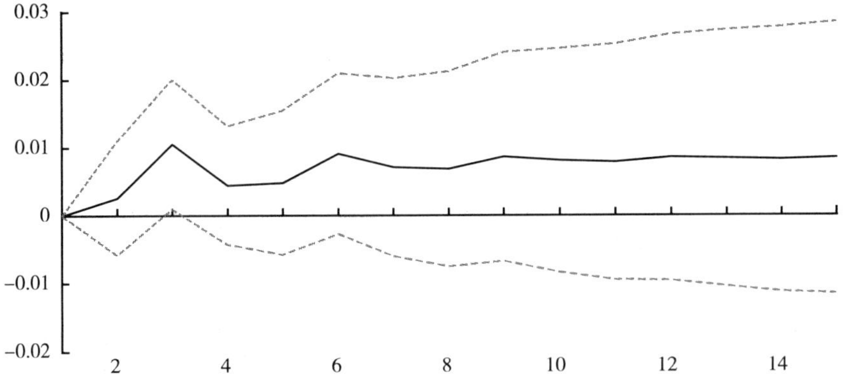

图 3　代办股份转让系统交易金额（LNX3）结构冲击引起小微企业固定资产投资完成额（LNPFI）的响应函数

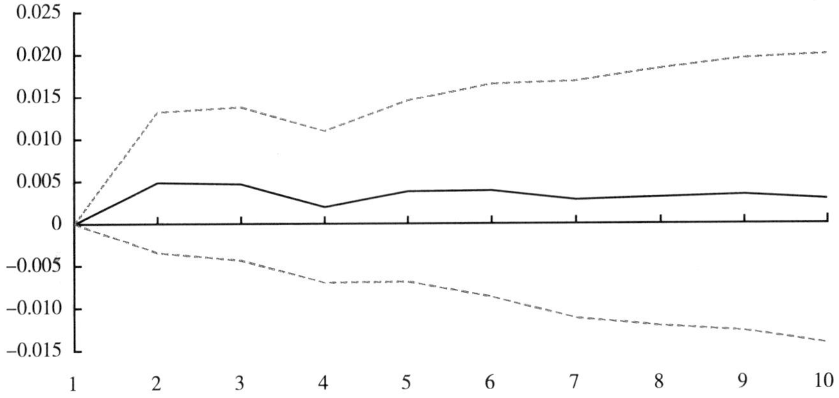

图 4　私募股权和风险投资的投资额（LNX4）结构冲击引起小微企业固定资产投资完成额（LNPFI）的响应函数

图 1 显示，给定主要金融机构、农村金融机构、外资银行的小微企业贷款余额一个正向冲击，小微企业固定资产投资完成额短期内呈逐步下降趋势，并在第 3 期时负向影响达到最大值，但在第 3 期后对小微企业固定资产投资完成额的负向影响逐步减弱并在第 6 期时开始转变为正向影响，在第 9 期之前保持一个微弱的正向影响之后又转为一个稳定的较弱的负向影响。

图 2 显示，给定小额贷款公司新增贷款余额一个正向冲击，对小微企业固定资产投资完成额有一个正向影响，并在第 2 期达到最大值，之后保持一个稳

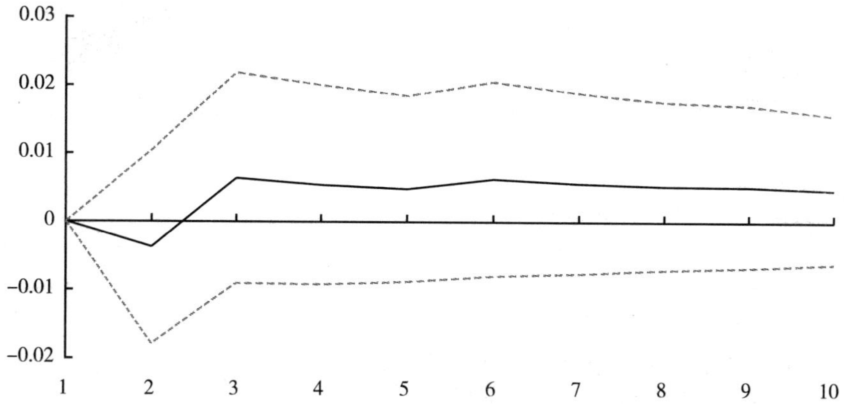

图 5　小微企业私募债券筹资金额（LNX5）结构冲击引起小微企业固定资产投资完成额（LNPFI）的响应函数

定不变的正向影响。

图 3 显示，给定代办股份转让系统交易金额一个正向冲击，小微企业固定资产投资完成额短期内逐步增长并在第 3 期内达到最大值后下降，这一正向影响在第 3 期到第 6 期内小幅波动之后保持一个稳定不变的正向影响。

图 4 显示，给定私募股权和风险投资的投资额一个正向冲击，对小微企业固定资产投资完成额有一个正向影响，在第 2 期时达到最大后保持不变直到第 3 期，之后小幅下降在第 4 期时达到正面影响的最小值，在长期保持一个较稳定的正向影响不变。

图 5 显示，给定小微企业私募债券筹资金额一个正向冲击，短期内对小微企业固定资产投资完成额有一个负面影响，在第 2 期时达到最大值，之后逐步减弱转为正向影响并在第 3 期时达到最大值后长期内基本保持稳定不变。

（五）方差分解

为了比较我国微型金融各种融资渠道对小微企业发展支持力度的差异性，在 VAR 模型的基础上采用方差分解的方法，分析每一个结构冲击对内生变量变化的贡献度，来评价不同结构冲击的重要性。分别将以上五个内生变量的预测方差分解成系统中各变量的随机冲击所做的贡献，结果见表 4。

表 4 预测方差分解结果

方程	冲击	第 1 期	第 2 期	第 3 期	第 4 期	第 5 期	第 6 期	第 7 期	第 8 期	第 9 期	第 10 期
LNPFI	LNPFI	100.00	94.78	92.13	88.75	87.38	86.17	85.57	85.061	84.73	84.45
	LNX1	0.00	5.22	7.87	11.25	12.62	13.83	14.43	14.93	15.27	15.55
LNPFI	LNPFI	100.00	97.78	95.07	81.70	78.63	71.27	70.89	68.78	68.83	68.49
	LNX2	0.00	2.22	4.93	18.30	21.37	28.73	29.11	31.22	31.17	31.51
LNPFI	LNPFI	100.00	94.66	83.89	85.85	87.01	86.13	84.38	80.69	79.56	79.15
	LNX3	0.00	5.34	16.11	14.15	12.99	13.87	15.62	19.31	20.44	20.85
LNPFI	LNPFI	100.00	73.44	74.07	71.60	57.81	48.32	45.80	46.64	47.94	48.81
	LNX4	0.00	26.56	25.93	28.40	42.19	51.68	54.20	53.36	52.06	51.19
LNPFI	LNPFI	100.00	97.84	92.74	90.77	89.17	86.49	84.79	83.38	82.12	81.18
	LNX5	0.00	2.16	7.26	9.23	10.83	13.51	15.21	16.62	17.88	18.82

根据方差分析结果可知，小微企业固定资产投资完成额的预测误差初期主要是由自身冲击决定，从长期来看，对自身冲击的贡献率在五个代表微型金融服务中分别稳定在 84%、68%、79%、48%、81% 的不同水平。即受到小微企业在主要金融机构、农村金融机构、外资银行的小微企业贷款余额的贡献率长期稳定在 16% 左右的水平，受到小额贷款公司新增贷款余额的贡献率长期稳定在 32% 左右的水平，受到代办股份转让系统交易金额的贡献率长期稳定在 21% 左右的水平，受到私募股权和风险投资的投资额的贡献率长期稳定在 52% 的水平，而受到小微企业私募债券筹资金额的贡献率长期稳定在 19% 的水平。

四 结论与政策建议

（一）结论

为研究我国小微金融对小微企业支持力度的大小及差异性，本文运用 VAR 模型，通过格兰杰非因果检验，结合脉冲响应函数及方差分解的方法，选取多个层面的微型金融服务对小微企业发展的支持力度进行比较研究，根据实证结果，可以得出以下结论。

第一，由格兰杰非因果关系检验可知，只有私募股权和风险投资与小微企业的发展存在双向因果关系，而其他微型金融服务与小微企业发展之间无显著因果关系，只有小微企业的快速发展是微型金融规模扩大的格兰杰原因，表明我国小微企业的发展对微型金融发展变化的响应程度不明显。

第二，脉冲响应函数分析的结果显示，就我国目前的情况来看：（1）主要金融机构对小微企业的发展并没有显示出较为积极的影响，支持力度远远不足，小微企业对其金融服务的反应并不强烈，出现正向影响的滞后期也较长。（2）小额贷款公司对小微企业的发展有一个促进作用和较长的持续效应，但短期内支持力度还不足，促进作用较微弱，这符合我国目前小额贷款公司刚刚处于起步阶段的实际状况。（3）场外交易市场对小微企业的发展有十分明显的促进作用和长期的持续效应。以天津股权交易所为例，截至 2014 年 3 月 11 日，其已帮助市场挂牌企业实现 63.98 亿元直接融资，其中包括首次定向私募 407 家次，融资金额 36.54 亿元，后续增发 69 家 85 次，融资金额 27.44 亿元；同时带动实现间接融资 155.3 亿元。可见场外交易市场对小微企业融资的促进作用不可小觑，因此还应继续完善场外交易市场对小微企业融资的支持政策。（4）私募股权和风险投资这一小微企业的融资方式对小微企业固定资产投资完成额有较明显的、稳定的拉动作用。（5）小微企业私募债券市场对小微企业的支持在短期内不明显甚至有负向影响，但这一负向影响十分短暂并迅速转为正向影响，长期内有明显的支持作用。

第三，由方差分解可知，从目前我国的实际情况来看，五个不同层面的微型金融服务在短期内对小微企业发展的促进作用十分有限，从长期来看对小微企业的发展具有较大促进作用，其中长期贡献率相对较大的是小额贷款公司新增贷款余额、私募股权和风险投资的投资额，其次是代办股份转让系统交易金额、小微企业私募债券筹资金额，而小微企业在主要金融机构、农村金融机构、外资银行的贷款余额贡献率最小。这表明一直以来被认为是小微企业最主要渠道的主要金融机构并没有对小微企业发展提供足够的支持，而新兴的融资方式即小额信贷公司、代办股份转让系统、私募股权和风险投资以及私募债券金融服务对小微企业发展的支持力度越来越明显，甚至要强于商业银行对小微企业的支持力度。

总而言之，我国微型金融对小微企业发展具有一定程度的支持力度，直接融资的支持力度大于间接融资，股权融资的效应大于债务融资的效应。具体来看，起步较晚但发展迅速的场外交易市场、私募股权和风险投资对小微企业的支持力度十分明显，债券市场、小额贷款公司支持力度较明显，而商业银行作为微型金融服务的主要供给者并没有显现出应有的支持作用。

（二）政策建议

从我国微型金融服务对小微企业发展的支持力度实证分析结果看，要使微型金融更好地服务于小微企业的发展，需要积极调整金融结构，加快完善我国多元化、全方位的微型金融服务体系，拓宽小微企业融资渠道，鼓励小微企业通过直接融资的方式获得资金，同时强化间接融资对小微企业发展的支持力度，引导不同的金融机构在微型金融服务中合理定位。具体来说，仍需解决以下四个方面的问题。

第一，推动银行贷款方式的创新，除不动产抵押贷款外，大力推行知识产权质押、股权质押、设备租赁、仓单质押、应收账款质押、小额信用贷款、流水贷款、租金贷款、POS 机贷款等贷款方式，为小微企业提供理财、现金管理、财务顾问、融资咨询等多种服务，真正起到促进小微企业发展的作用。同时，要加强担保体系建设，减少小微企业由于缺少抵押担保物难以获得银行贷款的尴尬。

第二，放宽对经营管理情况良好的小额贷款公司的政策限制，增强小额贷款公司实力、竞争力，鼓励有条件的小额贷款公司转制为村镇银行，规范和引导民间投资，鼓励各类社会资本参与我国金融机构改革，充分发挥各类社会资本对小微企业的支持作用。

第三，继续完善多层次的资本市场，特别是场外交易市场，鼓励并不成熟但具有良好发展潜力的技术型小微企业在较低层级的场外交易市场融资，然后再过渡到创业板市场融资。发展小微企业的债券市场，继续鼓励引导小微企业以自身的资产、能力和信用担保进行债券融资，大力发展集合债券业务，开展针对小微企业的融资债券业务，放宽小微企业债券发行限制，增加发行数量。同时考虑针对不同行业不同发展阶段的小微企业开发不同的债券融资产品。

第四，私募股权和风险投资是小微企业主要融资渠道的有效补充，应重视私募股权和风险投资对小微企业发展的支持作用，切实采取措施促进私募股权和风险投资的健康发展，拓宽资金来源及渠道，积极引入民间资本和外国投资者，扩大风险投资规模，完善风险投资退出机制，鼓励股权回购和并购，使更多拥有核心竞争力和发展潜力的科技创新性小微企业能够通过私募股权和风险投资获得融资。

参考文献

[1] 姜重安：《对我国小微企业融资难问题的研究和探析》，《金融经济》2012 年第 9 期。

[2] 林毅夫、李永军：《中小金融机构发展与中小企业融资》，《经济研究》2001 年第 1 期。

[3] 何健聪：《小微企业融资问题实证分析》，《辽宁经济》2011 年第 9 期。

[4] 张玲、宰红玲、乔中秋：《新政策背景下金融支持小微企业发展情况的调查与思考》，《时代金融》2011 年第 8 期。

[5] 曹凤岐：《建立和健全中小企业信用担保体系》，《金融研究》2001 年第 5 期。

[6] 巴曙松：《将小微企业金融发展作为下一步金融改革的重点》，《西南金融》2012 年第 6 期。

[7] 郭新明：《加大金融创新力度更好地服务于小微企业发展》，《西部金融》2012 年第 4 期。

[8] 徐玉侠：《破解小微企业融资难问题的实证研究》，《会计之友》2011 年第 6 期。

B.14

资本市场对科技型中小企业发展的贡献度分析

——来自中国资本市场的经验数据

惠建军　吴玉新*

摘　要：

经过20多年的快速发展，我国多层次资本市场体系建设有了巨大的进步，已经成为我国经济持续健康发展的强大推动力。作为中国最具活力与创造力的企业群体，科技型中小企业在发展过程中也得到了资本市场的有力支持。十八届三中全会明确提出“健全多层次资本市场体系”，在此背景下，研究资本市场对科技型中小企业发展的贡献度、影响力颇有意义。本文首先论述了我国科技型中小企业的特点与现状，随后聚焦资本市场对科技型中小企业发展的支持手段，详细论述了资本市场中股票市场、场外市场、债券市场和投资基金市场对科技型中小企业不同发展阶段的支持方式及其差异性，并实证分析了资本市场对科技型中小企业发展的贡献度，最后提出了健全多层次资本市场体系的具体政策建议。

关键词：

资本市场　科技型中小企业　研究与试验发展　柯布-道格拉斯生产函数

随着资本市场的不断发展，多层次资本市场体系逐步完善，对实体经济的

* 惠建军，天津财经大学金融学博士研究生，天津滨海产权研究院；吴玉新，经济学硕士，一德期货研究发展部。

助推作用越来越明显，科技型中小企业受益颇多。同时也应注意到，我国资本市场与科技型中小企业还未能有效对接，原因何在？两者应通过何种方式对接？如何才能促进科技型中小企业更好发展？以上问题，在下文中将一一阐释。

一　我国科技型中小企业的特点及现状分析

（一）科技型中小企业的界定

科技型中小企业是一支以科技研发人员为主体，主要从事高新技术产品研发、生产和服务的企业群体，是我国科技创新的主要载体和经济增长的重要推动力量，在增进科技成果产业化和商业化，以研发促进就业、建设创新型国家中发挥着重要作用。

我国科技型中小企业界定依据主要有：《中华人民共和国中小企业促进法》、《高新技术企业认定管理办法》、《科学技术部、财政部关于科技型中小企业技术创新基金的暂行规定》、《国家中长期科学和技术发展规划纲要（2006～2020）》、《关于印发中小企业划型标准规定的通知》等。

表1　中小微企业分类标准

	中型企业（同时满足）		小型企业（同时满足）		微型企业（满足其一）	
	营业收入（万元）	从业人员	营业收入（万元）	从业人员	营业收入（万元）	从业人员
工业	<40000，≥2000	<1000，≥300	<2000，≥300	<300，≥20	<300	<20
信息传输业	<100000，≥1000	<2000，≥100	<1000，≥100	<100，≥10	<100	<10
软件和信息技术服务业	<10000，≥1000	<3000，≥100	<1000，≥50	<100，≥10	<50	<10

资料来源：根据《关于印发中小企业划型标准规定的通知》整理。

综合表1的分类标准，本文对科技型中小企业作出以下界定：（1）在中国境内注册，具有独立法人资格；（2）员工人数原则上不超过500人，拥有大专以上学历的科技人员占员工总人数的比例不低于30%；（3）企业每年用于高新技术产品研究开发的经费不低于销售金额的3%，直接从事研究开发的科技人员占员工总人数的10%以上；（4）研发行业包括我国公布的重点支持的高新技术领域。①

（二）科技型中小企业的特性

1. 科技型企业与中小企业的结合体

科技型中小企业首先是科技型企业，是进行高新技术产品的研发，从事高新技术产品或服务的生产和销售活动，具有较高科技创新水平和较强产品竞争实力的一类企业。其次科技型中小企业作为中小企业，企业的规模一般相对较小，大多数科技型中小企业都处于创业阶段或者成长阶段，还未达到成熟期。

2. 资金需求高与信息不对称

与传统行业相比，科技型中小企业侧重于科学技术的研发、创新，因此对物质资源的需求程度较低，但对劳动力资本和资金的渴求度较高，具体表现在其研发费用投入高和科技人员构成比例高等方面。但是企业发展初期营业收入一般较低，内源性融资量又十分有限，同时，外部投资者往往不了解其研发技术的发展前景及可行性，这就造成了资金需求方与供给方的信息不对称和供求矛盾。

3. 高风险与高收益并存

科技型中小企业与其他中小型企业相比，在成长初期一样面临包括技术风险、市场风险、管理风险、财务风险在内的各种风险，不过其独有的风险类型是产品研发风险。研发失败极可能导致企业倒闭；而一旦研发成功，在一定的领域内形成技术垄断，则将具有非常强的市场竞争力，并可能借此取得高额垄断利润。

4. 高成长性

科技型中小企业研发的产品或提供的服务能够创造性地开拓出新的市场需求，满足消费者的个性化要求。科技型中小企业正是借助于其产品或服务概念和功能的创新，使得产品在市场中极具竞争力，从而具有良好的市场前景和发展空间，业绩自然具有高成长性。

---

① 摘录汇总自相关法律法规文件。

（三）我国科技型中小企业的发展现状

近年来，我国科技型中小企业成长较为快速。目前我国科技型中小企业超过13万家，雇用工人1000多万人，科技型中小企业的数目占中小企业的比例约为3.3%，另据统计，中小企业中80%的新产品和60%的发明专利由科技型中小企业完成。科技型中小企业就业主渠道作用不断凸显，已成为我国提升自主创新能力、加快经济发展方式转变的生力军。

下面以中关村科技园区为例，具体描述中国科技型中小企业的发展现状。[①]自1988年成立以来，北京市中关村科技园区历经20多年的发展，入园企业数量稳步增加，园区从业人数高速增长。其中，中小微企业在就业、专利申请方面都占有较大优势。从中关村指数2012年分析报告来看，2011年，中关村的中小微企业共有1.45万家，占中关村科技园区企业总数的96.8%。中小微企业从业人员占科技园区的50%，创造了科技园区总收入、利润和税费的40%以上以及出口额的30%，对科技园区总收入增长的贡献率超过40%（见图1和表2）。中小微企业创新十分活跃，专利申请数和授权数均占科技园区的60%以上。2013年企业数量继续增加，截至2013年7月底，中关村的高新技术企业已达17400家。

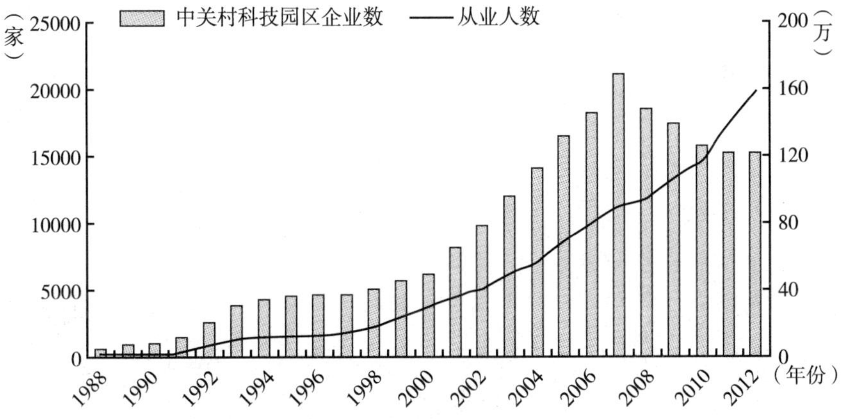

图1 中关村科技园区企业数及从业人数

资料来源：中关村国家自主创新示范区官网。

① 此部分资料主要引自中关村国家自主创新示范区官网。

表2　2011年中关村中小微企业数及总收入

		中小微企业	中型企业	小型企业	微型企业
企业数	企业数(家)	14544	1353	6186	7005
	占示范区比重(%)	96.8	9.0	41.2	46.6
总收入	总收入(亿元)	8381.7	4838.7	3265.1	277.9
	占示范区比重(%)	42.7	24.6	16.6	1.4

资料来源：中关村国家自主创新示范区官网。

在行业分类方面，科技园区企业涉足电子信息、先进制造、生物医药、新材料、新能源、环境保护等众多领域。其中，电子信息领域企业占有绝对比重，其次是先进制造及生物医药，这三大行业也是引领科技园区企业高增长的典范（见图2）。2011年，中关村科技园区增长率超过100%的企业中，四分之一以上来自软件领域，明显多于其他领域，其次是计算机及生物医药类企业。

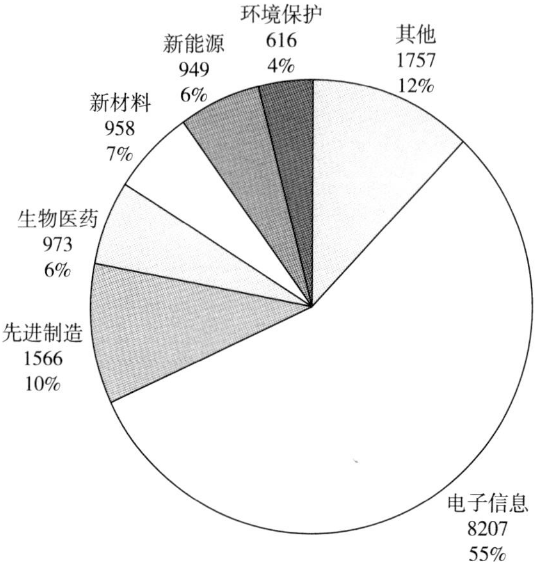

图2　2011年园区企业按领域分类家数及所占比例

资料来源：中关村国家自主创新示范区官网。

中关村科技园区积极贯彻落实人才特区政策，汇聚高端研发创新人才，形成了以“高端高智、多元开放、充满活力、富有效率”为特征的人才格局。50%左右的从业者拥有本科及以上学历（见图3），仅2011年，科技园区新增高学历从业人员就超过10万人。25%的从业者为研发设计类人员，2011年科技园区研发设计类人员（技术研发、产品设计、工艺改进）35.3万人，售后服务类人员（技术培训、技术支持、质量维修）11.4万人，两者合计占从业人员的1/3。

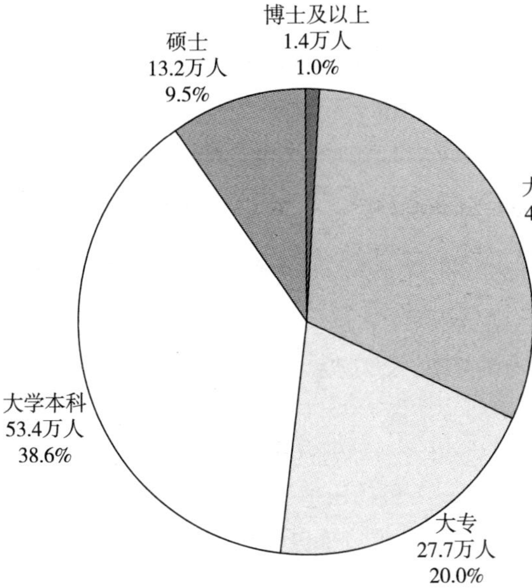

图3　2011年园区从业人员学历分布

资料来源：中关村国家自主创新示范区官网。

中关村科技园区近年来创新投入与产出增长迅猛。其创新投入大幅增长。2011年，中关村科技园区企业拥有科技人员35.9万人，科技人员规模达到历史高位。科技园区研究与试验发展（R&D）人员共有11.2万人，全市38.8%的R&D人员集中于示范区企业。示范区每千名从业人员拥有科技活动人员259.6人。创新产出效果喜人。2011年，中关村科技园区企业、高校和科研机构三类研发主体共申请专利32562项，占北京市专利申请总数的41.8%。园区企业每万人发明专利授权量为36项，其专利申请数如图4所示。

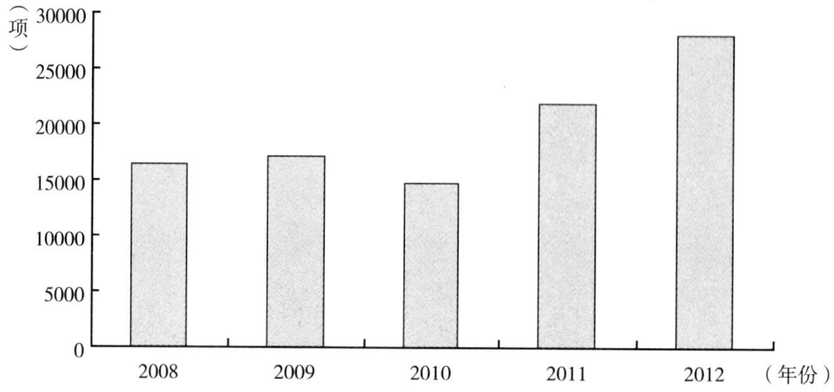

图4　2008～2012年园区企业专利申请数

资料来源：中关村国家自主创新示范区官网。

二　资本市场与科技型中小企业成长关系分析

（一）资本市场的内涵及分类

资本市场是长期投融资市场，指证券融资和经营时限一年以上的资金融通和证券买卖的场所。[①] 广义的资本市场包括证券市场以及银行中长期信贷市场，另外还包括投资基金市场等。在此不讨论以银行为中介的间接融资市场即银行中长期信贷市场，本文中的资本市场是指直接融资范畴的资本市场（见图5）。

通过20多年的快速发展，我国多层次资本市场体系构建已取得重大进步，一个以主板市场、债券市场和期货市场为主体的多层次资本市场体系已经搭建完成，而且已经成为推动我国经济持续健康、稳定发展的强大力量。创业板的推出，标志着资本市场在构建多层次资本市场体系方面又向前迈出了关键一步。场外股权交易市场和投资基金市场的飞速发展进一步完善了我国资本市场体系[②]。十八届三中全会明确提出“健全多层次资本市场体系”，我国多层次

---

① 资本市场相关概念部分引自百度文库、MBA智库百科等。

② 从目前的发展情况看，场外交易市场还应包括证券公司柜台市场、机构间私募产品报价与服务系统。

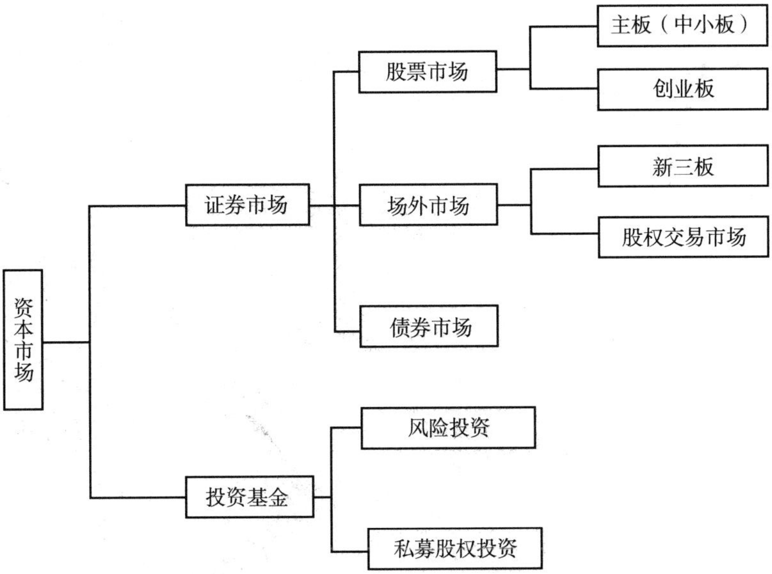

图 5　资本市场的分类

资料来源：作者整理编制。

资本市场体系建设将乘势而上，不断迈上新台阶。

1. 主板市场

主板市场也叫一板市场，指传统意义上的股票市场，是一个国家或地区证券发行、上市及交易的主要场所。主板市场对发行人的存续时间、资本规模、盈利能力、最小市值等方面的要求较高。主板市场上市的企业主要为较成熟的大型企业，具有较大的资本规模以及稳定的盈利能力。我国上海和深圳两个证券交易所都开设有主板市场，是我国最早推出的股票市场。

截至 2013 年 10 月底，上海和深圳两个证券交易所共有上市公司 2489 家，总市值达 24 万亿元人民币。上市公司数目自 2008 年全球金融危机后快速增加，2012 年达到历史高位后增速平稳。而上市公司总市值在 2008 年大幅下滑，2009 年开始缓慢回升，不过至今仍未达到 2007 年时的水平（见图 6）。

2. 中小板市场

中小板即中小企业板，于 2004 年 5 月在深圳证券交易所设立，是为达不到沪深主板市场要求的企业而设立的，其为科技含量高、创新能力强、收入增

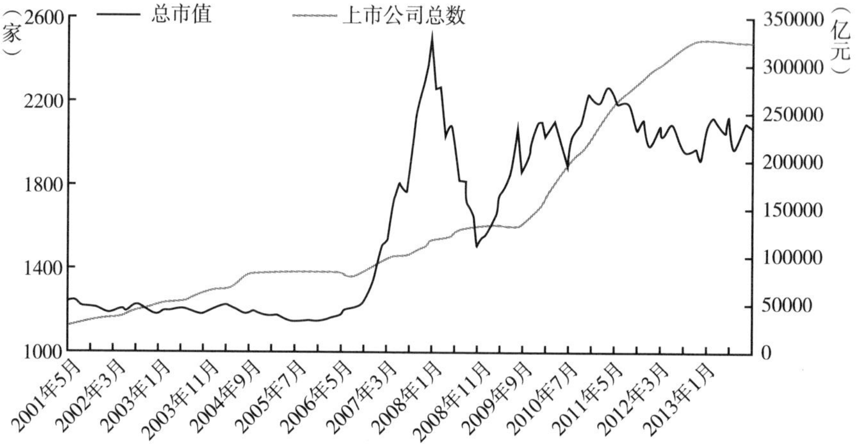

图 6　主板市场上市公司总数和总市值

资料来源：Wind 资讯。

长快、盈利能力强的中小企业开拓了直接融资渠道。截至 2013 年 10 月底，中小板市场共有上市公司 696 家，首发募集资金规模为 4754.42 亿元，总市值为 35365.82 亿元，自由流通市值为 13976.30 亿元，平均市盈率为 58 倍。中小板行业分布情况如图 7 所示。

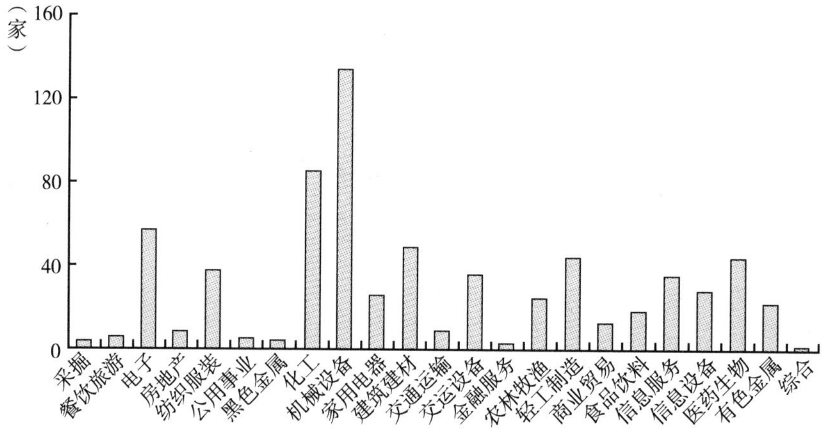

图 7　中小板市场上市公司行业分布

资料来源：Wind 资讯。

3. 创业板市场

深圳证券交易所在 2009 年 10 月成立创业板，重点支持科技型中小企业。相对于主板市场，创业板市场上市标准更加宽松，是前瞻性市场，更看重公司的发展前景与增长潜力。截至 2013 年 10 月底，创业板市场共有 355 家上市公司，首发募集资金 2310. 39 亿元，平均首发市盈率为 56 倍，超额认购倍数为 137 倍。创业板市场总市值 13784. 06 亿元，自由流通市值 5701. 55 亿元。行业分布情况如图 8 所示。

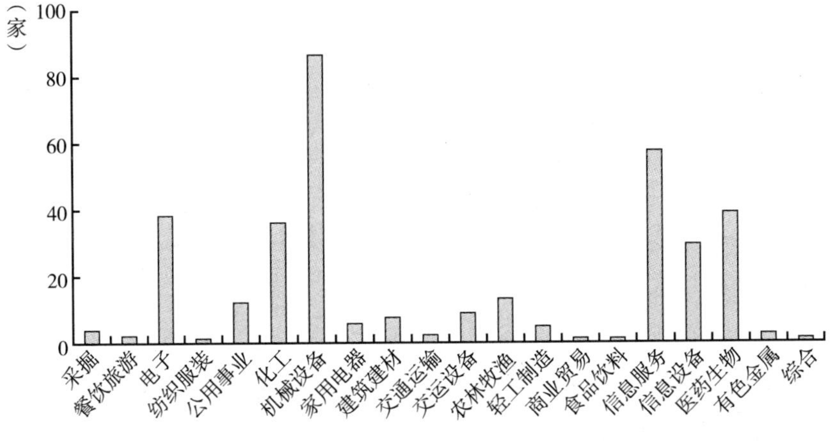

图 8　创业板市场上市公司行业分布

资料来源：Wind 资讯。

4. 场外交易市场

场外交易市场是为挂牌企业提供股权、债权转让的投融资平台，对促进科技型中小企业股权、债券交易，鼓励科技创新，支持实体经济发展具有积极作用。交易费用包括受理费、手续费等，费用大大低于场内市场。目前，场外交易市场主要有新三板、天津股权交易所、上海股权交易中心、重庆股权交易中心、浙江股权交易中心、前海股权交易中心、齐鲁股权交易中心、广州股权交易中心、成都股权交易中心、武汉股权交易中心、辽宁股权交易中心等。其中天津股权交易所为典型代表，其成立时间最长，截至 2013 年底，天津股权交易所市场累计挂牌企业数量达到 412 家，其中科技创新板共有 173 家，涉及七大战略性新兴行业中的六大行业（节能环保、新一代信息技术、生物产业、高端装备制造、新材料、新能源），为 100 多家科技型中小企业的发展壮大做出了突出的贡献。

5. 债券市场

相对于股票市场，中国债券市场发展较为缓慢。2000 年 1 月 1 日至 2013 年 11 月 18 日，我国已发行一般企业债 1655 只，发行总额为 24492.48 亿元；企业集合债 13 只，募集资金 52.02 亿元；发行公司债 446 只，发行总额为 7122.11 亿元。由于企业债、公司债、短期融资券、中期票据等对发行公司的要求较高，对于科技型中小企业来说，发行以上债券来进行融资还存在一定的难度。我国科技型中小企业可行的债券融资手段主要还是发行集合债券和集合票据，目前这两者总共募集资金不过 336.7 亿元。但是 2012 年中小企业私募债券的推出或能推动债券市场的快速发展。

6. 投资基金

我国目前已经设立并发展了数量众多的非公开创业投资基金，其重点投资对象为成长期的各类中小型企业。创业投资基金包括私募股权基金（Private Equity）和风险投资基金（Venture Capital）。在进入中国初期，私募股权基金和风险投资基金在投资对象、投资金额、退出机制等方面存在一些差别，但随着投资基金不断发展壮大，其差别已越来越模糊。目前国内基本不对私募股权基金和风险投资基金进行详细区分，而统称为创业投资基金。

（二）科技型中小企业成长轨迹

科技型企业虽然具有科技创新的独特之处，但也同样符合企业发展的一般规律，即符合生命周期理论。企业生命周期大致可分为五个阶段：种子期、初创期、成长期、成熟期和衰退期。而科技型中小企业一般处于前三个阶段。

1. 种子期

处于种子期的科技型企业主要是指创业者仅仅提出技术研发的设想或创意，或研究所形成的技术尚处于实验阶段，并没有正式的产品，更没有营业现金流。这一阶段企业的主要经营活动是在前期研发的基础上，技术攻关或研发技术的进一步论证，并进行生产初步可行性讨论，同时进行的市场调研、寻求合作伙伴、制订市场开发计划等。

此阶段主要投入的是研发人员的智慧和技能，主要面临技术风险，即创意形成财富的可能性。

2. 初创期

初创期是企业科技成果产业化阶段，此时企业产品已经研发成功，完成样品试生产，并开始投入市场，向消费者宣传和推广，使其逐步认识所生产产品的用途和特点。技术产业化和市场化是这一阶段企业发展的核心策略。这一阶段主要面临创业风险，即把科研成果转化为工业化及商业化过程中产生的各种经营管理风险、产品风险、市场风险和技术风险。此阶段风险程度远远大于种子期。

3. 成长期

处于成长期的科技型中小企业其技术不稳定风险、产品销售风险和企业管理风险已有所降低。该阶段是科技型中小企业生产扩大阶段，企业焦点由重技术向技术与市场并重转变。企业的主要任务是进一步开拓市场，扩张市场规模和生产规模。这一阶段企业主要面临经营风险和市场风险。此阶段整体风险程度较初创期降低。

4. 成熟期

处于成熟期的科技型中小企业已经完成了专项技术的产业化，进入规模化生产阶段。该阶段企业产品已经占有稳定的市场份额，企业规模和利润大幅增长并趋于稳定，经营业绩和财务状况良好；管理日趋规范，已经形成了自己的品牌效应和核心竞争力。技术、财务和市场风险相比前三个阶段来说大大降低，主要面临技术升级换代、产业转型及投资失败风险等。

5. 衰退期

处于衰退期的科技型中小企业由于产品销售困难，利润下滑甚至转为亏损，所以此时企业的主要任务是选择蜕变，改变组织架构，创新治理模式，调整发展思路。企业面临的主要风险是转型风险。如果转型失败，企业将走向衰退，直至生命终结。

（三）资本市场对科技型中小企业支持手段分析

1. 种子期与创办期企业融资手段

处于种子期与创办期的科技型中小企业风险程度相当高，资金需求量相对较大，风险投资介入度很低，也难以从银行贷款成功，更难以在场内市场上市融资。此时除了创业者自有储蓄及亲戚朋友借款外，能在资本市场得到的支持主要有以下方式。

（1）天使投资人

所谓“天使投资人（Angels）”，一般是指投资于种子期的公司以帮助这些公司快速发展的投资人。在投资基金领域，“天使”指的是企业的首批投资者，这些投资者在公司产品或业务尚未成型就已注入资金。

通常天使投资期望收益率较低，一般不超过10～20倍。天使投资对企业的投资较少，却是一次性注入，审查也不是十分严格。在中国，天使投资发展较晚，相对缺少专业性。天使资本主要有三个来源：曾经的创业者、传统意义上的富人及大型高科技公司或跨国公司的高级管理人员。目前国内的著名天使投资人有蔡文胜、雷军、沈南鹏、周鸿祎、李开复等。

笔者统计了自2010年至2013年的141个天使投资项目，其中只有38个投资项目公布了投资额。在投资金额公布的项目中，最高投资额为500万美元，折合人民币约3000多万元，最低投资额为20万元人民币，而且投资额集中在1000万元人民币以下（见表3）。

表3　天使投资项目统计

单位：万元

平均值	685.62	标准差	737.69	最小值	20
标准误差	119.67	方差	544182	最大值	3065.85
中位数	475	峰度	4.31	求和	26053.4
众数	100	偏度	2.03	观测数	38

资料来源：Wind资讯。

（2）科技型中小企业创新基金

1999年科技型中小企业创新基金成立，该基金是用于支持科技型中小企业技术创新的政府专项基金，通过拨款资助、贷款贴息和资本金投入等方式扶持和引导科技型中小企业的技术创新活动，促进科技成果的有效转化。[①] 截至2013年9月，该基金已累计立项45656项，支持总金额达286.30亿元。虽然单个项目支持金额较低，平均100万元左右，但科技型中小企业若能得到该基金的扶持，则更能有效地吸引风险投资和金融机构贷款（见表4）。

表4　科技型中小企业创新基金立项数及支持金额

年份	1999	2000	2001	2002	2003	2004	2006
立项数	2089	869	1008	780	1197	1464	1905
支持金额(万元)	81623	64256	78330	54024	66382	82719	84288
年份	2007	2008	2009	2010	2011	2012	2013
立项数	2113	2470	5847	5532	6534	7423	6425
支持金额(万元)	125620	146209	333357	394709	438999	480385	432117

注：①由于科技型中小企业创新基金官网没有2005年数据，故本表未收录；②表中2013年数据截止到9月17日。

资料来源：科技型中小企业创新基金官网。

2. 成长期企业融资手段

进入成长期的企业为了扩大生产规模和拓展销售渠道，购买原材料、雇用工人以及营销推广等，需要大量的流动资金，这个阶段企业可借助的资本市场融资手段有：

（1）风险资本

进入成长期的科技型中小企业产品市场前景已较为明朗化，风险程度已达风险投资承受范围。美国风险投资历史发展经验表明，风险投资是处于成长期的科技型中小企业的主要融资方式（见图9）。

转向国内，2010年至今公布的创业投资项目共有4659个，其中2370个项目公布了投资额。在有投资金额公布的项目中，最高投资额为200亿元人民币，最低投资额为2.9万元人民币，而且投资额集中在10亿元人民币以下，平均投资额为1.4亿元，大大高于天使投资额（见表5）。

① 引自创新基金介绍。

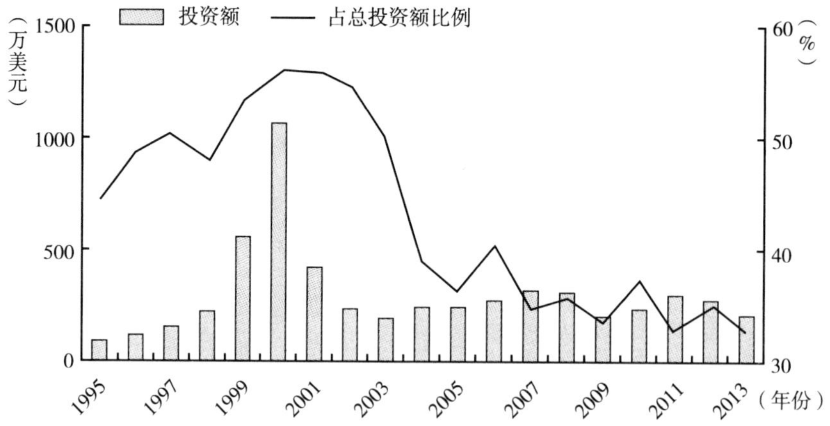

图9 美国企业成长期 VC 投资额及占比

资料来源：http：//www.nvca.org/。

表5 风险投资（PE + VC）投资项目统计

单位：万元

平均值	14389.53	标准差	67537.89	最小值	2.9
标准误差	1387.31	方差	4561366935	最大值	2000000
中位数	3600	峰度	505.55	求和	34103175.98
众数	2000	偏度	19.89	观测数	2370

资料来源：Wind 资讯。

（2）场外股权市场

与场内市场相比，场外市场融资门槛低，融资成本也较低，适合成长期的科技型中小企业融资需求。企业要想有大的发展，必须为进入场内市场提早准备，尽早筹划，才能少走弯路。场外股权市场可以为企业提供更多机会，通过场外股权市场的监督考核，更易规范企业治理结构和财务结构，这样才更利于企业的成长。以天津股权交易所为例，其成立5年多以来，借助成熟资本市场成长经验，通过组织开展非市场公司股权融资、挂牌交易，探索开发中小企业、科技成长型企业直接融资渠道，促进非上市公司熟悉资本市场规则，完善公司治理结构，提升核心竞争能力，已为400多家非上市股份有限公司提供了市场化的孵化和培育服务。

但是，大多场外股权交易市场还是地方性较为封闭的平台，流动性较为有限，融资功能有待提升，定价机制有待规范。

3. 成熟期企业融资手段

成熟期是科技型中小企业最为成功的阶段。此阶段，企业拥有稳定的现金流和营业利润，面临的风险也较低，融资环境大为改善。企业通过资本市场发行股票和债券等获得资金，风险资本在此阶段基本已退出。

（1）创业板、中小板、主板市场

目前中国资本市场层次较为丰富。仅场内市场就包括主板、中小板和创业板。创业板、中小板和主板市场不仅是科技型中小企业融资的一种手段，也是创业投资基金收回投资、实现投资盈利的最佳出路。与主板市场上市标准比，在创业板、中小板市场上交易的企业标准更低，在科技型中小企业还不可能一步迈入高级资本市场的门槛时，这些明日之星需要经过创业板、中小板市场的层层筛选，只有选拔通过的企业才有资格步入主板市场。近年来主板、中小板、创业板上市公司数量呈稳步增长趋势，详见图10。

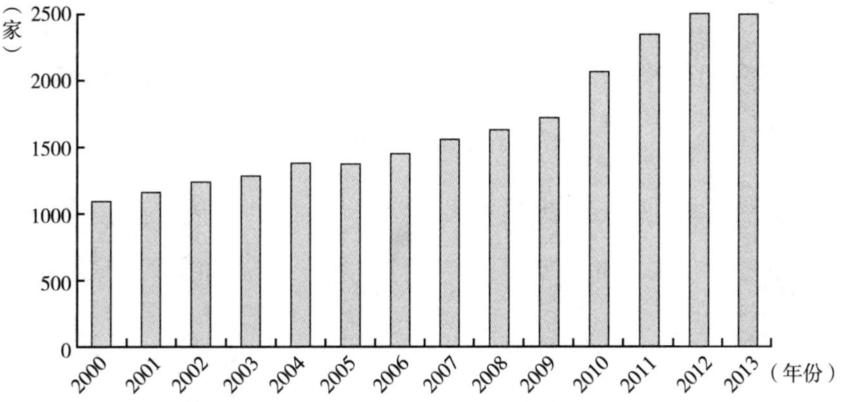

图10　主板、中小板、创业板上市公司家数

资料来源：Wind资讯。

（2）债券市场

债券市场是我国多层次资本市场体系建设的重要一环。从国外成熟的资本市场来看，债券市场的规模要远远大于股权市场。但目前我国债券市场发展相对落后，这与我国债券发行的制度性约束有关，债券市场不但对发债企业的规模和盈利能力要求较高，而且企业需要担保，审批手续复杂且多头监管。这导致了大部分科技型中小企业难以达到公司债（企业债）的发行要求，不过中小企业私募债券的推出将有力缓解债券融资的难度。

2012 年 6 月，中小企业私募债券的推出加快了科技型中小企业债券融资的步伐，有利于解决科技型中小企业融资难问题，促进企业的健康发展。[1] 2013 年 7 月国家发改委发布扩大中小企业集合债发行规模的指导意见，指导意见称支持符合条件的创业投资企业、股权投资企业、产业投资基金发行企业债券，专项用于投资小微企业。逐步扩大中小企业集合债券发行规模，扩大小微企业增信集合债券试点规模。[2] 随着各项政策的出台，债券市场将逐步被理顺，层次更加丰富，科技型中小企业又将增加一个重要融资平台。

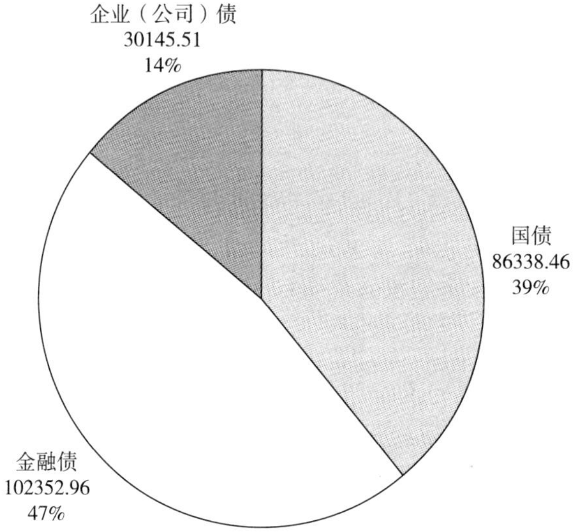

图 11　截至 2013 年 12 月 10 日债券市场分类数据（亿元）

资料来源：Wind 资讯。

① 深圳证券交易所：《深圳证券交易所中小企业私募债券业务试点办法》，2012 年 5 月 23 日。

② 国家发改委：《关于加强小微企业融资服务支持小微企业发展的指导意见》，2013 年 7 月 23 日。

三　资本市场对科技型中小企业发展的贡献度实证分析

上文提到，与其他中小企业相比，科技型中小企业更加偏重于研发创新。同时资本市场包括的范围较广，所以实证部分仅从股票市场与企业研发活动的关系入手来分析资本市场对科技型中小企业的贡献度。

（一）我国股票市场和研发投入之间的格兰杰因果关系

本文从以下三个方面来反映我国科技型中小企业科技研发状况，其分别为研发创造、研发应用和研发传播。研发创造是第一阶段，即研究和开发阶段，用研发强度（YFQD）来表示，它等于研发投入与研发人员数的比值；研发应用是第二阶段，主要使研究成果转化为现实的生产力，用技术成交额（JSCJE）来反映；研发传播是第三阶段，这一阶段，研发出的产品或技术获得社会的普遍认可并且创造出实际价值，用高科技产业总产值增加值（ZCZZJ）来衡量；用股票筹资额（GPCZE）来反映股票市场状况（见表6）。

表6　股票市场与研发投入产出数据表

年份	GPCZE(亿元)	YFQD	JSCJE(亿元)	ZCZZJ(亿元)
1995	150.32	4.64	268	350
1996	425.08	5.02	300	811
1997	1293.82	5.78	351	1063
1998	841.52	7.30	436	1139
1999	944.56	8.26	523	1106
2000	2103.24	9.72	651	2194
2001	1252.34	10.89	783	1852
2002	961.75	12.44	884	2836
2003	1357.75	14.06	1085	5457
2004	1510.94	17.05	1334	7213
2005	1882.51	17.95	1551	6598
2006	5594.29	19.99	1818	7629
2007	8680.17	21.37	2226	8465

续表

年份	GPCZE(亿元)	YFQD	JSCJE(亿元)	ZCZZJ(亿元)
2008	3852.21	23.49	2665	6626
2009	6124.69	25.33	3039	3343
2010	11971.93	27.65	3907	14279
2011	5814.19	30.13	4764	13725

资料来源：2009～2012年《中国科技统计》；2009～2012年《中国统计年鉴》。

由于股票筹资额、研发强度、技术成交额和高科技产业总产值增加值均包含物价因素，在此以1995年为基期对这四个指标CPI平减操作，除研发强度外，对其他三个指标取自然对数。对经过处理后的数据进行平稳性检验——ADF单位根检验，其结果如表7所示。

表7　ADF单位根检验结果

变量	检验形式	t统计量	变量	检验形式	t统计量
GPCZE	(c,t,3)	-3.91**	JSCJE	(c,t,3)	-3.63*
YFQD	(c,t,1)	-0.96	ΔCXQD	(c,t,0)	-5.16***
ZCZZJ	(c,t,0)	-2.14	ΔZCZZJ	(c,t,0)	-4.27**

注：*表示在10%的显著性水平下显著，**表示在5%的显著性水平下显著，***表示在1%的显著性水平下显著。检验形式中分别代表截距项、截距和趋势项、滞后阶数。

使用Eviews6.0软件对通过平稳性检验的数据进行格兰杰因果关系检验。对变量进行滞后1期格兰杰因果关系检验，检验结果见表8。结果表明，在5%的显著性水平下，技术成交额是股票筹资额的格兰杰原因，股票筹资额是技术成交额的格兰杰原因。在5%的显著性水平下，股票筹资额是研发强度的格兰杰原因。在10%的显著性水平下，高新技术产值增加值是股票筹资额的格兰杰原因。在1%的显著性水平下，技术成交额是研发强度的格兰杰原因。对变量进行滞后2期格兰杰因果关系检验，检验结果见表9。从表9可以看出，在10%的显著性水平下，股票筹资额是高新技术产值增加值的格兰杰原因。

表8　滞后1期格兰杰因果关系检验结果

原假设	F统计量	p值
技术成交额不是股票筹资额的格兰杰原因	4.73258	0.04864
股票筹资额不是技术成交额的格兰杰原因	5.48731	0.03572
研发强度不是股票筹资额的格兰杰原因	2.18281	0.16532
股票筹资额不是研发强度的格兰杰原因	6.73612	0.02342
高新技术产值增加值不是股票筹资额的格兰杰原因	3.89069	0.07204
股票筹资额不是高新技术产值增加值的格兰杰原因	2.44226	0.14408
研发强度不是技术成交额的格兰杰原因	2.50586	0.13941
技术成交额不是研发强度的格兰杰原因	13.30900	0.00334
高新技术产值增加值不是技术成交额的格兰杰原因	0.88013	0.36666
技术成交额不是高新技术产值增加值的格兰杰原因	1.02866	0.33049
高新技术产值增加值不是研发强度的格兰杰原因	0.18611	0.67382
研发强度不是高新技术产值增加值的格兰杰原因	0.00561	0.94152

表9　滞后2期格兰杰因果关系检验结果

原假设	F统计量	p值
技术成交额不是股票筹资额的格兰杰原因	5.40694	0.02560
股票筹资额不是技术成交额的格兰杰原因	0.42157	0.66715
研发强度不是股票筹资额的格兰杰原因	0.42723	0.66488
股票筹资额不是研发强度的格兰杰原因	6.25528	0.01982
高新技术产值增加值不是股票筹资额的格兰杰原因	3.51288	0.07454
股票筹资额不是高新技术产值增加值的格兰杰原因	3.12776	0.09304
研发强度不是技术成交额的格兰杰原因	0.40780	0.67681
技术成交额不是研发强度的格兰杰原因	14.25340	0.00162
高新技术产值增加值不是技术成交额的格兰杰原因	6.03642	0.02174
技术成交额不是高新技术产值增加值的格兰杰原因	1.00365	0.40414
高新技术产值增加值不是研发强度的格兰杰原因	0.37009	0.70071
研发强度不是高新技术产值增加值的格兰杰原因	1.34590	0.30805

综合上述分析，股票筹资额与技术成交额互为格兰杰因果关系，股票筹资额和高科技产业总产值增加值互为格兰杰原因，高科技产业总产值增加值是技术成交额的格兰杰原因，技术成交额与股票筹资额是研发强度的格兰杰原因（见图12）。即资本市场对企业的支持会带来知识应用的增加，从而带动研发

创新，研发创新又会对研发应用起到促进作用。知识传播也会对研发应用和资本市场有影响。

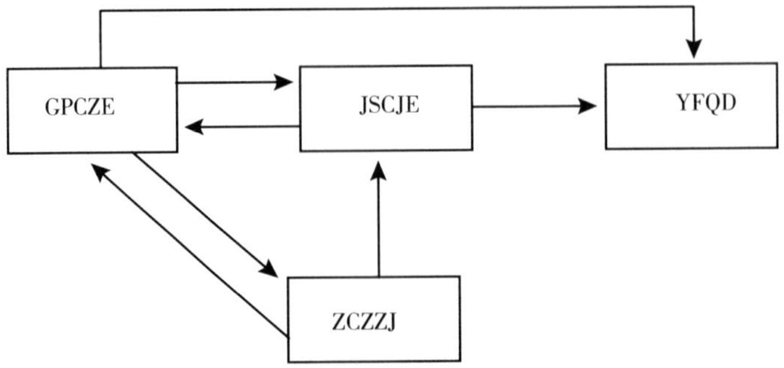

图 12　格兰杰因果关系

资料来源：作者整理。

（二）我国股票市场对科技型中小企业研发活动的影响

考虑股票市场对科技型中小企业研发活动的具体影响，采用全国技术成交额来反映企业研发活动成果。参考柯布－道格拉斯生产函数（Cobb－Douglas）以及 Solow 改进后的柯布－道格拉斯生产函数模型，得到决定企业研发活动的公式如下：

$$Y_t = Ae^{x_t}K_t^{\alpha}L_t^{\beta} \tag{1}$$

将式（1）改写成对数形式如下：

$$\ln Y_t = \ln A + \alpha \ln K_t + \beta \ln L_t + X_t \tag{2}$$

其中，Y_t 为年度企业技术成交额 JSCJE；K_t 为年度研发费用 YFFY；L_t 是年度研发人数 YFRS；Ae^{x_t}中的 e^{x_t}是将股票市场对企业研发活动的影响因素从柯布－道格拉斯函数常数项 A 中分离出来。

在股票市场对企业研发活动的影响因素中，主要考察股票市场的流通性以及融资能力，分别用股票市场的交易率 JYL、换手率 HSL 和股票市场筹资额 GPCZE 来反映。其中，交易率＝年股票成交额/年 GDP，换手率＝年股票成交额/年股票流通市值。具体数据如表 10 所示。

表 10　股票市场影响因素数据

年份	YFFY(亿元)	YFRS(千人)	JYL	HSL
1995	349.1	751.7	0.07	4.30
1996	404.8	806.8	0.30	7.44
1997	481.9	834.4	0.39	5.90
1998	551.1	755.2	0.28	4.10
1999	678.9	821.7	0.35	3.81
2000	896	922	0.61	3.78
2001	1042.5	957	0.35	2.65
2002	1287.6	1035	0.23	2.24
2003	1539.6	1095	0.24	2.44
2004	1966.3	1153	0.26	3.62
2005	2450	1365	0.17	2.98
2006	3003.1	1502	0.42	3.62
2007	3710.2	1736	1.73	4.95
2008	4616	1965	0.85	5.91
2009	5802	2291	1.57	3.54
2010	7062.6	2554	1.36	2.83
2011	8687	2883	0.89	2.56

资料来源：1996～2012 年《中国科技统计数据》、1996～2012 年《中国统计年鉴》、wind 资讯。

数据处理时，对技术成交额、研发费用、股票筹资额进行 CPI 平减处理，随后取自然对数。对研发人数直接取自然对数。对所有处理后的变量进行平稳性检验——ADF 单位根检验，单位根检验结果如表 11 所示。

表 11　单位根检验结果

变量名称	变量表示	检验形式	t 统计量	p 值
技术成交额	JSCJE	(c,t,3)	-3.63^{*}	0.0677
研发费用	YFFY	(c,t,0)	-5.11^{***}	0.0047
研发人数	ΔYFRS	(c,t,0)	-4.66^{**}	0.0112
股票筹资额	GPCZE	(c,t,3)	-3.91^{**}	0.0443
股票交易率	JYL	(c,nt,0)	-5.90^{***}	0.0003
股票换手率	ΔHSL	(c,nt,0)	-4.80^{***}	0.0021

下面针对平稳后的序列 JSCJE、YFFY、YFRYS、GPCZE、JYL 和 HSL 建立数学模型，其结果如表 12 所示。

表 12 回归系数统计量

变量	系数	标准差	t 统计量	p 值
C	0.9449	0.0457	20.6931	0.0000
YFFY(-1)	0.8222	0.0102	80.5962	0.0000
GPCZE(-3)	0.0187	0.0086	2.1595	0.0591
JYL	-0.0218	0.0106	-2.0537	0.0702
ΔHSL(-2)	-0.0128	0.0030	-4.2152	0.0023

从表 12 可以看出，因变量研发人数未通过显著性检验，在此剔除。其余变量系数都通过显著性检验。由于各变量均已通过 ADF 单位根检验，因此该模型是稳定的。此外，方程 $R^2=0.9997$，修正 $R^2=0.9995$，可决系数接近 1，表示该模型对样本拟合程度较好。线性方程整体显著性水平的统计量 F = 6894.15，F 统计量 p 值为 0.0000，拒绝 F 检验原假设，因此该线性方程各个变量和方程整体都显著。

从方程回归结果来看，企业研发费用的滞后值对企业的研发活动具有显著的正向作用。股票筹资额增加 1%，则企业技术成交额变化率即企业研发活动增加 0.0187%；股票交易率增加 1%，企业研发活动减少 0.0218%；股票换手变化率增加 1%，企业研发活动减少 0.0128%。总的来说，从股票市场对科技型中小企业的影响来看，资本市场的确对企业研发活动有着显著的推动作用，这与格兰杰因果关系检验结果一致。

近年来，虽然我国多层次资本市场发展迅猛，但科技型中小企业始终未能与资本市场有效对接。科技型中小企业前期发展更多的是通过自有资金，少部分依靠银行贷款来完成。根据《金融业发展和改革“十二五”规划》部署，到“十二五”期末，我国非金融业企业直接融资占社会融资规模比重将提高至 15% 以上。中小企业直接融资比重更低。[①] 这与发达国家企业直接融资占 80% 以上形成极大反差。科技型中小企业资本市场直接融资比重低主要原因如下：

一是法律法规体系不完善。为了解决科技型中小企业直接融资比重低的问

① 引自《金融业发展和改革“十二五”规划》。

题，我国政府颁布了一系列的法律法规。2003 年 1 月施行《中华人民共和国中小企业促进法》，2009 年 9 月发布《国务院关于进一步促进中小企业发展的若干意见》，2011 年 5 月科技部发布《关于进一步促进科技型中小企业创新发展的若干意见》，等等。可是，我国促进中小企业特别是科技型中小企业发展的法律法规依旧不完善。比如，我国在创业投资基金方面就存在法律法规不完善甚至缺失的现象，风险投资基金从入主企业到退出都面临较多的法律障碍，这极大地限制了创业投资基金的积极性，从而影响到企业的融资需求。

二是多层次资本市场体系仍不成熟。从我国资本市场整体架构来看，资本市场框架搭建工作已基本成型，但涉及具体的内容填充和功能发挥，这些方面目前看是不理想的。资本市场整体呈现出市场层次的扁平化和制度设计的同质化，难以有效满足资金供求方多样化的投融资需求，这在很大程度上制约了资本市场有效性的发挥。

具体来看，我国创业板市场与国外发达资本市场中同类型市场相比，上市条件较为苛刻，与主板市场相近。处于成长期的科技型中小企业面临很高的门槛，使其难以跨过。而中小板市场还不是一个独立的板块，依附于主板市场，是我国主板市场的一个补充，上市条件与主板市场几乎相同，同时，我国主板市场、中小板市场和创业板市场市值呈倒金字塔形状，这与国外成熟的金字塔式的结构差距很大，这种结构限制了股票市场有效性的发挥。场外股权交易市场缺乏统一的规范和监督，各地股权市场相互分割，影响股权转让效率。而债券市场要求较高，科技型中小企业只能发行集合类的债券。风险投资基金在我国还是新兴事物，人才、组织机构等都不完善。

四　我国科技型中小企业与资本市场有效对接的政策建议

（一）政府要有所为

政府是顶层制度和规则的设计者与制定者，是资本市场运行的监督者。通过完善资本市场融资体系法律法规，引导资本市场资金合理流动，支持和帮助科技型中小企业与资本市场有效对接。具体措施包括：第一，完善法律法规，完善符合科技型中小企业融资需求的多层次的资本市场体系。第二，成立全国性科技型中小企业管理机构。统一制定科技型中小企业相关政策、法规，协助科技型中小企业融资，为科技型中小企业提供系统的政策、融资、法律、市场推广、培训和咨询等方面的服务。第三，成立国家专项支持科技型中小企业的投资基金，可以从科技型中小企业税收中提取一定比例作为基金款项，专门支持科技型中小企业的发展。

（二）完善资本市场体系

1. 中小企业板与创业板市场回归本源

我国现有的中小板和创业板市场与主板市场要求类似，门槛较高，处于初创期和大部分成长期的科技型中小企业根本无法达到如此高的要求，因此目前我国中小板和创业板市场未能有效发挥为科技型中小企业提供融资的作用。我国中小板和创业板市场与主板市场上市要求应拉开差距，降低上市门槛，使中小企业板与创业板真正成为中小企业和创业型企业的融资平台。

2. 建立统一高效的场外交易市场

目前我国资本市场的倒金字塔结构应逐步向金字塔结构转变。场外交易市场作为金字塔的基底，理应发挥更大的基础性作用。新三板市场目前涉及面过于局限，需加快扩容步伐，2013 年 12 月新三板扩容方案的出台将促进新三板市场的大发展，但由于受转板局限，企业积极性或受影响，这将是国家后续需要重点解决的问题。以天津股权交易所为代表的场外股权交易市场已经在“两非两高”企业股权交易的市场运作方面进行了有益的探索，建立了双层结构的场外交易市场体系，并积累了一定的经验，在全国产生了积极的影响。[①] 但场外交易市场从总体上来说发展较慢，全国性股权交易市场的建设步伐有待加快。另外，证券公司柜台市场、机构间私募产品报价与服务系统业已启动。因此，建立统一高效的场外交易市场应对此进行统筹，合理定位。

---

① http：//finance. jrj. com. cn/2009/12/2915456723981 – 1. shtml.

3. 加快发展创业投资基金

美国资本市场经验表明，投资基金在科技型中小企业发展过程中做出了巨大贡献。对我国投资基金业发展，政府因素将占重要地位，投资基金专项法律法规需加紧完善，制定有力的引导政策，形成风险投资政策支持环境，合理解决退出机制问题，壮大风险投资队伍。目前国内投资基金还是以引进国外知名投资基金为主，后期应立足本土投资基金的培育与发展，使我国多层次资本市场更加完善。

4. 加快推动中小企业私募债券市场的发展

中小企业私募债券业务自2012年试点启动以来，其发展不尽如人意。究其原因在于其矛盾的设计。私募债券在设计之初是作为“中国的高收益债”推出的。因此，交易所在试点业务指南中制定的门槛相当低，不但发行规模不受净资产40%的限制，对担保和评级也未作硬性要求。但收益与其高风险不相匹配。中小企业私募债券市场应该建立其发展的信用评价体系，建立中小企业私募债券违约风险控制机制。

参考文献

［1］国科发政〔2011〕178号：《关于进一步促进科技型中小企业创新发展的若干意见》［EB/OL］. http://www.most.gov.cn/fggw/zfwj/zfwj2011/201105/t20110517_86810.htm。

［2］李华军：《CEPA条件下广东科技型中小企业资本市场融资研究》，广东工业大学硕士学位论文，2006。

［3］杜轶龙：《刍议破解我国科技型中小企业融资难》，《中国证券期货》2013年第8期。

［4］中关村创新发展研究院：《中关村指数2012分析报告》［EB/OL］. http://www.zgc.gov.cn/document/20121210114429250005.pdf。

［5］步国旬、陈君君：《金融支持科技创新的路径及策略研究——以资本市场为例》，《金融纵横》2013年第4期。

［6］择远：《提高直接融资比重创新融资工具大有可为》［EB/OL］. http://money.163.com/13/1127/03/9ELISJIQ00253B0H.html。

［7］闻岳春、王婧婷：《科技创新型中小企业的资本市场融资策略研究》，《科学管理

研究》2010 年第 4 期。

[8] 陆泱：《中小企业在新三板的融资效果分析》，上海交通大学硕士学位论文，2013 年。

[9] 李雪斌：《借力资本市场实现科技创新——浅议中小型高新技术企业融资和融智问题》，《湖南财政经济学院学报》2013 年第 4 期。

[10] 沈运红、王恒山：《生命周期理论与科技型中小企业动态发展策略选择》，《科学学与科学技术管理》2005 年第 11 期。

[11] 韩瑞强、徐承明：《科技型中小企业不同发展阶段的融资策略》，《金融纵横》2008 年第 12 期。

[12] 边志强：《山东省科技型中小企业融资效率研究》，山东财经大学硕士学位论文，2012。

[13] 吴方锋：《我国中小企业债券融资模式构建》，复旦大学硕士学位论文，2010。

[14] 刘文娟、王斌：《我国资本市场支持自主创新型企业发展的实证研究》，《东北财经大学学报》2011 年第 3 期。

[15] 吴元波：《多层次资本市场与中小企业融资困境分析》，《中小企业研究》2013 年第 7 期。

B.15

场外交易市场中小企业公司治理现状及改进措施探究

天津股权交易所监管服务部*

摘　要：

我国多层次资本市场体系已粗具规模，场外交易市场蓬勃发展，规模不断壮大，中小企业公司治理结构不断完善。但与此同时，“三会”运行“不规范”、中小股东及其他利益相关者权益得不到有效保障、信息披露滞后或选择性披露等问题逐渐涌现，严重制约了场外交易市场的健康有序发展。本文从公司治理基础理论出发，聚焦场外交易市场中小企业公司治理的现状，详细论述了场外交易市场中小企业的独特性、存在的问题及原因，从外部治理和内部治理两个角度提出了相关建议。

关键词：

公司治理　场外交易市场　中小企业

一　引言

（一）公司治理研究背景

19 世纪 70 年代至 20 世纪 20 年代，随着企业规模不断增长，企业所有者逐渐授权职业经理人负责企业的经营管理。20 世纪 30 年代至 70 年代，科学技术的发展也进一步促进了所有权与经营权的分离，资本的价值形态同实物形

---

* 本文由天津股权交易所监管服务部李小菲、张弘、吴嵚、耿静、孙如宾撰写。

态相分离，管理层的权利不断扩大，公司治理问题逐渐引起相关利益群体及学者的关注。20 世纪 80 年代，经理人员权力过度扩张，所有者与经营者之间矛盾加剧，特别是一系列经济丑闻暴露之后，使人们对于公司治理的认识进一步提升，重视程度进一步加强。20 世纪 90 年代以来，公司治理已经成为一个受到持续关注的政策问题。亚洲金融危机之后，公司治理改革成为东亚国家和地区的热门话题。由于经济全球化的加速发展，投资者要求改善公司治理结构，形成了一个公司治理运动的浪潮。

（二）公司治理理论概述

公司治理（corporate governance），是现代企业制度中最重要的组成部分。狭义的公司治理主要是指公司的股东、董事及经理层之间的关系。广义的公司治理还包括公司与利益相关者之间的关系及有关法律、法规等。根据公司治理理论，“公司治理以现代公司为主要对象，以监督与激励为核心内容”，“公司治理不仅仅研究公司治理结构中对经营者的监督与制衡作用，也强调如何通过公司治理结构和机制来保证公司决策的有效性和科学性，从而维护公司多方面利害相关者的利益”。

自 1932 年美国学者贝利和米恩斯提出公司治理结构的概念以来，众多学者从不同角度对公司治理理论进行了研究，其中最具代表性的是超产权理论、两权分离理论、委托代理理论和利益相关者理论，它们构成了公司治理结构的主要理论基础。

在公司治理理论的发展过程中，围绕着公司治理目标、结构安排以及机制改革等一系列课题，逐渐产生了以“股东利益至上”为基础的单边治理和以“利益相关者”为核心的共同治理两种代表性的治理理念。利益相关者理论的研究，推动了公司治理理念的变化，使人们进一步认识到，公司治理是由各利益相关者组成的一个系统，而且该种理念逐步占据了主流学术地位。

（三）我国上市公司的公司治理实践

我国公司治理研究对象主要为在沪深交易所上市的公司。总体而言，我国上市公司的公司治理相关立法实践可基本概括为：《公司法》在股东大会、董事会、监事会“三会”的成员构成，召集召开流程，职责权限等方面，明确了执行标准的底限；《证券法》明确了上市公司实际控制人、控股股东、董事、监事和高级管理人员的诚信义务，强化了上市公司的信息披露要求及相关义务人的责任；国务院颁布的《批转中国证监会关于提高上市公司质量意见的通知》中提出，上市公司须完善三会制度，形成决策层与管理层之间的明确划分及有效制衡；中国证监会发布的《关于在上市公司建立独立董事制度的指导意见》指出，上市公司应建立独立董事制度，并对相应细则进行了规定；《上市公司治理准则》阐明了我国上市公司的公司治理的基本原则、投资者权益保护、高级管理人员的行为准则及职业道德等内容；《上市公司股东大会规则》则对上市公司股东大会的召集、提案、通知、召开、决议和监管等细节加以明确。两大证券交易所根据《公司法》和《证券法》建立了配套的规章体系，针对上市公司具体特征，对公司治理过程中各项因素的结构、流程、监管等进行了详细规定。

鉴于目前法律规范及其他规则皆以上市公司或非上市公众公司为主要对象，虽可参照用于场外交易市场中小企业，但暂无明确、详细的独特性体系制度，尤其是没有明确的规范要求及治理依据。针对场外交易市场中小企业的公司治理进行研究分析，对中国多层次资本市场未来的健康稳定发展具有重大的现实意义。

二　场外交易市场中小企业公司治理现状及原因探析

（一）场外交易市场中小企业的独特性分析

改革开放以来，我国由计划经济逐渐向市场经济过渡，民营企业的“身份”经历多重变迁，其发展路径也大体经历了四个阶段：完全家族式企业（未进行股份制改造）、可能由投资人进入的非上市非公众企业（完成了股份制改造）、公开转让的公众公司、公开发行的上市公司。在这样的产生历史、发展轨迹和所处环境下，以民营企业为主的中国场外交易市场中小企业具有显著的特征。具体表现为以下六个方面。

（1）股权集中度较高。企业所有权由少数人控制，主要股东多为家族成员，外部投资人数量较少，且持股比例较低。其原因，一方面，企业往往是由家族企业发展而来，主观上仍然希望掌握企业的控制权，不希望稀释过多股权；另一方面，非上市非公众公司200人以下的股东数量限制，造成了股权集中度较高，且场外市场融资方式主要是定向引入战略投资人，客观上造成了不可能出现大量分散的股东。

（2）企业所有权和经营权高度统一。由于企业仍处于需企业家全身心投入的创业期或成长期，以及企业经营管理对创始人的高度依赖，同时也由于缺乏成熟的职业经理人市场，许多企业的董事长、总经理都由控股股东一并担任。

（3）企业产权单一或产权不清。具体表现为企业控股股东个人财产与公司财产混同的情况时有发生，控股股东与企业之间资金往来较为频繁和随意，大股东占款较为严重。

（4）公司股东、员工、债权人、银行、监督机构等主体之间存在信息壁垒，相互制约和监督机制较弱。

（5）企业公司治理结构的选择面临尴尬。一方面，此类企业虽经过股份制改造，但相对于主板市场，企业规模仍然较小、可流通股权及市场参与投资人较少，如严格按照上市公司的治理模式，既影响决策效率，又往往造成徒具形式。另一方面，如果沿用原有家族式治理模式，中小股东及其他利益相关者的利益很难得到维护，既不利于提高企业决策的科学性，又使得场外市场对企业规范性的培育功能难以实现。

（6）企业发展受到诸多外部约束。主要体现在行业限制和障碍、税费负担较重、外部融资较为困难、相应的法制体系缺乏等。

（二）场外交易市场中小企业公司治理中存在的问题

1.“三会”运行规范性问题

中小企业通过股份制改革，成功在场外交易市场挂牌，虽建立了“三会”制度，但由于其自身特点以及现行《公司法》相关规定大多适用于上市公司，因此，场外交易市场中挂牌的中小企业“三会”运行未能完全达到《公司法》

的要求，主要表现为：

（1）“三会”成员构成方面，由于中小企业自身股权结构较为集中，外部投资人较少，故董事会成员中外部股东代表随之较少，董事会与监事会以及股东大会成员在构成上高度重合，独立性有所欠缺。

（2）“三会”召集、召开程序方面，首先，由于“三会”成员高度重合，出于效率考虑，部分重大事项往往经由公司高管或主要股东简单讨论便做出相应决策，有时甚至由董事长个人决策。其次，部分企业董事会、监事会及股东大会，因前期未做充分准备，审议事项叙述过于简单，部分股东无法在充分理解的基础上做出表决，表决结果几乎无反对意见。

（3）“三会”决策权限划分方面，尤其是在重大事项决策权限划分上，不够清晰明确，未能真正适用企业实际情况，执行力严重不足。

2. 中小股东及利益相关者权益保护存在困难

在场外交易市场中，中小投资者在行使权利时往往受到一定的限制，从而导致其利益受损，具体表现为以下五个方面。

（1）在现行公司法下，普通决议由出席股东大会的股东（包括股东代理人）所持表决权的过半数通过，特别决议由出席股东大会的股东（包括股东代理人）所持表决权的2/3以上通过，但部分企业大股东持股比例已超过2/3，因此此种股东大会决策规则很可能为企业召开股东大会不履行通知义务提供“便利”，进而造成中小股东无法行使决策权。

（2）中小投资者行权成本较高，且由于所持股份较少，无法改变决策结果，基于此，很多中小投资者往往选择放弃行使表决权。

（3）由于部分企业信息披露不完整、不及时，中小投资者与企业之间存在严重的信息不对称，对企业生产经营和募集资金使用情况缺乏了解的渠道，中小投资者的知情权难以保障。

（4）企业连续多年不分红或对公司内部股东私下分红，中小投资者无法享受利润分配权。

（5）企业董事长利用其控制权，在履职时倾向于做出有利于自己的决策，或向关联企业进行利益输送，对中小投资者的利益造成损害。

另外，在控股股东利益至上的治理模式下，由于缺乏科学的决策机制和信用公示制度，一旦企业决策失误或发生重大违法违规行为，企业高管、员工、上下游客户和债权人等利益相关方的利益亦将受到威胁。

3. 信息披露滞后或选择性披露

在公司治理过程中，无论是股东还是其他利害关系者，都会对企业信息的真实性、相关性、完整性和及时性予以关注。企业披露的临时性公告和定期报告往往直接或间接地影响着投资者的决策和行动，但目前信息披露不及时是全国场外交易市场中普遍存在的问题。此外，企业对“利好消息”往往积极地予以披露，但“不利消息”则尽可能避免，这种“报喜不报忧”的信息披露方式在一定程度上阻碍或者扭曲了广大投资者和利益相关者对企业真实情况的认知。

（三）存在以上问题的原因探析

场外交易市场中小企业公司治理存在上述问题，其主要原因可归纳为以下几点。

1. 股权过度集中

参与场外交易市场的企业大多数由家族式企业发展而来，通过股改前私募融资和挂牌后增发等方式后，虽有部分外部股东进入，但不会对促进股权结构分散化产生实质性的作用。

2. “三会一层”高度重合

由于控股股东的家长式治理模式和对控制权的掌控，企业私募进入的股东多为大股东的亲戚朋友、企业员工，而控股股东为维持控制权，重叠安排董事会成员、监事会成员，从而造成“三会一层”高度重合。

3. “内部人”控制严重

企业总经理和董事长均由控股股东及其代表担任，而企业董事会、监事会成员中，中小股东或外部股东代表较少，造成企业经营权（控制权）由内部人掌控，在此情况下，如发生所有者（此处强调的是中小股东或外部股东）与经营者利益不一致情形时，经营者往往会选择有利于自己的决策。

4. 法律框架体系的不完善

我国目前尚无关于场外交易市场的具体法律规制，从而难以对场外交易市场参与者形成刚性约束。而通用的法律规制过于“一刀切”，中小企业执行成本较高、效率过低，且难以达到应有的效果。例如，缺乏对市场中企业控股股东的监管，未建立对大股东违规行权的问责、惩罚机制，中小股东的权益保护机制不完善。

5. 相关人员的意识和专业素质的欠缺

目前场外交易市场中小企业的高管普遍缺乏按照现代企业制度治理公司的意识，且企业管理层、董事会秘书以及中小投资者在相关专业知识方面较为欠缺，进而影响了公司治理方面具体制度的贯彻执行。

三　改进场外交易市场中小企业公司治理的对策和建议

如上所述，场外交易市场中小企业的公司治理存在诸多问题，阻碍了企业的健康、可持续发展，也不利于投资人权益保护。因此，建立符合中小企业发展规律的公司治理机制、改善中小企业公司治理现状，具有重要的现实意义，同时，更是建立健全场外市场规范培育功能的关键所在。为了保障场外交易市场中小企业投资者权益，提升中小企业的公司治理水平，以兼顾公司治理的成本及效率为原则，本文从外部治理和内部治理两个方面提出具体改进对策。

（一）外部治理的改进措施

1. 完善法律规制

（1）健全投资者权益保障法律体系。目前我国法律体系中尚缺乏操作性较强的投资者权益保障规定，导致投资者权益未能得到切实保护。首先，建议在《公司法》和《证券法》中赋予中小股东在特殊性事项决策方面的制约机制。其次，健全控股股东违反诚信义务时的民事赔偿责任体系，细化其责任条款，如明确违反诚信义务行为的具体构成，损失的界定，赔偿方式、范围及计算等，增强其可操作性。

（2）降低场外交易市场中小企业的“三会”运行程序标准。现行《公司法》对“三会”运行的程序性规定适用于上市公司，但对于场外交易市场中小企业来说较为苛刻，不符合这类企业目前的发展阶段和“三会”特点，建议《公司法》降低对场外交易市场中小企业的“三会”运行程序标准，并赋予公司章程更多灵活的自由裁量空间，例如对董事会、监事会人数不作具体限制，“三会”股东大会召开的通知时间相应缩短，“三会”召集、召开方式多样化。以“重实质、轻形式”为基本原则，使中小企业在运行“三会”时可简化程序、降低成本。

2. 完善外部监管机制

（1）强化信息披露，保证中小投资者知情权。首先，要求控股股东、实际控制人就违反信息披露义务而造成中小投资者的损失承担赔偿或补偿责任作出明确承诺，承诺的具体内容应翔实、具体、可操作。其次，建议强化企业主要业务、行业发展环境、经营情况、主要风险、募集资金使用、重大事项等对投资者进行投资决策能产生重大影响的信息披露要求，进一步提高信息披露质量，并加大对募集资金使用、承诺事项等监管力度。最后，各场外交易市场应不断健全其信息披露平台，同时建立信息披露出现异常情况时对控股股东、董事、监事、高级管理人员等责任主体的问责机制，加大对中小企业信息披露的监管力度和披露违规时的惩罚力度。

以天津股权交易所现行措施为例，在挂牌项目操作过程中，要求企业控股股东、实际控制人针对尚未解决之事项做出专项承诺并予以披露；挂牌之后，监管专员对挂牌企业开展持续监管，督导挂牌企业落实承诺事项，并督导重大进展的信息披露；要求企业董事、监事、高级管理人员针对信息披露做出承诺，从而明确相关主体的责任，并通过董秘培训、高管培训、例行沟通等渠道加强对信息披露义务人的督导和培训。针对信息披露违规情形，天交所在加强督导和教育的同时，严格执行市场规则，处置一批信息披露严重违规的挂牌企业。

（2）对中小企业实行差异化监管，提高监管效率。根据企业的公司治理状况、行业成长情况及财务质量，以“扶优限劣”为原则进行监管，合理化配置监管部门的监管资源。对规范程度较高、成长性较好的优质类企业，采取监管与支持并重，例如在融资方面，可对这类企业给予部分倾斜；对风险频发的企业必须重点加以监管，充分揭示其风险，同时注意及时帮助企业出具各类风险防范或化解的个性化方案，以此引导企业自行规范其公司治理。

天津股权交易所根据场外交易市场中挂牌企业的自身特点，创新性地设计了不同板次的交易及监管模式，以集中优势资源，实现差异化监管。除了日常性和一般性监管，天交所还强化重点监管和主动监管，通过开展现场检查和现代企业制度验收，并出具监管意见书，帮助挂牌企业及时发现自身存在的不足，督导其规范与完善，进而实现公司治理水平的提升；对“三会”运行存在严重缺陷的企业，天交所直接督导企业召开股东大会，并派员列席会议，促使企业和投资人良性对话，改善公司治理水平。

（3）以中介服务机构为抓手，强化持续督导。在对企业进行监管的过程中，应充分利用保荐机构、律师事务所、会计师事务所等机构的力量。尤其是保荐机构应严格履行其持续督导责任，督促企业在公司治理、信息披露等方面的加强规范；各场外股权交易市场对持续督导责任落实不到位的保荐机构应加大惩处力度，并予以披露，以联合监管提升场外市场从业机构的执业水平。

天津股权交易所目前正实施机构管理改革，一方面，放开持续督导服务机构的资格范围，鼓励注册的律师事务所、会计师事务所开展持续督导业务，以更好地为挂牌企业提供专业化和规范化的督导服务；另一方面，强化中介服务机构注册准入制度，严格考核，汰劣留良，采取多种监管措施，对责任履行不到位的机构，坚决予以淘汰。

（4）完善信用约束机制，建立企业诚信体系。各场外股权交易市场应对企业诚信档案予以充分重视，逐步建设起企业诚信记录的数据库，亦可考虑对诚信情况较佳的企业予以适当的政策倾斜和相应激励，对失信企业，特别是财务舞弊、信息披露失实的企业，可加大对其的惩戒力度，同时积极畅通中小投资者对企业诚信档案进行了解的渠道。以天津股权交易所为例，针对每家挂牌企业及执业机构建立诚信档案，采取自评与交易所评价相结合的形式，促进相关主体重视诚信义务的履行。

3. 加大对中小投资者及控股股东、实际控制人等相关主体的教育力度

首先，各场外交易市场应加强对中小投资者的教育培训。通过举办多样化的投资者教育培训、讲座、研讨会等活动，并充分发挥网络媒体的宣传教育功能，如在官方网站设置投资者教育专区，一方面，传播投资常识及风险理念等；另一方面，强化中小投资者的主人翁意识，加大对投资者维权法律知识的普及力度，促使其依法行使股东权利，积极参与公司治理；同时，引导中小投资者树立理性投资意识、培育良好投资习惯，提高风险防范意识、风险承受能力及自我保护能力。

其次，应加强对控股股东、实际控制人、董事、监事及高级管理人员的培训，重视通过总结反面案例，以实例进行诱导和警示，提高其对企业规范治理的认识。

（二）内部治理的改进措施

1. 优化股权结构

如前所述，中小企业高度集中的股权结构，直接导致了“三会合一”现象的出现，造成所有权、决策权、监督权高度统一。这种现象实质上导致了中小企业公司治理结构缺乏合理性。因此，完善中小企业公司治理，最根本的一点就是需要优化股权结构。

一般而言，优化企业股权结构，可从“质”和“量”两方面入手。但由于部分中小企业尚处于或刚刚脱离家族企业阶段，企业实际控制人在发展思路上，并不愿进行股权稀释，加之，由于场外交易市场活跃度限制以及企业投资人保护机制的缺陷，以期通过增加股东数量的方式优化股权结构，对于中小企业而言效果并不明显，仍需从“质”的方面入手，以完善股权结构。由于多数中小企业尚处于成长期或初创期，股权结构集中且单一与企业发展阶段相符，在此阶段适时引入外部战略投资者或上下游客户等利益相关者，不仅可为企业发展带来必要的资金支持，而且还可将科学的管理制度以及先进的战略思想融入企业发展之中。

2. “三会”制度创新

“三会”健康平稳运行是公司治理的重要组成部分，但与中小企业自身体量以及发展阶段相对应，目前现有法律法规、通行理论中的“三会”运行相关规定或多或少不适应中小企业的实际情况。修改相应规定，改善外部治理环境，对于中小企业“三会”制度完善具有重大作用，而仅就内部治理而言，亦可从以下方面进行创新，这也是天津股权交易所目前正在开展的有益尝试。

首先，优化董事会成员构成，实现董事会成员结构的多元化。针对中小企业股权结构特点，建议在董事会中既保有一定席位的原始股东代表，又设置针对外部人士的董事，如战略投资者代表、中小股东代表、行业或财务专家等。其次，完善董事会的功能，依据挂牌企业股权结构和经营规模，在《公司章程》中明确、量化董事会和经理层的重大事项决策权限，兼顾效率与规范。最后，加强监事会职能，可考虑第二大股东担任监事会主席，同时添加中小股东代表监事的席位。

3. 建立有效的激励机制和约束机制

有效的激励与约束机制对提升公司经理层和高级管理人员的积极性以及降低道德风险具有重要的作用。作为现代企业，必须建立和健全有效的公司高层管理人员激励约束机制，在公司董事、监事及高层管理人员中建立科学的绩效评估体系，同时建立以期权或持股机制为主的激励与约束机制。一方面，除进行薪资奖励外，可考虑适时进行股权激励，使经理层持有适当比例的股权，将其自身利益与企业发展相结合。另一方面，在公司章程、内控制度等相关文件中设专节对企业管理层加以约束，如明确规定“联签”制度、无权代理的追偿机制等，加大管理层违规操作的成本。

4. 完善利润分配制度和股份回购机制

对存在中小股东、外部投资人的中小企业，应特别重视股东大会中关于利润分配的议案审议工作。对本年度利润分配具体安排应进行审议，有条件的企业应适时、适当进行现金分红。设立外部董事的公司，其外部董事应就公司已做出承诺进行现金分红但未兑现的具体情况及原因发表独立意见，判定该行为是否损害中小股东利益。同时，建立完善“以股代息”机制，以“送股”形式实现股利分配。作为场外交易场所，以天津股权交易所为例，在进行督导时，其要求企业每年召开年度股东大会，对本年度利润分配方案进行审议，引导挂牌企业进行利润分配。

此外，建议完善股份回购制度，企业控股股东挂牌时须作出承诺，即出现某种特定情况下回购中小股东股份，如控股股东、实际控制人违反诚信义务造成中小股东利益受损的，受损中小股东有权要求控股股东回购其股权。

5. 明确投资者监督权力

由于中小企业的中小股东在数量以及持股数量上均不占多数，其话语权较弱，维护自身权益的方式有限，因此，加强投资人的监督权对于维护其合法权益十分必要。具体措施如下：第一，可考虑在监事会中添加中小股东代表监事的席位；第二，可在公司章程中约定持股一定比例的中小股东享有查阅公司财务资料的权利；但对这一比例的设计既应考虑对中小股东权益的保护，又应保证不影响公司正常生产经营。

6. 建立实际控制人赔偿机制

建立实际控制人的赔偿机制，应着重探讨实际控制人在违反相应义务的情况下对公司、中小股东的赔偿责任。目前，现行《公司法》虽已明确股东、实际控制人在特定条件下对公司、其他股东的赔偿责任，但由于中小企业自身的特点，其实际控制人违反相应义务所付成本较低，更易产生侵害中小股东合法权益的情形。为更好地保障公司、中小股东的合法权益，可考虑加大中小企业实际控制人违反义务的成本。首先，在公司章程中对实际控制人赔偿机制进行约定。对约定情形负有责任的控股股东、实际控制人，应对中小股东进行股权补偿或现金补偿，进而起到约束其行为的作用。其次，可由控股股东、实际控制人做出承诺，即企业因战略调整、转板等原因退出场外交易市场的或发生重大资产重组等事项，若持有少数股权的中小股东存在异议，可由控股股东、实际控制人予以回购股份。

参考文献

[1] 洪功翔：《美国公司治理变迁阶段研究》，《商业研究》2009 年第 2 期。

[2] 宁向东：《公司治理理论》，中国发展出版社，2006。

[3] 李维安：《公司治理学》，高等教育出版社，2009。

[4] 于群：《上市公司治理的法学视角》，人民出版社，2008。

[5] 安锐：《上市公司治理规则多样化研究》，西南政法大学博士学位论文，2012。

[6] 甘德健：《中小企业公司治理：现状、权变与创新》，《湖南商学院学报》2006 年

第 13 期。

[7] 刘秋连：《我国中小企业公司治理现状及对策》，《合作经济与科技》2012 年第 12 期。

[8] 张彤璞、王铁山：《中小企业公司治理与融资问题探究》，《陕西科技大学学报》2006 年第 24 期。

[9] 孙永祥：《公司治理结构：理论与实证研究》，上海三联书店、上海人民出版社，2002。

[10] Blair, M.: Ownership and Control Rethinking Corporate Governance for the Twenty-first Century. Brooking Institution, 1995.

[11] Shleifer, Andrie: A survey of Corporate Governance. The Journal of Finance, 1997 (3).

B.16

场外市场企业股改中净资产折股涉税问题研究

——基于上市企业及天交所挂牌企业案例的思考

韩伟 张亮*

摘 要：

股份有限公司的股权是场外市场交易的主要标的物。因此，在场外市场中挂牌的企业类型多为股份有限公司。场外市场是面对中小微企业的市场，但有限责任公司是中小微企业最为常见的组织形式。根据相关规定，有限责任公司以经审计的净资产折股改制为股份有限公司，其经营业绩可以连续计算。将有限责任公司改制为股份有限公司是绝大多数企业进入场外交易市场的必经途径。规范企业折股改制涉税，能够更好地促进企业在场外交易市场的健康发展。

关键词：

场外市场　折股改制　所得税

一 研究背景

目前大多数场外交易所（中心），对申报企业的主体资格方面，要求企业应当为依法设立的股份有限公司，且有限责任公司按经审计的原账面净资产值折股整体变更为股份有限公司的，持续经营时间可以从有限责任公司成

* 韩伟，天津股权交易所业务管控中心业务总监；张亮，天津股权交易所业务管控中心高级经理。

立之日起计算。但在公司改制过程中涉及的税收问题处理上却大相径庭，该问题一旦处理不当，会使企业面临税务主管部门的行政处罚，甚至会对企业的后续上市造成障碍。基于以上情况，对企业改制涉税问题的研究就显得尤为重要。

二 有限公司股改涉及主要税种

有限公司股改涉及的主要税种包括：增值税、营业税、契税、企业所得税及个人所得税。其中，根据相关税收法律法规，公司股改免征增值税、营业税、契税、企业所得税。因此，公司股改所涉及税收中重点为个人所得税。

对于股改所涉及的个人所得税，按照《个人所得税法》、《国家税务总局关于股份制企业转增股本和派发红股征免个人所得税的通知》（国税发〔1997〕198号）及其他相关具体税收规定，股改个人所得税的缴纳要求主要为：

（1）征收范围：在公司股改过程中，如果公司以未分配利润、盈余公积和除股票溢价发行外的其他资本公积转增股本的，要按照“利息、股息、红利所得”项目征收个人所得税。其缴纳依据为《国家税务总局关于股份制企业转增股本和派发红股征免个人所得税的通知》（国税发〔1997〕198号）中的相关规定。但是，根据该法规，如果企业用资本公积转增股本则不属于股息、红利性质的分配，对个人取得的转增股本数额，不作为个人所得，不征收个人所得税。

（2）税率：根据《个人所得税法》第三条之规定：“五、特许权使用费所得，利息、股息、红利所得，财产租赁所得，财产转让所得，偶然所得和其他所得，适用比例税率，税率为百分之二十。”

（3）征税方式：根据《个人所得税代扣代缴暂行办法》（国税发〔1995〕065号文），第四条扣缴义务人向个人支付下列所得，应代扣代缴个人所得税：（六）利息、股息、红利所得。因此，股改个人所得税由公司代扣代缴。

（4）应纳税额计算方式：未分配利润、盈余公积和除股票溢价发行外的其他资本公积转增股本额×20%。

（5）税收优惠：部分省市（如深圳市）为了鼓励本行政区域内企业特别是高新技术企业及上市企业的发展，对以未分配利润、盈余公积、资本公积转增资本，可以采取缓交或免交的措施。

三　上市企业股改个人所得税税收处理情况分析

主板市场自1990年正式建立，迄今已有二十多年，其在市场运作过程中积累了大量经验，对场外交易市场起到了很大的借鉴作用。以下介绍一些主板市场折股改制的税收处理方式。

1. 方式一：留存收益全部转增股本

此项处理方式主要为企业在股改过程中按照1∶1比例折股。在此种改制形式下，股东应当缴纳个人所得税并由公司履行代扣代缴的义务，如公司未代扣代缴，则应由股东出具补缴承诺。

此种处理方式最为典型的是银之杰［300085］折股改制涉税问题的处理方式，其简要情况为：2007年11月28日，银之杰有限公司股东会通过决议，以2007年10月31日经审计的净资产45024560.25元为基础，将其中的45000000元按照1∶1的比例折为4500万股，每股面值人民币1元，余额24560.25元计入资本公积，整体变更为深圳市银之杰科技股份有限公司。同时，银之杰有限公司原45名自然人股东就其变更为股份公司所涉及的个人所得税问题已作出承诺。承诺如因有关税务部门要求或决定，公司需要补缴或被追缴整体变更时全体自然人股东以净资产折股所涉及的个人所得税，或因公司当时未履行代扣代缴义务而承担罚款或损失，股东将按照整体变更时持有的公司股权比例承担公司补缴（被追缴）的上述个人所得税款及其相关费用和损失。

保荐机构及律师对此发表的意见为：发行人由有限公司整体变更为股份公司所涉及的个人所得税暂未缴纳，但45名自然人股东已做出承担可能的补缴或追缴责任的承诺，实际控制人也就此出具了承担连带责任的承诺，该等承诺真实、有效；自公司设立以来，发行人股东尚未实施现金分红以支持公司发展，其具备在有关税务部门要求或决定时通过利润分配获取现金缴纳税金的能力；发行人股东延缓缴纳公司整体变更所涉个人所得税的情形，不构成重大违法行为，不会对发行人本次发行上市构成实质性影响。

根据本案例，可以得出如下启示。

（1）公司留存收益计入资本公积应当缴纳个人所得税，公司应当承担为股东代扣代缴个人所得税的义务。个人所得税缴纳金额为未分配利润、盈余公积和除股票溢价发行外的其他资本公积转增股本额×20%；

（2）公司转增行为所带来的个人所得税代扣代缴义务可以通过股东及实际控制人承诺的方式暂缓缴纳。

但根据个人所得税法的相关规定，公司代扣代缴义务人必须严格履行代扣代缴义务。因此，公司实际控制人及股东不能通过承诺方式免除公司代扣代缴个人所得税的责任。承诺本身只能免除公司因未履行代扣代缴义务所带来的财务损失，其法律风险是存在的。根据银之杰案例，律师认定发行人股东延缓缴纳公司整体变更所涉个人所得税的情形，不构成重大违法行为，也就是说，律师并不认为公司延迟代扣代缴个人所得税是完全合法的。对此，仅仅依靠实际控制人及股东承诺不能解决公司股改涉税问题，应当积极与政府部门沟通，获得免交或缓交的证明。

2. 方式二：留存收益部分转增股本，部分计入资本公积

此项处理方式主要为：公司计提股东因改制所产生的个人所得税且由税务机关出具了暂缓扣缴的意见。

此种处理方式最为典型的是天玑科技［300245］折股改制涉税问题的处理方式。天玑科技在整体改制时将折合的股本50000000元计入“股本”科目，其余756347.05元计入“资本公积—股本溢价”科目，向股东分配的利润8939086.76元用于缴纳由于公司整体改制所需要缴纳的个人所得税。因此公司将该笔税款计入“应交税费—个人所得税”科目。

公司主管税务机关上海市青浦区国家税务局第十三税务所和上海市地方税务局青浦区分局第十三税务所已于2009年9月25日出具《拟上市中小企业转增股本有关情况备案表》，同意公司暂缓扣缴因整体变更而需缴纳的自然人股东个人所得税，天玑科技整体改制后总股本为50000000元，股东因此需要交纳的个人所得税合计为8939086.76元。2010年上海市青浦区国家税务局第十三税务所收到上海市拟上市企业名单，通知发行人办理备案手续，并由区级税务主管机关逐级报送上海市税务主管机关备案。上海市青浦区国家税务局于2010年3月10日出具了《拟上市中小企业转增股本有关情况备案表》，同意公司暂缓扣缴因整体变更而需缴纳的自然人股东个人所得税。

根据案例，可以得出如下启示。

（1）股改涉税问题的财务处理

天玑科技案例显示，企业整体改制时，发行人将折合的股本50000000元计入“股本”科目，其余756347.05元计入“资本公积—股本溢价”科目，向股东分配的利润8939086.76元用于缴纳由于公司整体改制所需要缴纳的个人所得税。故在改制过程中将此笔税款计入“应交税费—个人所得税”科目。由此看出，企业在改制过程中，将代扣代缴的个人所得税在增资过程中直接扣除，计入了应交税费—个人所得税科目。

（2）税收管理机构在该案例中的个人所得税处理方式

天玑科技案例显示，上海市青浦区国家税务局于2010年3月10日出具了《拟上市中小企业转增股本有关情况备案表》，同意公司暂缓扣缴因整体变更而需缴纳的自然人股东个人所得税。企业暂缓缴纳个人所得税行为得到了税收管理部门的认可。

3. 方式三：留存收益全部计入资本公积

此项处理方式主要为：发行人整体变更为股份有限公司时注册资本未发生变化，不涉及未分配利润及盈余公积转增股本，自然人股东未产生纳税义务。

此种处理方式最为典型的是天晟新材［300169］折股改制涉税问题的处理方式。天晟新材整体变更过程中公司的注册资本没有发生变化，各股东的持股数及持股比例亦没有发生变化，不涉及未分配利润及盈余公积转增股本，自然人股东未取得《中华人民共和国个人所得税法》第二条中的“利息、股息、红利所得”，因此未产生缴纳所得税的义务。

根据案例，可以得出如下启示：

如发行人整体变更为股份有限公司时注册资本未发生变化，不涉及未分配利润及盈余公积转增股本，自然人股东未产生纳税义务。

四　天交所企业股改个人所得税税收处理情况分析

天津股权交易所是经天津市人民政府批准设立的公司制交易所，2008 年 9 月在天津滨海新区注册营业，是中国场外市场的先行者，其在企业挂牌操作规范性方面的丰富经验有力地推动了中国场外市场的健康发展。以下介绍一些天交所挂牌企业折股改制的税收处理方式。

1. 方式一：留存收益全部计入资本公积

此项处理方式主要为：发行人整体变更为股份有限公司时注册资本未发生变化，不涉及未分配利润及盈余公积转增股本，自然人股东未产生纳税义务。

此种处理方式最为典型的是富瑞农牧［641011］折股改制涉税问题的处理方式。

该项目的挂牌交易说明书所示：

2013 年 7 月 26 日，濮阳市星发鸭业发展有限公司召开临时股东会，审议并通过《关于濮阳市星发鸭业发展有限公司整体变更设立河南富瑞农牧发展股份有限公司的议案》，决定濮阳市星发鸭业发展有限公司由有限责任公司整体变更为股份有限公司，公司整体变更后公司名称变更为河南富瑞农牧发展股份有限公司，变更为股份公司后，原有的债权、债务均由股份公司承继，等等。

2013 年 8 月 21 日，星发鸭业的原股东董清凯、董清照等 4 名自然人共同签署《发起人协议》，同意以经审计的濮阳市星发鸭业发展有限公司截至 2013 年 7 月 31 日的账面净资产 19180886.44 元投入股份有限公司，其中 1100 万元折为股本，每股面值为 1 元人民币，股份公司股本总额 1100 万股，余额 8180886.44 元计入股份公司的资本公积，并对整体变更的其他相关事宜做出了约定。

从以上内容可得知：富瑞农牧整体变更过程中公司的注册资本没有发生变化，各股东的持股数及持股比例亦没有发生变化，不涉及未分配利润及盈余公积转增股本。

根据案例，可以得出如下启示：

留存收益全部计入资本公积是目前项目股改过程中最常见的一种方式。根据现有操作实务，未有企业因留存收益全部计入资本公积的处理方式而在改制过程中出现税收缴纳行为或被税务机关处罚的情形。

2. 方式二：留存收益部分转增股本，部分计入资本公积

此项处理方式主要为：发行人整体变更为股份有限公司时留存收益部分转增股本，部分计入资本公积，企业缴纳增资带来的个人所得税。

此种处理方式最为典型的是乐盾科技［000046］折股改制涉税问题的处理方式。

该项目的挂牌交易说明书所示：

2012 年 8 月 17 日，公司股东作出决议，公司以经审计净资产折股，整体变更为股份有限公司，桂林乐盾汽车用品科技股份有限公司的所有资产纳入变更后的股份有限公司，债权债务由变更后的股份有限公司继承。改制基准日为 2012 年 8 月 31 日。

2012 年 9 月 4 日，石家庄新悦和会计师事务所有限公司出具新悦和/〔2012〕验字第 XYH0125 号验资报告。截至 2012 年 9 月 4 日，公司收到股东缴纳的注册资本 2990 万元，实收资本 2990 万元（折股比例 1∶1. 3）。

根据以上内容可得知：桂林乐盾整体变更过程中公司的注册资本增加。因公司未分配利润及盈余公积转增股本，故产生了税收问题。

根据案例，可以得出如下启示：

公司股改过程中，留存收益转增股本部分产生了纳税义务。企业也因此代扣代缴了相关税费。但此种处理方式导致了企业和相关股东在税费支付上的负担，因此需要企业和中介机构在一起仔细论证，认真考量，选择最适合企业现状和今后发展需要的折股方式。

五　股改个人所得税处理中存在问题分析

1. 未分配利润、盈余公积转增股本问题分析

部分地区为了促进本区域内人员创业及企业发展，出具相关规定减免了企业股改所应缴纳的个人所得税。根据 A 股案例，经过与税收管理部门沟通，企业股改所涉及的个人所得税也能够获得延迟缴纳的优惠措施。

2. 未分配利润、盈余公积转增资本公积的问题分析

目前，税收法律法规尚未对未分配利润、盈余公积转增资本公积情况做出规定。根据A股及天交所挂牌企业案例及税法的有关规定，未分配利润、盈余公积转增资本公积行为不涉及未分配利润和盈余公积转增股本，因此，该行为不构成“利息、股息、红利所得”，未产生纳税义务。转增资本公积的未分配利润、盈余公积留待该项资本公积转增股份时再履行缴税义务。

六　小结

综上所述，对于场外市场拟挂牌企业在股改过程中涉及的个人所得税问题，可以采取以下解决方式。

（1）对拟挂牌企业所属省市有相关股改税收优惠政策的，企业可以就股改中涉及的个人所得税问题向税务部门提交缓缴或免缴的申请，在挂牌前取得税务部门的同意缓缴或免缴的证明文件，同时，公司所有股东出具承诺，承诺一旦未来发生相关税收补缴事项，将承担全部的补缴责任。

（2）对于拟挂牌企业在股改过程中，未分配利润、盈余公积转增资本公积而未做转增股本情况，企业可以暂免缴纳个人所得税，但需要公司所有股东出具承诺，承诺未来发生转增时，要及时缴纳相关个人所得税。

参考文献

［1］《个人所得税代扣代缴暂行办法》（国税发〔1995〕065号文），http：//www.chinatax.gov.cn，1995年1月1日。

［2］《国家税务总局关于股份制企业转增股本和派发红股征免个人所得税的通知》（国税发〔1997〕198号），http：//www.chinatax.gov.cn，1997年12月25日。

大　事　记

The Events Papers

B.17

2013 年中国场外交易市场大事记

惠建军 *

1 月

证监会：退市工作将充分保护小股东的合法权益

2013 年 1 月 2 日　针对如何保护退市公司小股东利益的问题，中国证监会表示，证监会一贯高度重视投资者保护工作，特别是在退市工作中，始终恪守充分保护投资者合法权益的基本原则，本次上市公司退市制度改革对中小投资者合法权益的保护，专门做出了以下制度安排：一是加强退市信息披露，通过提高披露频率、完善披露内容及加强披露管理等方式强化退市风险警示机制，向投资者充分揭示退市风险。二是设立“退市整理期”制度，以利于投

* 惠建军，天津滨海产权研究院。感谢天津财经大学硕士研究生姜荣荣、刘奇、韩伟芳、张婧瑜对相关资料的先期搜集。

资者有更多的机会处理手中股票。三是建立重新上市制度，使公司“能上能下”、“能下能上”。

改变上市独木桥　发行改革拟定五大重点

2013 年 1 月 7 日　在 2012 年出台《关于进一步深化新股发行体制改革的指导意见》的基础上，监管部门拟定了五方面工作重点：一是加大多层次资本市场建设。加快全国性场外市场建设步伐，尽快将条件比较成熟的国家级高新技术园区纳入试点范围。二是进一步丰富市场品种，积极推动公司信用类债券市场发展。三是进一步改善主板、中小板和创业板的发行条件，健全对知识创新型、现代农业、文化创意产业等新型业态和商业模式企业的信息披露制度和市场准入安排，逐步淡化对盈利能力的判断，增强市场信息披露的弹性和适应性。四是以理性合理的询价制度为重点，强化定价过程中的市场约束，持续推动发行人、保荐机构及其他中介机构等各类主体尽职履职、诚实守信。同时，进一步倡导价值投资理念，强化舆论宣传、风险揭示和投资者教育，继续加大打击炒作新股的力度。五是严格执行证券法相关规定，坚决打击发行人粉饰业绩、欺诈上市、虚假披露等行为，严惩保荐机构虚假记载、误导性陈述和重大遗漏以及帮助发行人过度包装、合谋造假等违法违规行为，切实保护投资者的合法权益。

证监会发布非上市公众公司监管指引第 1、第 2、第 3 号

2013 年 1 月 8 日　为保证《非上市公众公司监督管理办法》（以下简称《监管办法》）顺利实施，积极、稳妥、务实地推进非上市公众公司监管工作，中国证监会正式公布《监管办法》的配套规则——《非上市公众公司监管指引第 1 号——信息披露》、《非上市公众公司监管指引第 2 号——申请文件》和《非上市公众公司监管指引第 3 号——章程必备条款》，自公布之日起正式实施。

第十七届中国资本市场论坛聚焦资本市场定价问题

2013 年 1 月 12 日　第 17 届（2013）中国资本市场论坛在中国人民大学

逸夫会议中心召开，主题是“中国资本市场：变革与成长”。在市场嬗变：政策调整与市场成长新趋势论坛中进行了关于资本市场定价问题的专题讨论。

证监会：把以信息披露为中心的发行监管体制改革引向深入

2013 年 1 月 12 日 中国证监会副主席姚刚在 2013 年中国资本市场论坛上表示，今后改革的进一步深化，就是要更广泛地发挥市场在资源配置中的基础性作用的方向，把以信息披露为中心的发行监管体制改革引向深入。

证监会：推动场外交易市场建设

2013 年 1 月 12 日 中国证监会副主席姚刚称，要加快发展多层次股票市场，加快发展有别于交易所市场的场外市场，积极推动全国性场外交易市场建设和扩大市场的覆盖范围。

姚刚表示，我国目前的股票市场是以交易所市场为核心的市场体系，随着经济社会的发展，这种单一市场体系已经不能满足投融资双方的需求，当前要加快发展有别于交易所市场的场外市场，积极推动全国性场外交易市场建设和扩大市场的覆盖范围，大幅度降低企业进入场外市场的挂牌条件，使众多中小企业可以在这个市场中得到股权流转和定向融资服务。同时，在更下一层次上，还需要稳步规范发展私募性质的区域性股权转让市场，在特定投资者范围内提供股权转让服务。为防止风险向社会公众扩散，对参与场外市场的投资者，要制定严格的制度。

中国证监会首次发布全行业统计指标标准指引

2013 年 1 月 13 日 为切实规范证监会统计工作，进一步夯实我国资本市场统计工作基础制度建设，根据《证券期货市场统计管理办法》（证监会令第 60 号），证监会制定并发布了《证券期货业统计指标标准指引》（证监会公告〔2013〕5 号）（以下简称《指引》），这是自资本市场建立以来，中国证监会首次对外发布的全行业、系统性、规范化的统计指标标准指引，是重要的统计基础规范，填补了证监会系统统计指标标准的空白。

深交所正式发布实施 《中小企业板上市公司公开谴责标准》

2013 年 1 月 14 日 深圳证券交易所正式发布实施《中小企业板上市公司公开谴责标准》，明确了中小板上市公司公开谴责的认定标准，进一步健全和完善了监管执法机制。

获准试点海通首发产品 券商柜台交易正式起步

2013 年 1 月 14 日 七家获准试点柜台交易业务的券商之一——海通证券率先上线柜台交易业务，发布柜台交易产品，从而正式拉开了柜台交易市场序幕。

全国中小企业股份转让系统揭牌仪式在京举行

2013 年 1 月 16 日 全国中小企业股份转让系统在京举行揭牌仪式。中国证监会副主席姚刚，北京市委常委、常务副市长李士祥出席揭牌仪式并致辞，证监会纪委书记黎晓宏主持仪式。来自证监会系统，中央有关部委及北京、天津、上海、湖北四省市相关部门的领导参加了仪式。

中证协提出证券业创新发展四大目标

2013 年 1 月 19 日 第五届金融家年会在北京召开，中国证券业协会会长陈共炎表示，为了推动证券行业创新发展，元旦前，中证协再次广泛征求了全行业的意见，在此基础上提出了 2013 年深化证券行业创新发展的四大目标：全面提升证券业服务实体经济的能力，推动证券公司资产证券化等业务发展；进一步推动经营机构加速向财富管理机构转型；大力推动证券市场对内对外开放；提升证券公司的风险管理能力。

非上市公众公司股份登记存管业务细则明确

2013 年 1 月 20 日 中国证券登记结算公司（以下简称“中国结算”）发布并实施《非上市公众公司股份登记存管业务实施细则（试行）》（以下简称《细则》）。《细则》规定，非上市公众公司通过证监会核准后，可向中国结算申请办理股份登记存管手续，中国结算根据非上市公众公司申报的股份持有明细数据，办理股份初始登记。根据《细则》，股份集中登记后，中国结算将根据相关业务规定，依托其登记存管业务代理机构在各地的网点，视投资者及非上市公众公司在股份转让、质押、查询、权益分派等的需要，持续地提供相应的登记存管服务。对在全国中小企业股份转让系统挂牌和从证券交易所退市的非上市公众公司，上述业务中国结算和其他机构有规定的，按照相关规定执行。

证券业协会发布《证券公司柜台交易业务规范》

2013 年 1 月 21 日 证券业协会发布《证券公司柜台交易业务规范》，正式启动柜台交易业务试点。首批 7 家券商参与试点，包括海通证券、国泰君安、国信证券、申银万国、中信建投、广发证券、兴业证券。柜台交易业务将以协议交易为主，同时尝试开展报价交易或做市商交易机制，其产品定位为私募产品，建设初期配合资产管理业务创新，以销售和转让证券公司理财产品、代销金融产品为主。

2 月

中国证监会公布《全国中小企业股份转让系统有限责任公司管理暂行办法》

2013 年 2 月 2 日 中国证监会公布《全国中小企业股份转让系统有限责任公司管理暂行办法》（以下简称《暂行办法》），自公布之日起实施。该法规针对“新三板”的运营管理机构，明确提出了“市场优先、社会自治”的总体思路。

商业银行对接区域场外市场渐成气候

2013 年 2 月 5 日 上海股权托管交易中心（以下简称“上海股交中心”）与华夏银行北京分行共同签署战略合作协议，双方将共同致力于为在上海股交中心挂牌的企业提供多种类型的融资服务。作为该项业务的开拓者，天交所目前已与光大银行、民生银行、渤海银行等多家银行合作，帮助挂牌企业获得股权质押授信 200 多亿元。随着该模式的不断推广，商业银行对接区域场外市场渐成气候。

公募准入门槛降低　入围机构扩容

2013 年 2 月 18 日　《资产管理机构开展公募证券投资基金管理业务暂行规定》（以下简称《规定》）正式出炉，并自 2013 年 6 月 1 日起施行。与征求意见稿相比，《规定》进一步扩容，将股权投资管理机构、创业投资管理机构纳入可开展公募业务的机构范围内，同时还降低了资产管理机构开展公募业务的门槛。

大连股权交易中心成立

2013 年 2 月 19 日　大连股权交易中心举行揭牌仪式。大连股权交易中心由大连港集团、华信信托、大通证券作为主发起人，联合深圳交易所和高新园区共同发起设立，注册资本 5000 万元。大连市常务副市长曹爱华表示，大连区域性股权交易市场的设立对本地金融业的发展具有里程碑的意义。加快发展区域性股权交易市场，将为中小微企业、科技型企业和战略性新兴产业的发展提供强有力的支撑。

私募基金产品实行事后备案

2013 年 2 月 20 日　中国证券投资基金业协会公布了《私募证券投资基金管理人登记及产品备案规则（征求意见稿）》，向社会公开征求意见。登记备案规则规定了私募基金管理人登记的条件，明确私募基金产品实行事后备案。同时，对私募基金的管理，一是保证客户资金安全，二是防止欺诈客户，将产品卖给不符合合格投资者条件、风险承受能力较低的客户。

姚刚：丰富金融衍生品体系　推动多层次资本市场发展

2013 年 2 月　中国证监会副主席姚刚在中国金融期货交易所调研时表示，

要围绕加快推动经济金融领域改革、创新和发展的契机，加快新产品开发和研究力度，丰富金融衍生产品体系，推动多层次资本市场快速发展，更好地发挥金融期货服务于实体经济稳步健康发展的功能。

姚刚还表示，要牢牢守住不发生系统性风险和区域性风险的底线。放眼全局，未雨绸缪，做好跨市场、跨产品风险监测和预防工作，对产品开发与设计、系统安全等环节要牢牢把关，确保市场的健康平稳运行。要进一步健全完善中金所法人治理结构，充分发挥公司制交易所的优势，在加快自身发展和提升社会价值等方面多做有益的探索。

甘肃积极筹建区域性股权交易市场

2013 年 2 月 24 日 经甘肃省政府常务会议研究，决定组建甘肃省股权交易中心，授权省政府金融办负责区域股权交易市场监管，华龙证券公司为该中心的主发起人。

天津股权交易所入驻天津首家融资超市

2013 年 2 月 25 日 天津市第一家集银行、担保、租赁、股权交易、小额贷款等机构于一体的多功能中小企业融资服务平台——北辰融资超市正式挂牌运营。天津股权交易所作为股权交易平台受邀入驻该超市。

3 月

《中国场外交易市场发展报告（2012～2013）》正式出版

2013 年 3 月 1 日 由天津滨海产权研究院和天津股权交易所共同编撰的《中国场外交易市场发展报告（2012～2013）》正式出版，该报告指出，根据我国场外交易市场的运行情况以及我国数量众多的中小企业与经济发展不平衡的现实，不可忽视场外区域市场的建设，应当建设一个包括全国性代办股份转让系统、天津股权交易所、区域股权交易所、券商柜台交易市场、区域产权市场、地方产权市场在内的差异化场外市场。并从公司治理、做市商制度、监管机制、信息披露、功能定位等不同角度论述了场外交易市场立法过程中应该考虑的主要问题，并提出了具有针对性的建议。

证监会发布《证券公司资产证券化业务管理规定》

2013 年 3 月 15 日 证监会发布《证券公司资产证券化业务管理规定》，允许符合具备证券资产管理业务资格等条件的证券公司申请设立专项计划、发行资产支持证券。其中资产支持证券可以按照规定在证券交易所、中国证券业协会机构间报价与转让系统、证券公司柜台市场以及中国证监会认可的其他交易场所进行转让。

证监会发布《非银行金融机构开展证券投资基金托管业务暂行规定》

2013 年 3 月 15 日 证监会发布《非银行金融机构开展证券投资基金托管业务暂行规定》，允许符合条件的非银行金融机构申请开展基金托管业务。规定自 6 月 1 日起实施。

中国证券业协会发布《证券公司私募产品备案管理办法》

2013 年 3 月 15 日 中国证券业协会发布《证券公司私募产品备案管理办法》，即日起实施。该管理办法明确了私募产品备案范围、备案管理机构、备案程序、备案审查、备案管理等相关规定。《证券公司私募产品备案管理办法》的出台标志着证券公司私募产品备案自律管理工作更加规范。

4 月

辽宁股权交易中心首批企业挂牌

2013 年 4 月 22 日 辽宁股权交易中心首批 41 家企业，正式在沈阳挂牌交易。辽宁股权交易中心由省政府批准设立，注册资金 5000 万元人民币，由信达证券股份有限公司全资子公司的信风投资管理有限公司等 5 家股东共同发起。

债市加大打黑力度

2013 年 4 月 25 日 中央国债登记公司接到央行金融市场司的通知，暂停信托理财产品、券商资管产品、基金专户在银行间债市开户。银行间债市不只是银行之间的市场，而是包括了各类银行、农信机构、保险、券商和基金等金融机构以及非金融企业法人的机构间市场。与交易所市场最大的不同是，银行间债市是一个场外市场，即债券柜台交易市场。银行间债市采取一对一撮合的交易方式，市场监管更多地依赖行业自律。虽然一对一的交易方式提高了市场效率，但也使得市场透明度大为降低。尤其丙类账户的大量出现给银行间债市代持行为增加了隐蔽性，而监管机构似乎也存在监管盲点，使得出现大量寻租行为。

深交所：退市公司可以转入场外市场

2013 年 4 月 29 日 深圳证券交易所发布《关于改进和完善主板、中小企业板上市公司退市制度的方案（征求意见稿）》。方案称上市公司退市后可以转入代办股份转让系统或其他符合条件的场外交易市场挂牌转让。

5 月

天津股权交易所挂牌企业银行综合授信仪式暨企业家年会在天津举办

2013 年 5 月 7 日 天交所挂牌企业银行综合授信仪式暨企业家年会在天津举办。光大银行和民生银行在活动中分别为挂牌企业综合授信 60 亿元和 40 亿元，这将进一步增强市场的融资能力。

当天，清华大学中国企业成长与经济安全研究中心、南开大学公司治理研究中心和北京市科学技术评价研究所三家课题组还公布了天交所挂牌企业 2012 年度成长性、公司治理和自主创新能力评价报告。报告显示，天交所挂牌企业普遍具有较高的成长性和良好的公司治理机制与运行状况，60% 以上挂牌企业具有较强的自主创新能力，具有很大的发展潜力。

《关于私募产品报价与转让系统相关配套业务规则征求意见的函》下发

2013 年 5 月中旬 证券业协会向各家证券公司下发了《关于私募产品报价与转让系统相关配套业务规则征求意见的函》，其中包括《证券公司柜台市场管理办法》、《证券公司私募产品报价与转让系统管理办法》等九大业务规则。其中，《证券公司柜台市场管理办法》是与《证券公司柜台交易业务规范》相配套的实施细则，其余 7 项均为报价系统相关业务规则。协会已于 5 月底结束征求意见。

多层次资本市场建设调研组莅临上海股交中心

2013 年 5 月 29 日 为了加快推进我国多层次资本市场体系建设，中国证监会多层次资本市场建设调研组莅临上海股权交易中心调研场外市场建设情况。调研组由中国证监会市场部主任王建军主任带队，国办秘书二局及证监会相关业务部门负责同志参加。调研座谈会由王建军主任主持。上海市金融办、浙江省金融办以及江苏省金融办的有关领导参加了座谈。上海股权托管交易中心、浙江股权交易中心、江苏股权交易中心（筹）负责人以及部分挂牌企业和中介服务机构代表等出席会议。

证券业协会场外市场专业委员会成立

2013 年 5 月 30 日 中国证券业协会场外市场专业委员会成立大会暨第一次全体会议日前在京召开。中国证券业协会会长陈共炎在会上表示，发展场外市场对建设多层次资本市场、促进证券公司业务转型、提升证券行业服务实体经济的能力具有重要意义。在积极参与全国统一的场外交易市场（全国股转系统）和区域性股权交易市场建设的同时，专业委员会当前应当将研究重点放在证券公司柜台市场建设上，研究制定柜台市场规则、指导柜台市场方案的设计和评估应当成为专业委员会下一阶段工作重点。

前海股权交易中心正式开业　首轮挂牌企业破千家

2013 年 5 月 30 日　前海股权交易中心开业暨企业挂牌仪式在深圳举行。前海股权交易中心董事长胡继之在会上表示，前海股权交易中心首批挂牌展示的企业总数突破 1200 家，首批业务品种达成 25 项，首批战略合作机构达到 71 家。

6 月

国务院常务会议：将中小企业股份转让系统试点扩大至全国

2013 年 6 月 19 日　国务院常务会议研究部署金融支持经济结构调整和转型升级的政策措施。会议决定，加快发展多层次资本市场，将中小企业股份转让系统试点扩大至全国，鼓励创新、创业型中小企业融资发展。

前海股权交易中心“股权转让见证业务”正式启动

2013 年 6 月 25 日　前海股权交易中心“股权转让见证业务”正式启动。前海股权交易中心股权转让见证业务是指：本中心作为有公正、公信的独立机构，依法见证转让、受让双方对转让事项真实意愿表达并签署相关法律文件的过程。股权转让见证后，企业可凭本中心出具的见证书，向深圳市市场监督管理部门申请办理股权变更登记。

陆家嘴论坛：加快中国场外市场建设和发展

2013 年 6 月 27 ~ 29 日　陆家嘴论坛在上海召开，银监会主席尚福林和上海市市长杨雄担任本次论坛联合主席，论坛主题是“金融改革开放新布局”。在 6 月 27 日举行的“2013 陆家嘴论坛”之“浦江夜话三：加快中国场外市场建设和发展”的讨论中，全国中小企业股份转让系统有限公司总经理谢庚表示，多层次资本市场应针对不同群体分层管理，需要制度的公平和理念的包容。深圳证券交易所总经理宋丽萍表示，场外市场的层次一定要向下延伸，即发展现在的三板市场、四板市场以及区域性市场。

天津股权交易所挂牌企业逾 300 家，市值超过 250 亿元

2013 年 6 月 28 日 天津股权交易所迎来新一批挂牌企业，来自浙江、河北、山东、吉林和江苏的 6 家企业成功登陆天交所市场。至此，天交所市场累计挂牌企业数量已达 301 家，市场总市值超过 252 亿元。

吉林股权交易中心开市运营

2013 年 6 月 28 日 吉林股权交易所开市暨首批企业挂牌仪式在长春市股权交易中心举行，首批挂牌 4 家企业。吉林股权交易所是经部际联席会议备案、吉林省人民政府批准设立的吉林省唯一从事非上市公司股权交易的机构，定位于“为中小微企业提供股权、债券转让和融资服务的私募市场”，即“四板”市场。

前海股权交易中心首只私募债募集完成

2013 年 6 月 28 日 前海股权交易中心首只私募债产品“梧桐私募债增信 1 号”成功发行，1 亿元募集资金到位。本期私募债发行人为深圳市联嘉祥科技股份有限公司，由深圳市中小企业信用融资担保集团有限公司担任增信机构，上海浦东发展银行作为投资人。

7 月

国务院发布《关于金融支持经济结构调整和转型升级的指导意见》

2013 年 7 月 5 日 国务院办公厅日前发布《关于金融支持经济结构调整和转型升级的指导意见》（以下简称《意见》）。《意见》提出 10 条指导意见，其中包括整合金融资源支持小微企业发展，加快发展多层次资本市场，将中小企业股份转让系统试点扩大至全国，规范非上市公众公司管理。稳步扩大公司（企业）债、中期票据和中小企业私募债券发行，促进债券市场互联互通。

天津股权交易所福建龙岩运营中心揭牌

2013 年 7 月 5 日 天津股权交易所福建龙岩运营中心正式揭牌运营。福建卫东实业股份有限公司和福建铭丰纸业有限公司在揭牌仪式上成功挂牌。

青海股权交易中心挂牌成立

2013 年 7 月 6 日 青海股权交易中心挂牌成立。当日的挂牌仪式上，青海股权交易中心与青海弘川新源实业股份有限公司、青海小西牛乳业股份公司签署直接挂牌协议。

招商证券发起设立广东金融高新区股权交易中心

2013 年 7 月 8 日 招商证券董事会同意公司作为主发起人，设立广东金融高新区股权交易中心，参股比例不超过 35%，出资总价款不超过 3500 万元。同时，公司董事会同意公司以会员身份参与区域性股权交易市场，未来三年内参股不超过 8 家区域性股权交易市场，且每家投资额不超过 100 万元。

广东金融高新区股权交易中心挂牌成立

2013 年 7 月 11 日 借助全国大力发展多层次资本市场的东风，广东省金融高新区股权交易中心应运而生，正式揭牌。该股权交易中心坐落在佛山市南海的广东金融高新区，将实行“省市共建、券商主导、市场化运作”模式，服务全省国家级和省级高新技术开发区内的中小微型企业，立足于以创新方式解决中小微企业融资难问题。

天津股权交易所在无锡举行长三角投融资对接会

2013 年 7 月 13 日 天津股权交易所长三角区域挂牌企业监管服务工作会议暨投融资服务对接会在无锡举行，会上对过去一年市场监管和服务工作进行了回顾总结，宣布了新一阶段的计划安排，现场还进行了投资者、金融机构与企业的投融资对接。

海峡股权交易中心正式营业

2013 年 7 月 18 日 海峡股权交易中心正式营业，首批 49 家企业挂牌。自然人投资者须具有两年以上证券投资经验，30 万元人民币以上金融资产证明，机构投资者要求注册资本不低于 100 万元。海峡股权交易中心为未达到上市条件的中小企业提供便捷、透明、高效、低成本的融资服务。

湖南股交所株洲办事处揭牌成立

2013 年 7 月 18 日 湖南股权交易所株洲办事处正式揭牌运营。办事处由湖南股交所、株洲高新区、株洲华泰股权投资基金管理公司共同组建，主要负责湖南股交所在株洲地区的宣传推广、投资者（股东）的开户等工作。

国内首批小贷债在浙股交中心发行

2013 年 7 月 22 日 国内首批小额贷款公司定向债（以下简称“小贷债”）在浙江股权交易中心成功发行。温州瑞安华峰小额贷款股份有限公司、苍南联信小额贷款股份有限公司，以及德清县升华小额贷款股份有限公司发行的小贷债，成为国内成功发行的首批小贷债。此批债券业务是国内首批备案发行的小额贷款公司定向债，瑞安华峰及德清升华小贷公司各 5000 万元小贷债完成发行，期限均为 2 +1 年，票面利率均为 8.5%。

8 月

上海股交中心推 Q 板　低门槛吸引小微企业

2013 年 8 月 7 日 上海股权托管交易中心中小企业股权报价系统正式启动，首批 101 家企业成功挂牌。自此，上海股交中心就形成了“一市两板”的新格局，即在一个市场构建非上市股份有限公司股份转让系统（E 板）和中小企业股权报价系统（Q 板）两个板块，为各类企业提供对接资本市场的机会及相适合的资本市场服务。

《国务院办公厅关于金融支持小微企业发展的实施意见》发布

2013 年 8 月 8 日　《国务院办公厅关于金融支持小微企业发展的实施意见》(以下简称《意见》) 发布。《意见》明确提出，将区域性股权市场纳入多层次资本市场体系，促进小微企业改制、挂牌、定向转让股份和融资，支持证券公司通过区域性股权市场为小微企业提供挂牌公司推荐、股权代理买卖等服务。政策导向为区域性股权交易市场的发展提供了契机。

全国股转系统酝酿推出优先股、私募债和可转债

2013 年 8 月 20 日　全国中小企业股份转让系统公司召集数十家券商在京举办“主办券商推荐挂牌业务专项培训会”。全国中小企业股份转让系统公司酝酿推出优先股、私募债及可转债。

山西股权交易中心揭牌开业

2013 年 8 月 29 日　山西股权交易中心有限公司在太原举行揭牌开业仪式，首批挂牌的中小企业达 800 多家。山西股权交易中心是山西省政府批准设立的公司制、市场化运作的区域性交易市场，具有六大功能，即中小企业及私募产品的挂牌展示、投资、融资、股权交易、托管和拟上市公司培育。

9 月

73 家冀企领跑天交所　河北板块位居全国第一

2013 年 9 月 6 日　天津股权交易所企业上市挂牌仪式上，河北省企业 9 次敲响上市锣声——天润股份、柏立信、绿洲发展、美客多等 9 家企业集体上市，这是天交所单次挂牌仪式上来自同一省份挂牌企业最多的一次。至此，河北省在天交所挂牌企业总数已达 73 家，位居全国第一，挂牌企业融资累计超过 104 亿元，覆盖农业、畜牧业、化工业和制造业等多个行业。

《2012 年度上市公司投资者保护状况评价报告》发布

2013 年 9 月初 中国证券投资者保护基金公司最新发布的《2012 年度上市公司投资者保护状况评价报告》显示，2012 年度上市公司投资者保护状况客观评价平均得分为 75.48 分，较 2011 年增长了 5.05%，较 2003 年增长了 33.99%，我国上市公司投资者保护状况保持不断改善的趋势。

东莞正式牵手前海股权交易中心

2013 年 9 月 10 日 前海股权交易中心东莞办事处揭牌。东莞市金融工作局和 8 家机构分别与前海股权交易中心正式签约，并与东莞市中小企业发展与上市促进会、东莞市信用担保协会、东莞市银行业协会共同举办了企业投融资论坛，共有企业代表 250 多人见证了签约仪式并参加了论坛。

夏季达沃斯论坛：中国要积极推动多层次资本市场的培育发展

2013 年 9 月 11 日 夏季达沃斯论坛开幕式在大连国际会议中心举行。国务院总理李克强在回答世界经济论坛主席施瓦布关于中国金融体制改革的问题时表示，中国要积极推动多层次资本市场的培育发展，还将完善金融监管体系，增强金融监管机构的协调性，并且择机推出存款保险制度。

川藏共建区域性场外市场开始启动

2013 年 9 月 12～13 日 川藏共建区域性场外市场培训研讨会在泸州市召开。作为目前全国唯一一家跨省区的区域性股权交易场所，以成都（川藏）股权交易中心股份有限公司为主体的川藏共建区域性场外市场开始启动。

江苏股权交易中心正式启动

2013 年 9 月 24 日 江苏股权交易中心在南京正式启动。作为目前江苏省内唯一一家为非上市中小企业提供股权、债券融资服务的区域性股权交易市场，由华泰证券、东吴证券、东海证券、南京证券和国联证券 5 家江苏本土券商共同出资。2013 年 7 月经江苏省人民政府授权批准设立，注册地南京，注册资本 2 亿元。当天有江苏宏大纺织股份、永威园林建设、LGD 轴承等 22 家企业在交易中心成功挂牌，同时有近 30 家会员单位与其签署了合作协议。

10 月

上海股交中心长沙市联络办事处成功设立

2013 年 10 月 9 日 经上海股交中心授权，以长沙市中小企业服务中心为依托，正式设立上海股交中心第二个联络办事处——长沙市联络办事处。

国信证券、中信证券等出资成立厦门两岸股权交易中心

2013 年 10 月 12 日 厦门两岸股权交易中心成立，总资本金为 1 亿元人民币，投资股东单位包括国信证券股份有限公司、厦门金圆投资集团有限公司、中信证券股份有限公司、深圳证券信息有限公司、永丰创业投资股份有限公司等。该中心将探索建立服务非上市公司特别是台资企业、福建省中小企业的股权交易市场，积极推进海峡两岸经济合作和发展。

天津股权交易所广东运营中心落户顺德

2013 年 10 月 29 日 顺德区政府与天津股权交易所签署战略合作协议，天津股权交易所广东运营中心落户顺德。当天，天津股权交易所新一批企业挂牌仪式在广东顺德成功举行，2 家顺德企业和 1 家海南企业成功登陆天津股权交易所市场。

河北省石家庄股权交易所开市运营

2013 年 10 月 29 日 石家庄股权交易所开市暨首批企业挂牌仪式在省会庄家金融大厦举行，来自石家庄、唐山、沧州等地首批 13 家企业挂牌交易，另有 21 家企业签订预挂牌协议。

广东金融高新区股权交易中心投入运营

广东金融高新区股权交易中心正式投入运营，首批 208 家来自广州、佛山、中山、江门、肇庆等省内各地的企业在此挂牌。该交易中心通过“省市共建、券商主导、市场化运作”，主要为企业提供注册和挂牌两大类服务，其中注册服务包括企业展示和股份改造，挂牌服务包括登记托管、转让结算、定向增资和股权质押。企业注册服务方面，各类企业可以无门槛、无费用、无条件地在广东金融高新区股权交易中心注册；企业挂牌服务方面，其服务对象主要是股份公司和拟股改有限公司，这意味着，未股改企业也可以在该交易中心挂牌。

证券法修改、期货法制定列入全国人大立法规划

2013 年 10 月 30 日　十二届全国人大常委会立法规划公布，修改证券法等列入“条件比较成熟、任期内拟提请审议的法律草案”一类，制定期货法、修改商业银行法、修改中国人民银行法等列入“需要抓紧工作、条件成熟时提请审议的法律草案”一类。

11 月

国家发改委经济体制与管理研究所调研天津股权交易所

2013 年 11 月 7 日　国家发改委经济体制与管理研究所企业研究室主任张晓文一行 5 人到天津股权交易所考察调研。天交所副总裁韩家清与来宾进行了座谈交流，介绍了天交所的市场定位和发展情况。张晓文一行表示，天交所作为我国场外交易市场的领先者已经取得优异成绩。

中国银行山东省分行推出中小企业“中银股权通宝”

2013 年 11 月 8 日　中国银行山东省分行推出创新产品——中小企业“中银股权通宝”（“股权质押融资”），产品的相关说明中，质押标的物除沪深交

易所和新三板市场中的普通股票外，明确规定在齐鲁股权托管交易中心挂牌的企业股权可以作为质押标的物出质，质押率最高不超过50%。

《中共中央关于全面深化改革若干重大问题的决定》

2013年11月 中共中央发布的《决定》中涉及多个资本市场关键词：推进股票发行注册制改革，健全多层次资本市场体系，多渠道推动股权融资，发展并规范债券市场，提高直接融资比重、改善科技型中小企业融资条件、优化上市公司投资者回报机制，保护投资者尤其是中小投资者合法权益等。

天津股权交易所广东省惠州运营中心成立

2013年11月20日 天津股权交易所惠州运营中心揭牌运营。当天，两家惠州中小企业成功登陆天津股权交易所市场。

证监会与新交所打造直接上市框架 鼓励企业赴新上市

2013年11月25日 新加坡交易所宣布，已和中国证监会合作，为中国企业搭建直接上市框架，进一步鼓励中国企业赴新加坡上市。根据新的直接上市框架，中国境内注册企业在获证监会许可后即可在新交所寻求上市。中国和新加坡两国的相关监管机构会对有关上市申请进行严谨的监管审核及尽职调查，从而为证券市场提供更大保障。

天津股权交易所私募债业务交流会成功举行

2013年11月28日 天津股权交易所私募债业务交流会在天津成功举行。来自天津、北京、上海、广东、河南等9个省市的相关政府部门、17家银行、15家券商和24家企业共200余人参会。截至2013年11月底，天津股权交易所累计为企业发行6只私募债，总额3.7亿元。

IPO即将重启 优先股获准试点

2013年11月30日 证监会召开临时新闻发布会，公布包括新股发行体制改革及 IPO 重启、优先股获准试点、严格借壳上市审核标准、推动上市公司现金分红等在内的一系列重大改革措施，被市场解读为“政策组合拳”。

《关于进一步推进新股发行体制改革的意见》

2013 年 11 月 30 日 证监会发布《关于进一步推进新股发行体制改革的意见》（以下简称《意见》），《意见》的发布，意味着注册制改革往前迈出了重要一步。本次改革对信息披露和中小投资者保护都十分重视，在遏制新股发行“三高”、约束发行人和中介机构、强化监管执法等方面提出了很多具体措施，资本市场偏重融资者的制度设计正在发生改变。

12 月

《首次公开发行股票时公司股东公开发售股份暂行规定》

2013 年 12 月 2 日 中国证监会发布《首次公开发行股票时公司股东公开发售股份暂行规定》（以下简称《规定》）。作为本次新股发行体制改革的一项重要配套措施，《规定》就老股转让的具体规则做出了规定。

广州股权交易中心发起设立广州开发区天使投资联盟

2013 年 12 月 5 日 由广州股权交易中心、广东省创业投资协会联合发起设立的广州开发区天使投资联盟正式成立，广州开发区科信局、中小民营企业协会、创投机构和企业代表近 120 人参加了成立大会。

前海股交中心创新私募债融资

2013 年 12 月 10 日 《前海股权交易中心梧桐私募债业务规则（试行）》发布，提出企业可自主发行、发债模块化管理、投资人实行分类准入与产品适配等多项业内首创举措。

《关于全国中小企业股份转让系统有关问题的决定》

2013 年 12 月 13 日 《国务院关于全国中小企业股份转让系统有关问题的决定》（国发〔2013〕49 号）要求建立不同层次市场间的有机联系，“在符合《国务院关于清理整顿各类交易场所切实防范金融风险的决定》（国发〔2011〕38 号）要求的区域性股权转让市场进行股权非公开转让的公司，符合挂牌条件的，可以申请在全国股份转让系统挂牌公开转让股份”。

甘肃股权交易中心挂牌成立

2013 年 12 月 16 日 甘肃股权交易中心在兰州挂牌成立，甘肃股权交易中心的成立将完善甘肃省区域性股权市场，为甘肃省数量众多的中小企业拓宽融资渠道服务。

天津股权交易所河南长葛办事处揭牌

2013 年 12 月 20 日 天津股权交易所河南长葛办事处揭牌，揭牌仪式上，长葛市政府对在天交所挂牌上市的单迎农牧、天源农牧、普瑞蜂产品 3 家企业各奖励 10 万元。天交所与光大银行许昌分行、浦发银行许昌分行签订了战略合作协议；光大银行与单迎农牧、天源农牧签订了银企合作协议。

深圳前海股权交易中心签约 GCITC “金融”与“科技”携手创新

2013 年 12 月 20 日 由美国康奈尔大学、国际华人科技工商协会和南方报业传媒集团联合主办，康奈尔中美科技转移中心（下称“GCITC”）承办的“中美科技创新与合作高峰论坛”在深圳市举行。前海股权交易中心常务副总裁陈俊生应邀出席论坛，并代表中心与 GCITC 签署了战略合作协议。

天津股权交易所成立运营 5 周年 挂牌企业逾 400 家 市值超过 330 亿元

2013 年 12 月 26 日 28 家企业在天津股权交易所挂牌上市。至此，天交所成立 5 周年以来，已吸引国内挂牌企业 412 家，总市值超过 332 亿元，为挂牌企业实现各类融资超 210 亿元，挂牌企业分布在全国 28 个省、市、自治区。

天津股权交易所长三角运营中心在江苏无锡揭牌

2013 年 12 月 28 日 天津股权交易所长三角运营中心在江苏无锡揭牌，该运营中心定位于辐射长三角地区的金融服务区域总部平台，对改善中小企业融资环境、规范中小企业治理结构、促进区域经济转型升级具有重要意义。

天津股权交易所助力中小农业企业成效显著

截至 2013 年 12 月底，天交所市场有大农业类挂牌企业共 126 家，占全部挂牌企业数量的 30.34%。企业分布覆盖全国 23 个省、市和自治区，其中挂牌企业数量集中排名前 4 位的均以我国农业大省著称，分别是河南、河北、山东和湖南。

北京区域性股权交易市场启动

2013 年 12 月 28 日 继全国中小企业股份转让系统在京揭牌运营后，北京区域性股权交易市场平台——北京股权交易中心有限公司 28 日正式启动，首批 50 家企业上线挂牌。同时，3 家中小企业与有关中介机构签约，拟发行中小企业私募债，融资规模 2.5 亿元。

B.18
后　记

资本市场蓝皮书——《中国场外交易市场发展报告》已连续编撰出版五部，回顾总结近几年的研究，《中国场外交易市场发展报告（2009～2010）》对中国场外交易市场的发展历程进行了系统的考察，并对境外主要资本市场的经验进行了梳理，提出了中国场外交易市场的建设蓝图。《中国场外交易市场发展报告（2010～2011）》对场外交易市场组织模式、市场结构模式、交易模式、融资模式及监管模式的发展脉络、演变的节点和演变的原因进行了深入细致的分析，提出了中国场外交易市场的发展模式和路径。《中国场外交易市场发展报告（2011～2012）》以场外交易市场建设推动中小企业持续、快速、健康发展为主题，对如何依托场外交易市场推动中小企业可持续发展进行了全面性、系统性和针对性的研究，形成了场外市场挂牌企业成长性、创新性、规范性三位一体的评价体系。《中国场外交易市场发展报告（2012～2013）》以"中国场外交易市场立法与实践"为主题，对我国场外交易市场法律制度的健全和完善提出了针对性政策建议。今年，我们以多层次资本市场建设与县域经济发展为主题，以场外交易市场发展中新的热点、焦点问题为重点内容，编撰了《中国场外交易市场发展报告（2013～2014）》，以期为更好发挥场外交易市场的作用，推动县域经济发展提供有益的理论指导。

在本课题研究和编写过程中，天津产权交易中心党委书记、主任高峦，天津股权交易所总裁初明强，副总裁韩家清对课题的研究给予了大力支持和帮助，提出了许多宝贵的建议。韩家清对全书进行了审核。天津滨海产权研究院资本市场蓝皮书课题组对本书的结构和内容进行了认真的策划，惠建军对全书进行了认真的统稿和修改。邓向荣、姚莉、高晓燕、董瑞华、惠建军、杨东峰、韩伟、张亮、李小菲、张弘、吴嵚、耿静、孙如宾、罗红梅、吴玉新、张冬冬、刘文强、陈勇征、高顷钰、曹红、苏聿、马丽、刘奇、刘丽、张婧瑜、张晓雪、韩伟芳、姜荣荣、杨伟彤、康辉等人作为本期报告的主要编撰者，对本书的编写付出了艰辛的劳动。社会科学文献出版社经济与管理出版中心主任恽薇、责任编辑王玉山为本书顺利出版给予了热情的帮助。

在此，向他们一并表示衷心的感谢！

六年来，我们一直致力于中国场外交易市场相关问题的研究，对我国场外交易市场的建设与发展提出了一些富有建设性的意见和建议，当然，还存在不足之处，望有关专家和读者批评指正。同时，也希望业界领导、专家学者、读者能继续关注和支持资本市场蓝皮书——《中国场外交易市场发展报告》相关课题的研究和撰写。

二〇一四年六月

Abstract

At present, China's multi-level capital market is under constructing, and OTC markets have become the focus as the basis of multi-level capital market sectors, both in the government and the market will take the otc market as an important aspect of the perfecting of China's capital market system. The third plenary session of the eighteenth Congress of CPC clearly put forward that we should establish a multi-level capital market system, encourage financial innovation, enrich financial market products, it also pointed out the direction for capital market. To speed up the construction and the development of our country's OTC market and to perfect our country's multi-level capital market system gradually is not only an important action to broaden the financing channels of the medium, small and micro businesses, agricultural industrialization leading enterprises, promoting the development of county economy and the construction of new type of urbanization, but also is a vital task for our country's financial reform and development. Based on the Annual Report on China's OTC Market Development (2009 - 2010), (2010 - 2011), (2011 - 2012) and (2012 - 2013), in order to improve the function of China's OTC Market, we launched the Annual Report on China's OTC Market Development (2013 - 2014), which is the fifth one, and its topic is multi-level capital market and the development of county economy, and it takes the hot, focus, hard promlems of China's OTC market as main contents.

This book Consists of five parts. The first part is General Report, the second one to fouth one are Comprehensive Papers, Theoretical Innovation Papers, The Special Research Reports, The Events of China's OTC Market in 2013, respectively.

General Report makes a systematic review and analysis of the development of Chinese OTC market in 2013. The article thinks, at present the OTC market in China can be classified into four types: the national equities exchange and quotations approved by the State Council as a public shares market of non-listed small and medium-sized enterprises, regional equities exchanges to provide private financing and equity trading services for the regional company, securities counter market and private product price and service system inter agency. This paper discusses the hierarchical structure, market function of four type OTC markets, and give an analysis of Chinese OTC markets dynamic development; it also analyzes the opportunities and challenges of China OTC market development.

Comprehensive Papers Consist of four atticles, in the fist one—The Analysis on the Mechanism of Multi-level Capital Market to the County Economy, the author thinks that the capital market to provide funds to the county economy development, promote the efficient allocation of resources; County economic development provide quality listed companies and investment projects to the capital markets In particular, the OTC market will play an irreplaceable role in the construction of the new urbaniza and in the county economy development of our country. The second one is The Exploration of the Path that China's Capital Market Support Urbanization. The paper introduced the growth stage of urbanization, main achievements and 3 typical urbanization models. Then capital market supporting for urbanization was analyzed in detail, involving urban infrastructure construction, small and medium enterprises, agriculture, rural areas and farmers, and adjustment of industrial structure. In the end, feasible suggestions of capital market support for urbanization were put forward, following analysis of problems referring to the policy environment. The third one is A Study on the Influence of Capital Market on Industrial Structure Escalation. Based on the theoretical analysis of the mechanism of action of capital market promoting industrial structure escalation, this paper is mainly on the pushing power of the capital market of China to industrial structure escalation through the analysis of regression and error correction-model on the basis of the data of the ratio of financing and upgrading of our country's industrial structure from 1991 to 2011. Through the gross and structure analysis, we discovered that the development of our capital market can promote the upgrading of industrial structure in the long run. In addition, the securities market has the biggest boosting power among different segments of capital market, while the stock market the second, the medium-term and long-term credit market the least. Combined the theoretical analysis and empirical test results, we proposed some specific suggestions, for example, putting forwards industry adjustment and development policy conforming to our own endowment, developing the multi-level capital market and improving the capital market system.

Theoretical Innovation Papers consist of two articles, namely, A Study on the Regulation System of OTC Market Based on the View of Information Structure, Evaluation on thePerformance of OTC Market Liquidity Management System. The first one paper puts forward to some suggestions to establish market maker system in China. In the second paper, two typical domestic markets and the Taiwan OTC Emerging market's liquidity sectional data were analyzed, and it was found that liquidity under market maker system was better. Analyzing time-series data of market liquidity to assess the effectiveness of liquidity management-related reforms of the national SME share transfer system and Emerging market, the report found that the reform on standard management of market maker's behavior had a greater impact on market liquidity. Describing the dynamic characteristics of the liquidity risk of the National SME share transfer system and Taiwan Emerging market with GARCH model, the results showed that high level of liquidity risk in the National SME share transfer system and the characteristic of presenting the positive and negative impact on the concentration of the reaction, long-term memory and non-symmetry.

The Special Research Reports consist of nine articles, namely, Analysis of the Financing Mode of New Urban Construction, Effectively Promoting the Non-Listed Public Company Equity Pledge Financing Business—Based on the Thinking of the Construction of the OTC Market. Financing Characteristics, Risk and Supervision Policy of Private SME Bond—Comparison of Two Types of Bond Market, Perfecting Multi-level Market to Solve the Financing Problem of SMEs, Reflections on the Problems of Private Equity Investment Fund to Promote the Development of Small and Medium-sized Enterprises of Our Country, The Comparative Study on the Support of the Micro-finance on Small Micro-enterprise, Enterprises Development—Evidence from China's Capital Market. The Analysis on the Present Situation and Improvement Measures of Corporate Governance for SMEs in OTC Market. The Study on Tax Related to Converting Net Assets to Shares. These articles carry on the thorough analysis, and put forward the concrete policy Suggestions. mainly on the exploring of urbanization financing patterns, the financing innovation of OTC market, the influential effect on small micro enterprise and technological small and medium-sized enterprises of capital market.

Contents

𝔹 I General Report

Abstract: This paper makes a systematic review and analysis of the development of China's OTC market in 2013. The article suggests, at present the OTC market in China can be classified into four types: the national equities exchange and quotations approved by the State Council as a public shares market of non-listed small and medium-sized enterprises, regional equities exchanges to providing private financing and equity trading services for the regional company, securities counter market and private product price and service system inter agency. This paper discusses the hierarchical structure, market function of four type OTC markets, and give an analysis of Chinese OTC markets dynamic development; it also analyzes the opportunities and challenges of China OTC market development.

Keywords: OTC Market; Tianjin Equities Exchange; Securities Counter Market; Private Product Price and Service System

𝔹 II Comprehensive Papers

Abstract: The County economy is the basic unit of the national economy, and it directly affects the rise and fall of the national economy. Due to its own characteristics and limitations of the county economy, developing the county economy urgently needs support from various aspects, especially the support of the multi-level capital market. The relationship between Multi-level capital market and county economy is interactive: capital market provides effective allocation of funds and resources for the development of county economy, and the county economy provides capital market investment projects and investment returns. At present, our country is vigorously developing and perfecting the multi-level capital market system. Thus, clarifying the mechanism of the multi-level capital market to the county economy will achieve a win-win situation.

Keywords: Multi-level Capital Market; OTC Market; County Economy; Mechanism

B. 3 The Exploration of the Path that China's Capital Market Support Urbanization / 047

Abstract: After we followed the policy of reform and opening up, the urbanization process developed rapidly in China. Especially after the implementation of Market Economy System in 1992, the capital market played an important role in the acceleration of urbanization growth stage. First of all, the paper introduced the growth stage of urbanization, main achievements and three typical urbanization models. Then capital market support for urbanization was analyzed in detail, involving urban infrastructure construction, small and medium enterprises, agriculture, rural areas and farmers, and adjustment of industrial structure. In the end, feasible suggestions of capital market support for urbanization were put forward, following analysis of problems referring to the policy environment.

Keywords: Urbanization; Capital market; Support Path

Abstract: Based on the theoretical analysis of the mechanism of action of capital market promoting industrial structure escalation, This paper is mainly on the pushing power of the capital market of China to industrial structure escalation through the analysis of regression and error correction-model on the basis of the data of the ratio of financing and upgrading of our country's industrial structure from 1991 to 2011. Through the gross and structure analysis, we discovered that the development of our capital market can promote the upgrading of industrial structure in the long run. In addition, the securities market have the biggest boosting power among different segments of capital market, while the stock market the second, the medium-term and long-term credit market the least. Combined the theoretical analysis and empirical test results, we propose some specific suggestions, for example, putting forwards industry adjustment and development policy conforming to our own endowment, developing the multi-level capital market and improving the capital market system.

Keywords: Capital Market; Industrial Structure Escalation; Effect Utility; Error Correction-Model

Abstract: This paper summarizes and extracts both the probability and necessity factors which decide the competitiveness in OTC market exchange by introducing the main foreign OTC exchanges and reviewing Chinese OTC market's ups and downs since the 1990s. This paper also displayed a few factors which may have important effects on the competitiveness of exchange in OTC market. But the real decision of the competitiveness of exchange is a series of necessity factors which contains five factors such as Marketization, the combination of universality and individuality, target customers, characteristic risk prevention and control system, small and mediumenterprises incubation and cultivation function, etc. Finally, this paper analyzed the current competition status and prominent problems in Chinese OTC exchange market and put forward a few corresponding policy suggestions.

Keywords: OTC Market; Equity exchange; Competitiveness factors

B Ⅲ Theoretical Innovation Reports

Abstract: The information mechanism determines the efficiency of capital market. Regulation is a kind of information mechanism remedy the inadequacy of market information mechanism. Regulation rules must adapt to the information structure. The OTC market is different from the exchange market in the information structure. On the one hand, the information demand of OTC market is greater than the exchange market; on the other hand, the OTC market requires not only public information but also local information, external private information. Therefore, China's OTC market should establish regulation system participating by multiple regulars, and designs the regulation division according to different regular's individual information.

Keywords: OTC market; Regulation System; Information Structure

Abstract: Low liquidity is typical in OTC market, which is the foremost problem plaguing the healthy development of the market. In this report, two typical domestic markets and the Taiwan OTC Emerging market's liquidity sectional data were analyzed, and it was found that liquidity under market maker system was better. Analyzing time series data of market liquidity to assess the effectiveness of liquidity management – related reforms of the national SME share transfer system and Emerging market, the report found that the reform on standard management of market maker's behavior have a greater impact on market liquidity. Describing the dynamic characteristics of the liquidity risk of the National SME share transfer system and Taiwan Emerging market with GARCH model, the results showed that high level of liquidity risk in the National SME share transfer system and the characteristic of presenting the positive and negative impact on the concentration of the reaction, long – term memory and non – symmetry. Finally, countermeasures were proposed to improve the management system of the OTC market liquidity.

Keywords: OTC Market; Liquidity; Liquidity Risk; Liquidity Management System

B IV Special Research Reports

Abstract: The 18th national Congress of the Communist Party of China clearly stated that we should support China's future economic growth with new-style urbanization. The building of new-style urbanization needs huge amounts of money, but the existing financial funding and the mode of the local government financing platform rely too much on the land finance, which is not sustainable. Through the analysis of the five distinctive financing modes including government special funds, municipal bonds, securitization of asset, financial support that meets the urbanization and multi-level capital market, the paper states that we should set up diversified financing system, improve multi-level capital market and make full use of the financing market, which can improve the construction of the new-style urbanization.

Keywords: Urbanization; Financing Models; Multi-Level Capital Market

Abstract: First of all, this article unifies the background of our country smalland medium-sized enterprise financing difficult, the over-the-counter trading market in Tianjin stock exchange as the representative of the equity to carry out this kind of enterprise financing, legal basis, the significance of business process, the scale of financing are analyzed; secondly, the lack of regular of the management of small and medium-sized enterprise, banks involved in the problem due to the lack of enthusiasm, the lack of institutional construction and lack of the guiden of government policy issues etc; finally, on this basis to effectively promoting the construction of the OTC market and advancing the development of small and medium-sized enterprise stock exchange equity pledge business we give policy recommendations.

Keywords: The OTC Market; Equity Pledge; Non Listed Public Corporation; The Financing Predicament

Abstract: This paper analyzes the financing characteristics and risk of private SME bond, compares the differences between exchange market and regional equity market. Private SME bond is low-threshold, high risk and high return, restricted-resale financing tool, and also reflects high default, poor liquidity under the two types of market. Relatively, the management of exchange market is more mature, the risk of private SME bond is more fully exposed; regional equity markets is more efficient, and the supervision policy is needed to resolve market failure risk.

Keywords: Private SME Bond; Exchange Market; Regional Equity Market

Abstract: With the development of the economic globalization today, the private equity is the key to solve the financing problem of small and medium-sized enterprises in our country, which devote the half GDP of China . This article is from the viewpoint of that the private equity investment fund is very important to solve the financing and standardizing for small and medium enterprises , while at the same time, we should also pay attenion to the potencial problems and raising the strategies.

Keywords: Private equity; Small and Medium-sized Enterprises; Investment Funds

Abstract: SMEs are the most dynamic part of the economy of our country, for they play an irreplaceable role on promotion of economic growth, sustainable development, transformation of economic development and implementation of the national strategy. Now the development of SMEs is suffering the plight of financing difficulties. This paper tries to resolve the problem by analyzing the strengths of multi-level markets in meeting the financing needs among SMEs, and probe into the problems existing in the multi-level market during its service for SEMs . And then this paper offers some recommendations to improve and perfect the multi-level market, including lowering the barriers to entry of SMEs, clearing the functions of each level of the capital market, positioning and trading system, formulating the transfer board system, establishing and perfecting multi-level supervision system, etc.

Keywords: The Financing Channels; Diversity of Financing Needs; Access Institution

B. 13 The Comparative Study on the Support of the Micro-finance on Small Micro-enterprise / 215

Abstract: This paper empirically analyzes the support effect and different influence of the micro-finance on small micro-enterprise development by the VAR model, the granger causality test, impulse response function and variance decomposition methods. The empirical results found that the micro-finance has a limited and lag support effect on the micro-enterprise's development. In comparison, direct financing market has a significant support effect on the development of small micro-enterprise, but indirect financing market is far from meeting the requirements of the development of small micro-enterprise. Therefore, to further broaden the small micro-enterprise financing channels for small micro-enterprise, we should continue to strengthen the indirect financing market's support effect for small micro enterprise development and guide the different financial institutions in micro-finance service to position reasonably, while make every effort to develop the direct financing market in order to better serve the development of small micro-enterprise.

Keywords: Microfinance; Small Micro Enterprises; VAR Model; Support Effect

B. 14 The Contribution Analysis of Capital Market to Small and Medium-sized S&T Enterprises Development —*Evidence from China's Capital Market* / 228

Abstract: After 20 years of rapid development, China's multi-level capital market system has made tremendous progress, and it has been a powerful impetus for sustainable and stable development. As China's dynamic and creative enterprises, small and medium-sized S&T enterprises has been got strong support in their development process. The Third Plenary Session of eighteenth Congress of CPC proposed "multi-level capital market system", Under this circumstance, it's meaningful to discuss the contribution of capital market to small and medium-sized S&T enterprises' development. This paper discusses the characteristics and status of small and medium-sized S&T enterprises, and then focuses on the capital market's supporting methods for small and medium-sized S&T enterprises. Secondly, different methods for different stages of small and medium-sized S&T enterprises' development are discussed in the different capital markets, including the stock market, the OTC market, the bond market and the investment funds market. The paper also sets some examples to prove the necessities for the roles of capital market. Finally, it provides some policy suggestions for the multi-level capital market system.

Keywords: Capital Markets; Small and Medium-Sized S&T Enterprises; Research and Development; Cobb-Douglas Production Function

Abstract: Our multi-level capital market has began to be shaped, the OTC market is booming and growing rapidly, the corporate governance structure of SMEs has been continuously improved. At the same time, "board of directors、board of supervisors and general meeting" running nonstandard, rights of small shareholders and other stakeholders being infringed, and selective disclosure and lag problems of information gradually emerged, seriously hampered the healthy development of SMEs in the OTC market. From the basic theory of corporate governance, we start to focus on the present situation and the reasons for the OTC market SMEs' corporate governance, discuss in details about the uniqueness of the OTC market for SMEs, and the reasons for the problems, finally we put forward some specific recommendations from both internal governance and external governance angle.

Keywords: Corporate Governance; OTC Market; SMEs

Abstract: Since stock equity of joint stock company is the principal subject matter in curb market transactions, most of listed enterprises in the over-the-counter market are limited liability companies. This market is set up for micro, small and medium enterprises, but joint stock company is the most common organizational form in micro, small and medium enterprises. According to the relevant regulations, if a limited liability company wants to convert its audited net assets into shares to be a joint stock company, its business performance can be calculated continuously. To convert a limited liability company into a joint stock company is an inevitable path to enter the over-the-counter market. Regulating the tax issue related to converting net assets to shares can better promote the healthy development of enterprises in the over-the-counter market.

Keywords: Over-the-counter Market; System of Converting Assets into Shares; Income Tax

B Ⅳ The Events Papers

中国皮书网

www.pishu.cn

发布皮书研创资讯，传播皮书精彩内容
引领皮书出版潮流，打造皮书服务平台

栏目设置：

- □ 资讯：皮书动态、皮书观点、皮书数据、 皮书报道、皮书新书发布会、电子期刊
- □ 标准：皮书评价、皮书研究、皮书规范、皮书专家、编撰团队
- □ 服务：最新皮书、皮书书目、重点推荐、在线购书
- □ 链接：皮书数据库、皮书博客、皮书微博、出版社首页、在线书城
- □ 搜索：资讯、图书、研究动态
- □ 互动：皮书论坛

中国皮书网依托皮书系列“权威、前沿、原创”的优质内容资源，通过文字、图片、音频、视频等多种元素，在皮书研创者、使用者之间搭建了一个成果展示、资源共享的互动平台。

自2005年12月正式上线以来，中国皮书网的IP访问量、PV浏览量与日俱增，受到海内外研究者、公务人员、商务人士以及专业读者的广泛关注。

2008年、2011年中国皮书网均在全国新闻出版业网站荣誉评选中获得“最具商业价值网站”称号。

2012年，中国皮书网在全国新闻出版业网站系列荣誉评选中获得“出版业网站百强”称号。

“皮书”起源于十七、十八世纪的英国，主要指官方或社会组织正式发表的重要文件或报告，多以“白皮书”命名。在中国，“皮书”这一概念被社会广泛接受，并被成功运作、发展成为一种全新的出版形态，则源于中国社会科学院社会科学文献出版社。

皮书是对中国与世界发展状况和热点问题进行年度监测，以专业的角度、专家的视野和实证研究方法，针对某一领域或区域现状与发展态势展开分析和预测，具备权威性、前沿性、原创性、实证性、时效性等特点的连续性公开出版物，由一系列权威研究报告组成。皮书系列是社会科学文献出版社编辑出版的蓝皮书、绿皮书、黄皮书等的统称。

皮书系列的作者以中国社会科学院、著名高校、地方社会科学院的研究人员为主，多为国内一流研究机构的权威专家学者，他们的看法和观点代表了学界对中国与世界的现实和未来最高水平的解读与分析。

自 20 世纪 90 年代末推出以《经济蓝皮书》为开端的皮书系列以来，社会科学文献出版社至今已累计出版皮书千余部，内容涵盖经济、社会、政法、文化传媒、行业、地方发展、国际形势等领域。皮书系列已成为社会科学文献出版社的著名图书品牌和中国社会科学院的知名学术品牌。

皮书系列在数字出版和国际出版方面成就斐然。皮书数据库被评为“2008~2009 年度数字出版知名品牌”;《经济蓝皮书》《社会蓝皮书》等十几种皮书每年还由国外知名学术出版机构出版英文版、俄文版、韩文版和日文版，面向全球发行。

2011 年，皮书系列正式列入“十二五”国家重点出版规划项目；2012 年，部分重点皮书列入中国社会科学院承担的国家哲学社会科学创新工程项目；2014 年，35 种院外皮书使用“中国社会科学院创新工程学术出版项目”标识。

法律声明